王冕史料集

周偉鋒 編

西泠印社出版社

凡例

一、全書正文厘訂作十二卷，其中元代一卷、明代三卷、清代八卷。

一、分列爲元、明、清三代，部分編著者生活于易代之際，界定實難，按慣常而定。

一、同一朝代中按編著者之出生年份爲序排列，出生時間不清者，按推算酌定。

一、事無巨細、言無輕重，凡涉王冕者皆録，以求其全。部分史料涉及王冕的僅片言隻語，或爲求完整性，或牽涉他人，或能反映其地位，予以全部收録。

一、部分文字見于王冕集中，如畫中題跋之類，或能反映畫之面目，亦予以收録。

一、史料間偶有重複，或可見王冕之接受史，亦予收録，而非濫列，識者諒之。

一、偶有篇幅較大、頭緒過繁者，則輯者酌定節録之。

一、史料中原有之按語、注文，按原古籍編排方式，均爲小一號字。

一、原書爲避諱等已改的字、或有錯訛，爲保持原貌，一般不予改正。

一、書中徵引前人詩文、文字與今見者或有异同，整理時未作改動。

一、書中通常的异體字、俗體字等，一并徑改作通行字。但類似同音假借字等，爲體現原作文字風貌，不作改動。

一、正史、文集、筆記之外，尚有稗官小説中涉及王冕者，列于附録内，以示區别。

目録

卷一　元

卷二 明一

卷三 明二

卷四　明三

卷九　清五

附録

卷一　元

《趙孟頫文集》一則　趙孟頫

自題蘭蕙圖卷

王元章吾通家子也，將之邵陽，作此《蘭蕙圖》以贈其行。大德八年三月廿三日，子昂。現藏美國三藩市亞洲藝術博物館。（上海書畫出版社二〇一〇年）

王元章傳　張辰

王冕，字元章，一字元肅，紹興諸暨人也。父業農，冕雖田家子，幼即嗜書。及長，長七尺餘，儀觀甚偉，深經術，嘗一試進士舉，不第，即焚所爲文。讀古兵法，通經世大略，有澄清天下之志。恒着高檐帽，披绿蓑衣，履長齒屐，佩木劍，行歌市，或騎黄牛，持《漢書》以讀，人皆以爲狂生。同里王公止善甚愛重之，爲拜其母。王後爲江浙檢校，君往見，衣履不完，足指踐地，王公遺革履一兩，諷使就吏禄，君笑而不言，置其履去。歸會稽，教授生徒，倚壁支土釜，自爨以爲養，人餽遺之，不受也。時高郵申屠駉任紹興理官，過武林，問交于王公，公曰：『越多奇士，他非所敢知，吾里有王元章者，志行魁偉，不諧于俗，公欲與語，非求見不可。』駉至，即遣吏自通，君曰：『我不識申屠公，或由王先生耳。』謝不見。吏請不已，君叱曰：『我處士，寧干官府事，毋擾乃公爲也。』駉既重王公言，且奇其爲人，趍進禮益恭，君始見之。駉退，白于大尹宋子章，具書幣造其廬以請，君爲之强起，入黌舍講授。歲餘，會他僚佐稍失禮，以書謝申屠公。東游吳，會吳人雅聞君名，及見所寫梅花竹石，士大夫奔走造請，縑素山積，君援筆立就，萬花千幹，成于俄頃，畫竟，即自題其上，墨瀋淋漓，皆假圖以見意。其爲詩雄渾豪放，如其爲人。久之游金陵，諸當事皆敬禮之，北走薊，往邊塞，歷觀險隘，往往見于歌詩。還京師，主秘書卿達公兼善家，朝貴爭欲薦之，君畫梅一幀張壁間，題云：『冰花個個圓如玉，羌笛吹他不下來。』見者皆咋舌縮項，不敢復與語。至正戊子南歸，謂予曰：『黄河將北流，天下且大亂，吾當栖遯以遂己志。』于是入九里山，買地一區，築室讀書其中，服古冠服，製小舟名之曰浮萍軒，放槳鑒湖之曲，好事者多載酒從之。歲己亥，君方晝卧，適寇入，君大呼：

『我王元章也。』寇大驚，素重其名，舁至天章寺，大帥置君上坐，再拜請事，君曰：『今四海鼎沸，爾不能進安生民，而恣行虜掠，亡無日矣。果能爲義，誰敢不服。如爲不義，誰則非敵。我越秉義之國，不可以犯。吾寧教汝與吾父兄子弟相賊殺乎。如不聽我，速殺我，更不與若言也。』大帥再拜，願受教。君終不言，明日疾，遂不起，數日而卒，帥具棺殮，葬于山陰蘭亭之側，署曰：『王先生之墓』。（《國朝三修諸暨縣志》卷五十一《明張辰彥暉王元章傳》，宣統元年刻本）

王先生小傳　張辰

王先生冕，字元章，別號竹齋，諸暨人，其先江左顯裔也。先生七八歲時，便知讀書，而他無所嗜，厥考曰：『家本農，農事耳，事儒非分也。』乃命牧牛壟上。先生輒竊入里學舍中，日聽誦默記數百言，人皆駭异之。郡天章寺主石門厚最，有聲方外，實先生諸父也，聞先生學勤甚，遂招就名師，因得大肆其力于學。值夏月無油，惟佛燈長明，時先生年纔十六七，便潛夜入，坐大佛像膝，上屋高間，四壁空無人聲，衆像持杵戟旋繞，凜如生，先生略無疑怖，而朗誦達旦，由是益進其所學。會安陽韓先生性闓學郡城，四方學者咸集。先生最後往，往則安陽异待，于一見之頃，相與研極精微，上自羲軒，至于伊洛，書載與道，無不習而通之，當時舉子業不足治矣。安陽卒，門人皆推先生，願以事安陽事之。先生難固拒，而脩脯常禮亦無所取，即取，取僅足奉母而已。時先生既孤，獨養母，母性愛故里居，而間往郡城就養。乃買白牛架柴車，自被古衣冠隨車後，以適母夫人往來便。鄉里小兒見即遮道笑，識者則謂先生善養其親。永嘉李孝光爲白事郡太守，言極稱其孝。宗父淮東宣慰艮尤稱道之不置口，因欲挽其出爲府史，以資上進，先生曰：『冕有田可耕，書可讀，菽水養親可以歡，豈效彼區區立堂下備奴使哉。』由是名動一時，而達官鉅人皆深願内交焉。先生意氣岸忽，不少爲豪貴屈。每居小樓上，令一僮止來客，俟通乃許登與否焉。一日，部使者過，就馬上求謁，拒之去，去數廛，先生乃開樓浩笑，其人聞之，大慚。以故得預交先生者爲身榮，惟尚書宋公璋、秘書卿泰不花、府推申屠駉二三人則莫逆耳。初先生期取進士第在必得，及屢試有司，不合，乃嘆曰：『業二十年而鑽蠹，爲童子之羞爲者，平生磊魂鬱塞之氣曾不少舒焉。』遂弃而買舟，下東吴，渡横江，入淮楚，遍游名區偉觀，遇人談古豪杰事，便慷慨長歌，聲動墟落，又時時搦筆寫大幅梅花。天台丁仲容嘗題之曰：『老幹長枝，張伯英書法也，疏花密蕊，黄庭經書法也，見者稱甚善形容之，然猶未足以舒其所負之萬分。』至正中，仍北游至京師，時秘書卿在史館，與編修葉君力勸先生就館職，先生曰：「嘻哉，諸公何昧于幾而爲是目論耶，十年後此中其莽焉。』勸者不敢復言，而先生已飄飄欲南轅矣。適友人盧君，杭人也，扈蹕至灤京，死之，惟兩婢一童留京城，凄焉不知所爲，先生曰：『我與盧君昆弟交久矣，縱欲急歸，弃冥冥而復何顔以見其伯氏乎。』乃盡出橐資，走一千里往覓其殯，斂骨歸京城，遂并其家與俱反焉。比至杭，其兄出郭迎先生，伏地哭曰：『吾弟以升斗禄，遠死數千里外，茫無骨肉之親，微先生，弟骨其朽于寒沙矣。』路旁見者，無不惻然墮泪，而君子以爲先生于友道乃古之僅有，而今之所絶無者矣。及先生還鄉里，即與所親曰：『天下非久將大亂，吾屬當知所出處焉。』或者議先生曰：『先生或與志不相似歸，即妄人耳。際天極地若國之大者，而謂是乎。』先生聞而笑之曰：『我不妄人，誰其妄人哉。』乃挈妻子入郡東九里山，種一頃豆，二頃粟，梅花樹千，桃杏樹五百，芋一區，薤百本，百本韭。引水作池，種魚千頭。結屋一區，去屋百步，所築樹小門，扁曰梅花屋，專教其子讀書，集平生著述，本其故里，名《粟里稿》，凡若干卷。客至不爲賓主禮，好清談者，則竟日對坐不倦。食至輒食，食已都不必辭謝。求詩詞及持絹寫梅花者，肩背相屬也。苟吟咏得趣，伸紙振筆，千百言不可休，與人亦不靳，惟寫梅花，則視幅之短長而務得米之多寡焉，人或譏之，則曰：『我藉是以代耕，豈好爲人家作畫師也。』參幾，荊襄兵起，或者始服先生識見度越流俗相萬焉。俄而先生受知今天子，于行丞相府議論契當，方將委任而先生歿已。歿後，論先生者曰：先生狀貌魁梧、美髭髯類王孝伯，立志落落類梁叔敬，歌辭婉而典雅類李商隱，細字書類王逸少，作畫類楊補之，舉無能辯异云。

里生張辰曰：辰之伯兄實先生婿也，熟從先生游，皆得先生之學問。歸語辰曰：『先生最高處，在志念疲民，哀叔世之政，傷倫彝之斁。』嘗仿古周禮著書一卷，坐起自從，遇夜清人静，輒挑燈朗誦，既而撫卷言曰：『幸微軀未即死，持此際英主，伊吕事不難到也。即死當淑諸後人，是亦與我爲善矣。』若先生者可謂殯死以道自任，使其見于設施，其言豈苟誇哉。昔者司馬相如死，且以《封禪書》刺刺屬其妻，舉此較之奚翅千萬，惜乎先生甫遇英主，而書已先燼于兵燹，身亦不少留焉。嗚呼，命也夫，嗚乎，命也夫。（《竹齋詩集》，國家圖書館藏抄本）

《稗史集傳》一則　徐顯

王冕

王冕，字元章，紹興諸暨人也。父力農，冕爲田家子，少即好學。長七尺餘，儀觀甚偉，須髯若神，通《春秋》諸傳。嘗一試進士舉，不第，即焚所爲文，益讀古兵法，有當世大略。着高檐帽，被绿蓑衣，履長齒木屐，擊木劍，行歌會稽市。或騎黄牛，持《漢書》以讀，人或以爲狂生。同里王公止善，甚愛重之，爲拜其母。王後爲江浙檢校，君往謁，衣敝，履不完，足指踐地。王公深念，遺草履一緉，諷使就吏禄，君笑不言，置其履而去。歸會稽，依浮屠廡下，教授弟子，倚壁庋土釜，爨以爲養，人或遺之，不受也。時高郵申屠公駉，新任紹興理官，過武林，問交于王公，公曰：『越多傳先君子，非所敢知。吾里人有王元章者，其志行不求于俗，公欲與語，非就見不可。』駉至即遣吏以自通，君曰：『我不識申屠公，所問者他王先生耳。』謝不與見。吏請不已，君斥曰：『我處士，寧與官府事，毋擾乃公爲也。』駉既重王公言，且奇其爲人，進謁禮益恭，以白于其大尹宋公子章，具書幣製冠服，俱造其廬以請。君爲之强起，入爨舍，講授歲餘，會他官禮待不如意，乃爲書謝申屠公。東游吴，吴人雅聞君名。君又善寫梅花竹石，士大夫皆争走館下。縑素山積，君援筆立揮，千花萬蕊，成于俄傾。每畫竟，則自題其上，皆假圖以見意。爲歌詩，雄渾跌宕，以古豪史杰自居。久之復游金陵，諸御史雖新貴，皆加敬待。遂北上燕薊，縱觀居庸、古北之塞，主秘書卿達公兼善家。翰林諸賢争譽薦之，君題寫梅張座間，有云『花團冰玉，羌笛吹不下來。』之句，見者皆縮首齰舌，不敢與語。至正戊子南歸，過吴中，謂予言：『黄河將北流，天下且大亂，吾亦南栖以遂志，子其勉之。』于是擇會稽山九里買山一頃許，築草堂，讀書其中。服古衣冠，或乘小扁舟，曰浮萍軒，自放于鑒湖之曲，好事者多載酒從之。歲己亥，君方晝卧，適外寇入，君大呼曰：『我王元章也。』寇大驚，重其名，與君至天章寺。其大帥置君上坐，再拜請事。君曰：『今四海鼎沸，爾不能進安生民，乃肆虜掠，滅亡無日矣。汝能爲義，誰敢不服，汝爲不義，誰則非敵。越人秉義，不可以犯，吾寧教汝與吾父兄子弟相殺乎？汝能聽吾，即改過以從善；不能聽，即速殺我。我不與若更言也。』大帥復再拜，終願受教。明日，君疾，遂不起，數日以卒。衆爲之具棺服斂之，葬山陰蘭亭之側，署曰『王先生墓』云。論曰：

孔子曰：『不得中行而與之，必也狂狷乎。』君生于衰世之下，而能旁薄萬古，傲睨一時，其言曰：『子房志于報韓，孔明志于興蜀，志雖正而心則狹。志于生民者，其惟伊周乎？』論議誠高矣。雖其所見不逮所言，卒能使暴戾之寇，格心起敬，浩然之氣，至死不衰。其制行若不合于中行，斯亦一世之奇士也。（上海文明書局民國四年印《説庫》）

竹齋記 韓性

植物之貴重者莫如竹，見于《詩》《易》《禮記》之書，异于凡卉，尚矣。世之人亦知竹之可貴重也，甲觀大囿，培植相嚮，叢花茂草，俯仰映帶，以資游玩之娱。譬如元夫鉅人，大冠長劍，而與貴介公子，接膝綺疏華燭之側，將重之耶，抑溷之也。嗟夫，世之知竹者鮮矣。暨陽王元章以竹名齋，求記于余。余家扺暨陽不百里，而未嘗一至其處，不知所以記。元章出畫卷示余，蒼巘斷橋，中無雜木，茅屋十數楹，蔽著篁竹間，指曰：『是所謂竹齋，而求子之記者也，可記以不？』嗟夫，元章真知竹者，非耶？古者燕居之室曰齋，有取于祓滌自潔之義。元章居是齋，圖史以爲師，起居不肆，冠珮嚴整，出門四矚，清風凛然，如接畏友。遠去而不忘，必假圖書以寓其心目，元章其真知竹矣。而余何能記，然有進也。君家内史修禊蘭亭，修竹之名聞天下，竹以人重也。子猷事業不多見，徒以愛竹之故，世言竹者，必徵子猷，人以竹重也。元章齋居，求志業日益就，使過其處者相語曰：『是竹齋者，王元章讀書之所也。』餘曁之竹，將由元章而重矣。士患無志耳，有志而無成，吾不信也。（《全元文》二十四册，江蘇古籍出版社。此篇并收録欽定四庫全書本《養吾齋集》卷二十一，標爲劉將孫作）

《閑居録》一則 吾丘衍

至元間，釋氏豪横揚總統，發掘墳墓，奪取宫觀，孤山和靖墳亦被發。然無他物，但得一寶玉簪，尸已空矣，其亦仙者耶。王元章有詩云：『生前不繫黄金帶，身後空餘白玉簪。』後又鑿靈鷲山壁爲佛像。時小民之無賴者，多爲僧，以逞奸，王復有詩曰：『白石皆成佛，蒼頭半是僧』亦佳。王總管，宋之老兵也，宋亡失志，嘗以蒲席爲衣，或寄宿道院及市井人家，自稱王總管。然每到之處輒利，故人争邀之，然多不往。諸酒館或遇其來，急以酒與之，乃滿飲，擲杯于地而去，則其家終日獲利倍于他日，皆呼爲利市先生。嘗客石函橋許公道院，夜立以寐。時方大雪，牛羊多凍死，

王乃解衣入水，扣冰而浴，既出，汗流如雨，真异人也。平生每狂歌，人聽以卜休咎，多驗也。（欽定四庫全書本）

《録鬼簿》一則　鍾嗣成

沈士廉。名廉，錢塘縣學生。治毛詩，工選詩，能小楷書，善畫梅花，不下王元章，名重當時。洪武中拜監察御史，爲事戍遼陽。永樂中徙金陵，爲人所累而死，惜哉。（《録鬼簿》續編，上海古籍出版社一九七八年）

《檜亭集》一則　丁復

題王元章梅

三年不見王徵士，一見梅花如見人。風致山陰頻夢夜，雪晴江上又逢春。毫端祇作尋常寫，意度真同造化神。聞道邪溪新買宅，想栽千樹作比鄰。（《元詩選》二集卷十六，欽定四庫全書本，并收録《永樂大典》卷之二千八百十三，《御定歷代題畫詩類》卷八十四）

《蜕岩詞》二則　張翥

疏影　王元章墨梅圖

山陰賦客，怪幾番睡起，窗影生白。縹緲仙姝，飛下瑶臺，淡佇東風顔色。微霜恰護朦朧月，更漠漠、暝烟低隔。恨翠禽、啼處驚殘，一夜夢雲無迹。惟有龍煤解染，數枝入畫裏，如印溪碧。老樹枯苔，玉暈冰圈，滿幅寒香狼藉。墨池雪嶺春長好，悄不管、小樓横笛。怕有人、誤認真花，欲點曉來妝額。（《蜕岩詞》卷上，後收録《永樂大典》卷之二千八百十三，清沈辰垣《歷代詩餘》卷八十七，清朱彝尊《詞綜》卷二十九）

踏莎行　題趙善長、王元章爲楊垓合寫三友圖

雨澗天寒，孤山雪後。美人空谷誰爲友。香林有路玉烟深，瀛洲無夢朝雲瘦。照影冰壺，含情翠袖。寫生合在徐黄手。仙家花月鎮長春，與君歲晚同三壽。（卷下，民國强村叢書本）

《蜕庵集》二則　張翥

題王元章紅梅

我本北人南寄家，慣從湖上看横斜。客中忽睹春風筆，眼亂初疑作杏花。（《永

樂大典》卷之二千八百九）

王冕墨梅爲趙麟題

紅蘭小槳載春回，好醉春風若下杯。客裏墨花聊慰眼，江南處處是真梅。（《永樂大典》卷之二千八百十三，中華書局一九八二年）

《丹邱生集》一則　柯九思

題王元章寫紅梅花

姑射燕支襯露華，一枝楚楚進天家。君王不作梁園夢，金水河邊厭杏花。（《丹邱生集》卷三，欽定四庫全書本，後收録清顧嗣立《元詩選》三集卷五）

《僑吴集》三則　鄭元祐

王元章白描梅

王郎筆底無纖塵，祇有萬斛江南春。疏花冷蕊禁不得，珠明玉潤前森陳。珊瑚交柯撑鐵網，金鋩鑠日張龍鱗。咸平處士西湖濱，風雪滿頭肌肉皴。長歌短吟梅樹下，聲詩寫得梅花真。王郎晚載剡溪雪，艤舟孤山一問津。色香聲塵盡奪取，高揮大抹駭世人。舊時娟娟裏湖月，清光長照無疏親。（卷二）

王元章梅

明月西湖上，清光凝舊時。東風露消息，香雪滿南枝。（卷六）

王元章梅

孤山無復看梅花，寂寞咸平處士家。留得王髯醉時筆，歲寒仍舊發枯槎。（《僑吴集》卷六，欽定四庫全書，以上三首後收録《御定歷代題畫詩類》卷八十四，二、三兩首并收録清顧嗣立《元詩選》初集卷五十二）

《楊維楨詩集》一則　楊維楨

題王元章畫梅

舊時月色有誰歌，拔劍王郎鬢已皤。惆悵春風舊詞筆，南枝香少北枝多。（《楊維楨詩集》，浙江古籍出版社二〇一〇年，并收録《御定歷代題畫詩類》卷八十四，清顧嗣立《元詩選》初集卷五十六，下注『此詩《玉山雅集》作「鄭元祐」。』）

《金臺集》一則　納延

春日次王元章韵

翠幰金車錦駱駝，芙蓉綉褥載雙娥。雨晴輦路塵沙少，風起春城柳絮多。秉燭且留清夜飲，倚闌猶聽隔墻歌。山翁此日心如水，夢斷江南雨一蓑。（《金臺集》卷一，欽定四庫全書，後收録清顧嗣立《元詩選》初集卷四十一，汪霦《佩文齋咏物詩選》卷二十四春類）

《羽庭集》一則　劉仁本

昱上人出蜀僧與顧氏畫山水、王元章畫梅花共一帙求賦

有客手持三絶畫，淋漓元氣薄層霄。雲開南岳秋無際，春入西湖雪未消。野衲虎頭連二妙，山陰鶴骨夐孤標。已無秀色排青闥，疑有寒香挂绿么。（卷三，欽定四庫全書本）

《元危大樸集》一則　危素

王冕墨梅歌爲馬易之賦

會稽奇士王原莊，書梅一似僧花光。禹穴凌雲入窈篠，孤山醉月真清狂。騎驢偶爾到京闕，漫刺不馥干侯王。借居政近東城墻，蕭然四壁書滿囊。客乘休假一來訪，不通名姓殊相忘。挂颯飄摇拂雲岳，振袂欸乃隨滄浪。空同隱者最知己，蜀紙爲寫冰綃長。空蒙烟樹生晚思，璀璨天葩浮晚香。忽聞悲歌更愁絶，爲爾起舞良慨慷。憶昔看梅石闌曲，簫聲夜半凝飛霜。鴻都流浪逾十載，夢繞故園空斷腸。君尋古迹向東魯，更訪别業歸南陽。秘書胄監孫道夫。與我同惜别，定見金薤垂琳琅。（《永樂大典》卷之二千八百十三，中華書局一九八二年）

《蟻術詩選》一則　邵亨貞

畫梅行　會稽王元章惠以墨梅且題其上，依題酬之

道人畫墨梅色爛，頃刻畫成還自嘆。不教么鳳識貞心，故遣苔花封老幹。空江歲晏冰雪寒，江上月明人倚闌。隔江美人相見難，誰其致之白雲間。美人爲我話疇昔，

感此孤高混荆棘。春風一夜到寒窗，坐使化工長太息。嗟予清絶忘世緣，得此似挹羅浮仙。歲寒相對深崖巔，夢中梨雲豈其然。（卷四，四部叢刊三編景明本）

《草堂雅集》八則　顧瑛

題王元章梅　陳基

武陵溪上桃千樹，亦有寒梅照水開。一種春風標格在，太平恩澤爲栽培。（《草堂雅集》卷一，後收録《御定歷代題畫詩類》卷八十四）

題王元章畫梅花　熊夢祥

水影晴光爲寫神，當時已是失天真。一從殘角吹新曲，幾向寒溪覓故人。縞袂歸來猶有月，佩環飛去更無塵。莫言醉魄空離落，信把和羹屬大臣。（卷六，後收録《御定歷代題畫詩類》卷八十四）

題王元章梅　熊夢祥

紫禁春醲雪未消，年年香冷衹飄颻。許身入畫酬清賞，不嫁東風過小橋。（《草堂雅集》卷六，後收録《御定歷代題畫詩類》卷八十四，清顧嗣立《元詩選》三集卷十）

題王元章梅　張渥

照水疏花冰有暈，横窗瘦影玉無痕。孤山月冷黄昏後，拄杖曾敲處士門。（《草堂雅集》卷七，後收録《永樂大典》卷之二千八百十二《草堂集》，《御定歷代題畫詩類》卷八十四，清顧嗣立《元詩選》三集卷十二）

題王元章畫萬玉圖　郯韶

西湖千樹玉交加，清夜掀篷看雪花。狂殺山陰王處士，興來放筆掃横斜。（《草堂雅集》卷十，後收録顧嗣立《元詩選》二集卷二十一，汪霦《佩文齋咏物詩選》卷一百八十四畫類）

題王元章梅　于立

老鶴歸來不受呼，野橋江樹雪模糊。西湖處處皆桃李，省識春風到畫圖。（《草堂雅集》卷十一，後收録《御定歷代題畫詩類》卷八十四，清顧嗣立《元詩選》三集卷十六）

王冕

字元章，會稽人，卓犖不群，嘗游京汴間，好爲詩，尤工于畫梅，以胭脂作没骨

體自元章始。隱居若耶山中，事母盡孝道，名公咸推敬之。（卷十三）

題王元章墨梅　釋子賢

我家繞屋梅花樹，况在清溪白石邊。雲霽月明疏影小，讀書猶記十年前。（《草堂雅集》卷十四，後收録《御定歷代題畫詩類》卷八十四，清顧嗣立《元詩選》三集卷十六）

《南湖集》三則　貢性之

題山農畫梅

大庾嶺頭春信早，十月梅開照晴昊。曾騎官馬隴頭來，百里梅花夾馳道。夫君元是嶺南人，自言家近羅浮村。種梅繞屋一萬樹，玉爲肌骨冰爲魂。得官遠嚮西湖住，喜與林逋作賓主。夢回酒醒霜月寒，又見梅花在窗户。笑倩旁人爲寫真，相看如見嶺頭春。一聲長笛月欲落，腸斷梅花身後身。（卷上，欽定四庫全書本，後收録《御定歷代題畫詩類》卷八十四）

題畫梅十首

王郎胸次亦清奇，盡寫孤山雪後枝。老我江南無俗事，爲渠日日賦新詩。

奈爾年年早得春，月香水影弄精神。東家縱有閑庭館，俗李麄桃總後塵。
濕雲壓地雪花乾，一日狂風十日寒。不管春風滿鄰屋，却從墻角借來看。
美人别後動深思，春到南枝總未知。記得斷橋明月夜，忍寒花下立多時。
羅浮山下着青鞋，踏雪曾看爛熳開。好似人家茅屋底，一枝先占短墻來。
曾向西湖蹋月華，水邊寒浸一枝斜。潘郎宅裏重相見，絶勝河陽滿縣花。
九里山前一萬栽，年年先占百花開。毵毫解奪天工巧，勾引春風畫裏來。
却月觀前春似海，凌風臺下雪成堆。揚州水部無消息，誰賦新詩换酒杯。
十月江南正苦寒，花開如雪雪成團。如今老盡咸平樹，祇寫前身畫裏看。
王郎日日寫梅花，寫遍杭州百萬家。向我題詩如索債，詩成贏得世人誇。

畫梅八首

九里山前舊識君，醉來筆底自生春。曾誇梅信春先得，今日梅花是後身。
美人一别已千年，暮雨朝雲思窅然。昨夜酒醒渾不寐，一枝和月到窗前。
懷人無處托相思，貌得東風第一枝。却憶尋君霜月下，滿身香影立多時。
曾記西湖雪霽時，春風消息在南枝。如今老盡咸平樹，都寫閑情付補之。

北風獵獵吹人倒，門外雪深三尺强。何事梅花偏耐冷，一枝先嚮雪中芳。美人家住在羅浮，奪得春風第一籌。月影水香無限意，群花端合讓風流。朔風撲面凍雲垂，引鶴冲寒出郭遲。却憶西湖霜月下，美人相伴立多時。江城鐘鼓夜迢迢，霜月多情照寂寥。更有梅花是知己，小窗斜度兩三梢。（《貢氏三家集》，吉林文史出版社二〇一〇年）

《静思集》一則　郭鈺

用王冕韵送解元禄茂才

時危結屋傍岩阿，野逕春烟匝翠蘿。四海俊賢唐貢舉，百年父老漢謳歌。山涵霧露藏玄豹，水會陂塘散白鵝。地僻此時賓客少，松陰掃石坐長哦。（《静思集》卷七，欽定四庫全書本，後收録清顧嗣立《元詩選》初集卷五十九）

《居竹軒詩集》一則　成廷珪

題徐仲原所藏王冕畫紅梅

羅浮仙子絳綃裳，也欲隨時學艶妝。今日北人渾見慣，杏花同色不同香。（卷四，

欽定四庫全書本）

《丹崖集》一則　唐肅

王山農畫梅三首

春回却月觀，樹樹總花開。無數瑶臺鶴，凌風欲下來。
溪上雪消初，溪冰未動魚。一枝寒日裏，照見影疏疏。
憶上寶瓶船，西湖欲雪天。一枝欹岸出，低照酒尊前。（《丹崖集》卷四，明末祁氏澹生堂鈔本，後收録《御定歷代題畫詩類》卷八十四）

蒲庵禪師復公詩一則　來復

胡侍郎所藏會稽王冕梅花圖

會稽王冕雙頰顴，愛梅自號梅花仙，豪來寫遍羅浮雪千樹，脱巾大叫成花顛。有時百金閑買東山屐，有時一壺獨酌西湖船，暮校梅花譜，朝誦梅花篇，水邊籬落見孤韵，恍然悟得華光禪。我昔識公蓬萊古城下，卧雲草閣秋瀟灑，短衣迎客懶梳頭，祇把梅花索高價。不數揚補之，每評湯叔雅，筆精妙奪造化神，坐使良工盡驚詫，平生放浪禮法疏。開口每欲談孫吴，一日騎牛入燕市，瞋目怪殺黄髯胡，地老天荒公已死，留得清名傳畫史。南宫侍郎鐵石腸，愛公梅花入骨髓，不我萬玉圖，繁花爛無比，香度禹陵風，影落鏡湖水。開圖看花良可吁，咸平樹老無遺株，詩魂有些招不返，高風誰起孤山逋。（錢謙益《列朝詩集》閏集卷一，清順治九年毛氏汲古閣刻本，并收録《御定歷代題畫詩類》卷八十四）

《保越録》（節録）　徐勉之

至正十八年冬十一月戊戌，江浙等處行樞密院副使吕公珍來鎮守紹興。時院判邁里古思遇變之後，越民思之，如失怙恃。公至，祭而哭之，拜其母于家，申嚴號令，安民和衆，百務安堵，上下賴焉。敵兵自克蘭溪，勢益猖獗。十一月甲申，陷婺州。至正十九年春正月庚申，陷諸暨，越州嚴備，公命厲將士，講畫方略，以爲備禦。乃相與視羅城外，雖有排柵，無險可恃，遂命增浚濠河，各廣五丈，深二尺。由是排柵阻水爲固，而戰船往來俱得便利。甕城逾河增築月城，上起望樓，周列廬舍，聚木壘石爲備。立炮架，開箭窗，竪屏墻，後施釣橋，傍置兩門，以便士卒出入。月城外復起土壘，左右拱翼，以爲外護。度敵兵必至，乃督城外居民悉遷城中，毁屋宇之近城者，清野以待之。

二月甲子，敵兵哨掠村落，執鄉民爲導，不從者輒殺之。丁卯，敵兵自諸暨分三路：一出楓橋古博嶺天章木栅至亭山；一出缸灶黄闊茅洋漓渚至戴旂山；一出街亭象路日鑄嶺平水至九里。

……

（四月）己巳，敵將蚤晨遣水軍數十人至常禧門外，潜伏官河中，以稻草覆身，分步兵翼而進，公立馬跨湖橋上，望見水面浮草，公曰：『草下敢有伏兵乎？』命游騎搜之，果得水軍。于是邀擊，俘獲殆盡。敵軍又攻稽山門，馳突春波橋，敵將蔡元帥，鎧甲坐胡床，指揮其衆，我軍以火筒射而仆之。敵軍驚駭，舁之還寨。先是敵軍所恃者騎兵，每出皆以爲先鋒。我軍多掘坑坎，布枯竹簽鐵蒺藜，又置釘牌泥中，人馬顛仆，多爲我軍所獲，自是騎兵少出矣。丞相以至元鈔三千錠、銀碗五十事、官段五十疋來勞軍，鄉民陷敵寨者多逃歸，公命撫安之。郡人王冕，字元章，負氣偃蹇，居九里山中。敵軍至，民皆避兵入城，冕獨不入。敵軍執而欲殺之，自言善韜略兵機，得以不死。敵將謝同僉等資之，偕行至婺州，領見敵主于軍門，獻所自定官制書，陳説攻取方略，敵主大悦，即授以重任，命赴軍前督衆攻取紹興。復治攻城之具，又定決水之策，畫圖本以示諸將。

辛未，常禧門外交戰，敵將王老哥臨陣，萬户楊仕全策馬迎敵，刺傷之。王乃敵軍中勇將，是日幾被我軍所獲。敵軍欲阻昌安門，絶我糧道，乃用王冕之計，自繞門山潛逾河至石堰，結寨大常山石佛寺，一日而成。公命元帥包玉、總管倪昶等急攻之，火筒炮石之聲晝夜不絶。

壬申，總管焦德昭自曹娥引兵至石堰，與昶軍會合。德昭謂其衆曰：『彼寨一日不破，彼方得其志，且不意我來，宜示以不戰，伺其懈而擊之。』乃分調萬户吴元亮守彼寨北門，千户梁德成、徐旺守南門，德昭、昶與萬户張英、申智用、展興、蔡旺守中門，約巨螺吹動，三路齊進。敵軍見我軍解甲休息，果不爲意。萬户陳杰首出哨，獲其三人。兵勢四合，自辰至午，敵軍出戰不利。張英率衆先進，仆其排栅，獲敵軍張元帥鎧甲及所乘馬。諸軍鼓噪而入。義兵千户何元道、邵文澤以鄉兵赴之，焚其廬舍。敵軍弃資糧，奔凌家山寨。擒獲者四人，殺傷及溺死者甚衆。元帥包玉、萬户徐鎮引兵邀截歸路，獲馬七匹。敵軍寨既破，公命部長率民拆其排柵，凡十餘里。

乙亥，敵軍至常禧門挑戰，交鋒數合，至晚解散。公與總管倪昶等潛躡其後，至中堰胡大海寨内，軍校大呼而前。敵軍惶怖不知所爲，且近且却，士卒有逾垣而赴水者。我軍縱擊之，獲大將二人，先鋒二人，馬二匹而還。萬户何清中流矢傷目。敵軍因石堰之敗，人馬亡散甚多，頗歸咎王冕，由此疏之。日督攻燒五瑞門，夜則歸凌家山寨。（商務印書館《叢書集成初編》，一九五九年）

《庸庵集》六則　宋禧

爲王漢章題王山農畫梅

山陰狂客王山農，平生游戲梅花中。梅花解作忘機友，雪天月夜長相逢。腰圍固有食肉相，忍餓惟知駡卿相。清癯仙質愛梅花，寫神迴出緇塵上。湯楊墨迹世上傳，山農與之争後先。衹今片紙不易得，豪家豈惜黄金錢。推篷之圖爲誰作，爛熳千花競交錯。逸興可發文章家，走筆花前風雨落。我昔避地留梅川，梅川孤舟花底眠。冰霜滿眼畫無路，桃源誰送漁郎船。王家高堂對圖畫，白首忘愁了諸債。南風灑灑吹寒花，往事令人感時邁。（卷二，後收録《永樂大典》卷之二千八百十三）

題王山農畫梅

山陰對雪寫南枝，此老平生獨好奇。同郡相逢每相失，却來閩越爲題詩。（卷九，後收録《永樂大典》卷之二千八百十三）

題王山農畫梅

山陰道上每相逢，當日梅花在眼中。笑我題詩無一字，吐辭不及廣平公。（卷九，後收録《永樂大典》卷之二千八百十三）

閏三月廿二日過北郭王氏書舍，觀酴醾留飲，花下酒酣，爲題王山農畫圖，時立夏已九日矣

春歸北郭看酴醾，却見梅花爲賦詩。二十四番花信後，薫風不似朔風吹。（卷十）

爲倪原道題王時敏畫梅

繁花亂插酒船回，作客王郎醉莫哀。且向賀溪尋賀老，鐵心作賦已成灰。原注：予與王時敏過媚戚倪氏，時敏酒酣爲原道作梅畫一紙，并自題詩，且謂不讓王山農之作。予于時敏甚愛其才，

常慮其狂疾或作，今觀其詩，果又以狂爲言，不可不遏其疾之作也。因用其詩之末句，題二十八字。時敏肯用是自嗇，而未有四方之游，則予詩之力不愈于酒之能行藥乎。（卷十，後收録《永樂大典》卷之二千八百十三）

王山農畫梅

山農作畫愛梅花，身後聲名擅一家。獨倚寒村誰泯滅，吟詩空恨夕陽斜。（卷十，欽定四庫全書本，後收録《永樂大典》卷之二千八百十三）

《至正直記》一則　孔齊

元章畫梅

會稽王元章嘗謂：『暑月着衣畏汗濕，則用細生苧布，以薄金漆水刷過，乾而後着，則便且凉也。』元章名冕，善畫梅。（卷四，續修四庫全書本）

《梧溪集》一則　王逢

題王冕墨梅（有引）

冕，會稽狂士，少明經，取科第不中，遂放曠江海間，士之負才氣者，争與游。

嘗鞍牛游京城，名貴咸側目。平生嗜畫梅，有自題云：『冰花個個團如玉，羌笛吹他不下來。』或以是刺時，欲執之，一夕遁去。

霜落銀河月在天，美人松下鬥嬋娟，一枝倒影吴牛角，曾比知章踏酒船。（卷五，欽定四庫全書本）

《圖繪寶鑒》一則　夏文彦

王冕，字元章，會稽人，能詩善畫，墨梅，萬蕊千花，自成一家，凡畫成，必題詩其上。（卷五，元至正刻本）

《玉笥集》一則　張憲

天香閣觀王元章梅，次其所題詩韵

天風閣下秋氣清，上人邀我閣下行。舉頭驀見王冕畫，使我塵埃雙眼清。摩挲素壁如鏡平，上有萬點水花明。若非華光聘三昧，誰使造化驅百靈。繁枝久不林下見，老幹忽來堂上生。拳攣磥磈鶴膝凸，屈曲盤拿猿背撐。薄寒似覺霜氣勁，慘澹似有參星橫。酒家門前曉月落，羅浮夢裏春風輕。枝間積雪擬待伴，樹杪翠衣疑有聲。皎如姑射太綽約，靜似處子多娉婷。鐵心石腸不挂念，冷蕊疏香偏動情。短籬倒照日杲杲，野橋春水波泠泠。空懷孤山已半世，不到西湖今十星。何當結茅里閭近，相與把杯懷抱傾。閑扶竹杖石上坐，起持鐵笛風前鳴。君不見，梅花艇子浮如萍，浮遍鑒湖八百里，胡爲送死將軍營，嗚呼，胡爲送死將軍營。（卷六，欽定四庫全書本，後收録《永樂大典》卷之二千八百十三）

《得月稿》一則　吕不用

楊世通求題王元章畫梅

和靖孤墳草木長，梅花神契久荒唐。山陰翰墨春瀲水，秘畫黄昏月裏香。（卷五，清鈔本）

《丁鶴年集》一則　丁鶴年

題會稽王冕翁畫梅

永和筆陣在山陰，家法惟君悟最深。寓得梅花兼二妙，右軍風致廣平心。（卷二，商務印書館叢書集成初編）

題元章折枝桃花　湯舜民

素質全勝艷姿，好春不在繁枝。疏花個個真，巧筆星星是。似瑶池折來無二，王冕人稱老畫師，千載後風流在此。（《全元曲》第七卷，河北教育出版社一九九八年）

卷二 明一

《臨安集》三則 錢宰

題畫梅和王山農韵并序

王煮石梅花一枝，繫以長歌，幾四十年矣。俯仰今昔，有懷故人，因次韵于後，但顛倒縱横，不倫不理，不能不爲韵所牽也，觀者必發一笑。

江南春來白雪爛，落月横參夜將半。縞衣綽約如故人，踏颯黎雲敧老幹。北風獵獵天正寒，仿佛風節憑西闌。乃知山人竟不死，夜煮白石青松間。高情抗世無今昔，溪上梅花没荒棘。憶曾揮翰灑溪雲，一枝寄與春消息。花前唤酒寫長歌，花下呼兒掃落花。若非揚州何遜宅，定是西湖處士家。山人愛梅心獨苦，笑爾豪吟玉堂樹。山巔水際日看花，鳳詔鸞書招不去。解衣盤礴兩袖垂，腕指所至皆天機。南枝着花玉色起，北枝凍壓玄霜飛。自從上苑成塵土，無復當年舊歌舞。源上桃花不記秦，九畹芳蘭已忘楚。不如山人卧雲松，破屋長在梅花東。傳家有子花作譜，放手直欲先春風。見花如見山人面，誰道人間亡是公。（《臨安集》卷一，後收録《永樂大典》卷之二千八百十三，清錢謙益《列朝詩集》甲集卷十七，《御定歷代題畫詩類》卷八十四）

題王煮石推篷圖

粲粲晴林截素霓，夢回何處覓新題。畫檐壓檻江南屋，短棹推篷雪後溪。落月欲分花上下，春風不隔樹高低。何當一見冰霜表，放棹孤山烟水西。（卷二）

題王煮石梅花

郡生得梅花折枝，上寫江南婦詞，王煮石所畫也。時邵適夫妾，因題以嘲之：『誰謂江南婦，不及江南花。春深風雨惡，花落婦西家。』

煮石山人今永别，見花長作故人看。縞衣綽約春來瘦，風節嚴凝雪後寒。每憶荒烟啼翠羽，笑扶明月下飛鸞。何煩宋玉相招得，環佩歸來露未乾。（《臨安集》卷二，欽定四庫全書本，後收録《永樂大典》卷之二千八百十三，《臨安集》中僅收録詩，序出自《永樂大典》）

《霏雪録》四則　鎦績

初無人以花藥石刻印者，自山農始也。

山農用漢制刻圖書，印甚古。江右熊（闕）巾笥所蓄頗夥，然文皆陋俗，見山農印，大嘆服，且曰：『天馬一出，萬馬皆喑。』于是盡弃所有。

會稽王山農元章，早負大志。游大都，無所遇，貰屋以居。時臨川危素爲翰林學士，居鐘樓街。山農嘗見其文而不相識，一日危騎而過山農所，與之坐而不問其姓名，徐曰：『君非鐘樓街住耶？』危曰：『然。』更不出他語而罷。人問之，山農曰：『吾觀其文有譎氣，目其人，舉止亦然，料知必危太樸也。』

山農居大都，既不遇，惟落落自放。嘗謂月魯不華公曰：『余欲買一黄牛乘之，挂書角上以游。』會月魯公南轅，傳聞士大夫間，故有『燕市騎牛』之語而實未嘗騎也。（卷上，欽定四庫全書本）

王山農畫梅歌二首 劉績

玄冥凍律凝陰谷，山魅幽幽吊僵木。誰卷鮫機一尺烟，昆刀碎刻藍田玉。博羅山人調小鳳，瓦冷霜華不成夢。火熏金獸蘭氣温，鎖窗斜月淡幽痕。

水仙騎龍歸海宫，玫瑰珠佩迎春風。霧澄天净露嬌影，蕊粉染衣香更濃。鮫綃隔夢梨雲色，幺鳳不鳴花脉脉。畫角吹殘十二樓，湖西曉月涵空白。（《御定歷代題畫詩類》卷八十四，欽定四庫全書本）

《張三丰先生全集》一則 張三丰

王山農

逸士王山農先生冕，元末會稽人也。身長多髯，少明經不偶，即焚書。讀古兵法，戴高帽，披緑蓑，着長齒屐，擊木劍，行歌于市，人以爲狂，士之負材氣者，争與之游。平生嗜畫梅，畫成必自賞也。明太祖聞而訪之，既至，與糲飯蔬羹，山農且談且食，帝喜曰：『可與共大事。』授咨議參軍，不受。一夕夢羅浮仙人招之，醒即捉筆狂叫，寫大梅一株，題以詩曰：『我家洗硯池頭樹，個個花開淡墨痕。不要人誇好颜色，祇留清氣滿乾坤。』明日遂卒。同時蒲庵和尚復見心見而稱之，曰：『會稽王冕，梅花仙也。』（《藏外道書》第五册，巴蜀書社一九九四年）

《希澹園詩集》一則　虞堪

題王元章梅

髯君畫梅若天造，冰雪肝腸屢傾倒。騎驢曾上燕南道，駡人不識梅花好。囊空無錢遂歸蚤，把酒對花心慅慅。夜半歌呼發酒狂，縱説花王被花惱。江南二月春風顛，柳絮梨花不堪掃。雪罨枝梢頗綴繁，那似山中昔懷抱。憶君誓不委露草，若欲尋之畏行潦。聞道關門空讀書，十年不見今應老。羌笛吹時不下來，而今正合窮幽討。君不聞，咸平處士骨枯槁，白鶴翩翩度瑶島。（卷一，欽定四庫全書本）

《密庵詩文稿》一則　謝肅

題葛原良所藏王元章所作梅鳥圖　其二梅花翠鳥

雪餘梅發映春空，咫尺仙凡有路通。爲問绿衣歌舞後，更誰曾到合歡宫。（戊卷，四部叢刊三編）

《明太祖實録》一則

己亥春正月至正十九年正月

上在寧越時，儒士許瑗、王冕來見。上問以時務，各應對稱旨。乃留瑗等置幕府，以冕爲咨議參軍。冕，紹興人，慷慨有大志，通術數之學，元末亂時嘗走京師，陰與人言，亂且作，人以爲狂。又嘗仿《周禮》，著書一編，曰吾未即死，持此以獻明主，可致太平。及爲咨議參軍，自以爲得行其志，未幾發病，卒。（《大明太祖高皇帝實録》卷之七，廣方言館本補嘉業堂本校）

王冕傳　宋濂

王冕者，諸暨人，七八歲時，父命牧牛隴上，竊入學舍，聽諸生誦書，聽已輒默記。暮歸亡其牛，或牽牛來責蹊田，父怒撻之，已而復如初。母曰：『兒痴如此，曷不聽其所爲。』冕因去依僧寺以居，夜潛出，坐佛膝上，執策映長明燈讀之，琅琅達旦。佛像多土偶，獰惡可怖，冕小兒，恬若不見。安陽韓性聞而异之，録爲弟子，學遂爲通儒。性卒，門人事冕如事性。時冕父已卒，即迎母入越城就養。久之，母思還故里，冕買白牛，駕母車，自被古冠服隨車後。鄉里小兒競遮道訕笑，冕亦笑。著作郎李孝光欲薦之爲府史，冕罵曰：『吾有田可耕，有書可讀，肯朝夕抱案立庭下，備奴使哉？』每居小樓上，客至，僮入報，命之登，乃登。部使者行郡，坐馬上求見，拒之去。去不百武，冕倚樓長嘯，使者聞之慚。冕屢應進士舉，不中。嘆曰：『此童子羞爲者，吾可溺是哉？』竟弃去。買舟下東吴，渡大江，入淮楚，歷覽名山川。或遇奇才俠客，談古豪杰事，即呼酒共飲，慷慨悲吟，人斥爲狂奴。北游燕都，館秘書卿泰不花家。泰不花薦以館職，冕曰：『公誠愚人哉，不滿十年，此中狐兔游矣，何以禄仕爲？』即日將南轅，會其友武林盧生死灤陽，唯兩幼女、一童留燕，倀倀無所依。冕知之，不遠千里走灤陽，取生遺骨，且挈二女還生家。冕既歸越，復大言天下將亂。時海内無事，或斥冕爲妄。冕曰：『妄人非我，誰當爲妄哉？』乃携妻孥隱于九里山。種豆三畝，粟倍之。樹梅花千，桃杏居其半。芋一區，薤韭各百本。引水爲池，種魚千餘頭。結茅廬三間，自題爲梅花屋。嘗仿《周禮》著書一卷，坐卧自隨，秘不使人觀。更深人寂，輒挑燈朗諷，既而撫卷曰：『吾未即死，持此以遇明主，伊吕事業不難致也。』當風日佳時，操觚賦詩，千百不休，皆鵬騫海怒，讀者毛髮爲聳。人至不爲賓主禮，清談竟日不倦。食至輒食，都不必辭謝。善畫梅，不減揚補之。求者肩背相望，以繒幅短長爲得米之差。人譏之，冕曰：『吾藉是以養口體，豈好爲人家作畫師哉？』未幾，汝潁兵起，一一如冕言。皇帝取婺州，將攻越，物色得冕，置幕府，授以咨議參軍，一夕以病死。冕狀貌魁偉，美須髯，磊落有大志，不得少試以死，君子惜之。

史官曰：予受學城南時，見孟寀言，越有狂生，當天大雪，赤足上潛岳峰，四顧大呼曰：『遍天地間皆白玉合成，使人心膽澄澈，便欲仙去。』及入城，戴大帽如簁，穿曳地袍，翩翩行，兩袂軒翥，嘩笑溢市中。予甚疑其人，訪識者問之，即冕也。冕真怪民哉。馬不覂駕，不足以見其奇才，冕亦類是夫。（《文憲集》卷十，欽定四庫全書本，後收録明代程敏政《明文衡》卷五十七，明代賀復徵《文章辨體彙選》卷五百三十四，明代過庭訓《本朝分省人物考》卷四十九，明代張萱《西園聞見録》卷二十二，清代顧有孝《明文英華》卷一，清黃宗羲《明文海》卷四百四）

《誠意伯文集》二則 劉基

題王元章梅花圖

道人紅顔映髭雪，欲與梅花鬥清潔。夢魂化作梅花神，貌得梅花最奇絶。高軒落筆當晴曦，北風吹樹寒雲垂。九霄露洗珠玉蕊，野水影動龍蛇枝。勞生苦被煩熱惱，見此令人暢懷抱。虚堂夜半明月入，玄鶴一聲驚絶倒。西湖處士骨已槁，湖上淡烟迷蔓草。石壇日夜長蒼苔，紫脱瑶英爲誰好。羅浮山，在何處？聞道其間無散木，祇有梅花三萬樹。黄初平，在金華，山中白羊許借我，與爾并駕凌飛霞。（卷四，後收録《永樂大典》卷之二千八百十三）

題王元章梅花圖

會稽老王拙且痴，能畫梅花稱絶奇。春窗走筆生古怪，中有窈窕傾城姿。人生得閑真是好，得閑不閑惟此老。布袍闒茸髮不梳，一生祇被梅花惱。天生梅實可和羹，爾梅有花結不成。世間花實總尤物，不如畫圖終古無枯榮。（《誠意伯文集》卷十，欽定四庫全書本，後收録《御定歷代題畫詩類》卷八十四）

《竹齋集》原序　劉基

予在杭時，聞會稽王元章善爲詩，士大夫之工詩者多稱道之，恨不能識也。至正甲午，盗起甌括間，予避地至會稽，始得盡觀元章所爲詩。蓋直而不絞，質而不俚，豪而不誕，奇而不怪，博而不濫，有忠君愛民之情、去惡拔邪之志，懇懇悃悃，見于詞意之表，非徒作也，因大敬焉。或語予曰：『詩貴自適而好爲論刺，無乃不可乎？』予應之曰：『詩何爲而作邪？《虞書》曰：詩言志。卜子夏曰：詩者，志之所之也。上以風化下，下以風刺上，主文而譎諫，言之者無罪，聞之者足以戒。詩果何爲而作邪？周天子五年一巡狩，命太師陳書以觀國風。使爲詩者，俱爲清虚浮靡，以吟鶯花咏月露而無關于世事，王者當何所取以觀之哉？《詩》三百篇，惟《頌》爲宗朝樂章，故有美而無刺，二《雅》爲公卿大夫之言，而《國風》多出于草茅閭巷賤夫怨女之口，咸采録而不遺也。變風變雅大抵多于論刺，至有直舉其事，斥其人而明言之者，《節南山》《十月之交》之類是也。使其有訕上之嫌，仲尼不當存之。以爲訓後世之論，去取乃不以聖人爲軌範，而自私以爲好惡難可以言詩也已。』『《商書》曰：惟口起羞。昔蘇公以謗詩速獄，播斥海外，不可以不戒也。』曰：『孔子曰：邦有道，危言危行；邦無道，危行言孫。故堯有誹謗之木，而秦有偶語之戮，亂世之所與也。得言而不言，是土瓦木石之徒也。王子生聖明之時，而敢違孔子之訓，而自比于土瓦木石也耶？』括蒼劉基伯温序。（《竹齋集》卷上，欽定四庫全書本）

《新增格古要論》一則　曹昭

王元章新增

元王冕，字元章，會稽上虞人，能詩善畫墨梅，萬蕊千花，自成一家。凡畫成，必自詩其上，字俊逸，詩渾厚，俱可愛。宋學士景濂爲作《王冕傳》。（卷五，清惜陰軒叢書本）

《静居集》一則　張羽

王元章墨梅

王郎志奇貌亦奇，與世落落噤莫施。一朝騎牛入都市，闞吏不識誰何之。歸來老作會稽客，干戈欻起西南陲。青袍白馬風塵裏，越州城邊戰不已。雄襟自許魯仲連，一箭無成身已死。世上空餘寫墨花，祇將名姓花光比。于乎，人生有才不盡用，古來埋没皆如此。（《静居集》卷三，四部叢刊三編，後收録錢謙益《列朝詩集》甲集卷八，《御定歷代題畫詩類》卷八十四）

《逃虚子集》一則　姚廣孝

題王冕梅

臘未殘時已報春，水邊林際每相親。短梢忽向雲窗見，澹影寒香亦媚人。（卷九，清鈔本）

《國初事迹》一則　劉辰

紹興儒士王原章，能作梅，來金華見太祖，甚待之，曰：『我克紹興，着你做知府。』賜衣服遣回。（浙江范懋柱家天一閣藏本）

南洲法師溥洽公詩一首　溥洽

題王冕梅花揭篷圖

王郎寫梅如寫神，天機到手驚絶倫。自言臨池得家法，開縑散作江南春。酒酣豪叫呼霜𩆜，寶泓倒飲隃糜薰。龍跳虎卧意捷出，縱横錯莫迷芳塵。繁花不消千樹雪，古苔蝕盡樛枝鐵。縞衣綽約佩珰明，夜夜貞心照寒月。嗟予落魄西湖湞，夢魂幾度入梨雲。東風吹香趁流水，斷橋愁送波澐澐。一杯不到孤山土，忽見王郎已千古。還君此圖歌莫哀，原草青青隔烟雨。（錢謙益《列朝詩集》閏集卷一，清順治九年毛氏汲古閣刻本，後收録《御定歷代題畫詩類》卷八十四）

夢觀法師仁公詩一首　守仁

題王冕畫梨花鳥

雙鳥交交語晚晴，東闌花發近清明。梨園弟子傷春去，一夜新愁白髮生。（錢謙益《列朝詩集》閏集卷二，清順治九年毛氏汲古閣刻本）

《東里續集》一則　楊士奇

題孫從吉梅花

孫隆從吉赴新安知府，作梅花四十小幅，每幅有詩，裝潢爲二十合，留爲余別。孫得會稽王冕筆法，甚清。此四十詩亦王之舊作也，大抵王作一畫，必賦一詩，孫積王所作亦甚富云。余故識之以遺晟孫云。（卷二十二，欽定四庫全書本）

《柘軒集》二則　凌雲翰

王元章墨梅并次詩韵

山陰陳迹老莓苔，爲探梅花踏雪來。傳得一枝溪上景，眼明相見亦驚猜。（卷一）

畫梅

玉龍寒嘶銀粟下，山色昏冥如破瓦。老枝枯柟無眩容，暗裏陽春生一罅。東風團雪作好花，明月落在詩人家。遠移何必得健步，禿兔敗繭能榮華。花光補之俱寂寞，王冕後來觀此作。歲寒重約到孤山，共倚巢居舊時閣。（卷三，清武林往哲遺著本）

《運甓漫稿》一則　李昌祺

題梅圖

補之華光本同調，王冕專門獨臻妙。當時叔雅亦知名，瑰奇總讓吴興趙。吴興兄弟宋王孫，玉雪爲骨冰爲魂。祇將翰墨自游戲，持縑請者空紛紜。此圖先辨是誰畫，不寫霜晨寫寒夜。片月疑明又未明，殘英欲謝何曾謝。仙郎風度真獨雄，乾坤氣象蟠心胸。花開不用雪中探，坐對瓊姿幽興濃。（卷二，欽定四庫全書本）

故山樵王先生行狀　吕升

山樵諱周，字師文。其先關西人，係出猛之後。十世祖德元仕宋，官至清遠軍節度使。靖康播遷，留守建康，移鎮浙東。未幾，仍守建康，策勛追贈太師威定公。威定之子諱琪，閬州觀察使，廟賜忠節偕武節大夫，第三子也。第八子某，諸軍統制教練使，居諸暨，敕葬長寧小溪山，是爲諸暨初遷之祖。孫文炳割田園山業頃畝凡若干，資之慈光梵刹，香火焚修，族屬蕃衍，世有聞人。曾大父來，清白傳家，隱居善積多聞。考山農先生，性資豪邁，馳聲區宇間。山樵幼穎悟，六歲通《論語》《孝經》

大義。少長，過目即成誦。侍父山農先生，經涉河山之美，追平文物之盛，充廣心志，造詣益深。至正甲午來，元運日促，移家九里山中，種蒔梅竹，從容後先。國朝兵下衢婺，山農建長策，期至太平，天競奪其算。區宇再造，既述職方，肇修先緒，占籍會稽。簞瓢陋巷，人不堪處，賡歌擊節，其樂也愉愉。數奇偕寡，達生自分，寫梅師法家傳，溪橋斷岸，老幹疏花。吟嘯盤礴，顧瞻忘返，人目其迂，落筆伸紙，神領意會，不知生意自毫端出。迄今世家蓄名畫，購之有不可得，殆若古今。治忽山川，經由辭藻，賡唱扣之，若河決，若燭照，赫如前日事。論辨精剴，人無一辭可更。學宫鄉飲，推讓賓席，士類耆儒尊仰。郡守以下，風采景慕，禮遇接見，優加作作。尚平淡，直而婉，簡而奥。稿藏于家，平生清淡自將，觀化之日，口占一絶云：『清風明月今宵好，相伴逋仙老鶴閑。』瞑然而逝。其孤昭，念塚上未有石介，姻友駱氏則民行實爲請。余家居連閭巷，山樵爲執友，行次感舊懷今，論次有自。山樵生于元至正乙亥秋七月二十二日，卒于永樂丁亥正月十三日，以疾終于正寢，壽七十有三。配周氏，世家蕭邑，鄉曰昭鴻，有賢行，先卒。子男即昭，孫男，長璵，任建寧府學訓導，次驥、騏、驎、驌。孫女永貞，適諸暨駱大年孫曾。繩繩家學，源源習熟，葬用明年夏四月二十一日，卜地鄉香爐山之原，配周氏合祔。嗚呼！山樵君子儒也。阨窮而守益，至持操而志益充。衣冠偉望，處鄉里恂恂然，遵養時晦，不伎不求，人孰不爲致重乎？立言君子，揭銘摛光，導揚潛德，納諸玄堂，庶傳永久。六大理左少卿致仕山陰呂升狀。（《竹齋集》卷下，欽定四庫全書本）

書竹齋先生詩集後　魏驥

竹齋先生詩集者，諸暨駱稱大年之所彙稡者也。先生世諸暨人，名冕，字元章，竹齋其別號，豪放不羈士也。其爲人概具學士宋公所撰《王冕傳》謂：『馬不覂駕，不足以見其奇才，冕亦類是夫。』予又聞之，先生善寫梅，自成一家，其法則出入楊無咎。平生愛讀《周禮》，探其微，嘗著書一卷，曰：『吾不死持此遇明主，伊呂事業不難致也。』值元季，視時政不綱，負氣懷憤，則出言無所顧忌，率多譏刺其任事之人，致人目之爲狂。豈真狂者哉？走四方，其足迹殆半天下，志無所遂。迨謁太祖高皇帝于金華，與語頗合，獲留。餉午具惟飯一盂，蔬一盤。先生且談且食，盡飽乃已，拜。上喜曰：『先生能甘粗糲如是，可與共大事。』即授以咨議參軍。未幾，遘疾遽亡。知之者謂，使天假之以年，其樹功烈當不在元勛之下。是知其詩爲先生餘事耳，況其大篇短章，豪雄俊偉，汪洋浩翰，酷似其爲人。故誠意伯劉公嘗序其集曰：『其言有忠君愛民之情，去惡拔邪之志，懇懇悃悃，見于詞意之表。』誠得先生之心者也。其集甚富，惜厄兵燹不全。其今大年所集，僅能收拾于煨燼殘缺之餘，蓋千百而什一也。是則先生之手澤尚存，亦可謂之不死矣。大年實先生之曾孫婿，端願謹慤，有文有藝。子三人，居安、居敬、居恭，亦讀書尚禮，稱其家兒。談者謂其父子所得，皆出于尊人溪園先生之教。溪園今年幾九十，篤厚君子，博學能文。嘗出粟助有司賑恤貧困，奉璽書旌爲義民。以彙稡是集，不没先生之善而觀，亦駱氏義舉之一端云。溪園名象賢，字則民，故并識之。資善大夫南京吏部尚書致仕蕭山魏驥書。（《竹齋集》卷下，欽定四庫全書本）

書竹齋先生詩集卷後　白圭

是集之傳，實先生曾孫婿駱大年之所自也。大年端介願慤，儒素自居，雲栖乃别號。婦王，字永貞，從大父山樵翁，笄而命之，壼彝素率，配德，警誡無違。子三人，長居安，次居敬、居恭，閑習詩禮，雍雍氣誼之間，居敬梅之墨妙亦精。其尊人溪園先生，博學擅古文辭，山樵爲忘年交，遺稿刊刻，深切于衷。溪園嘗輸粟貸貧民，奉旨以義民旌淑，預光禄酒饌。采輯《諸暨志》，工費毋溷于人，書成，大家贄見，具膻醴，悉拒絶之，狷介若是，非義而何？逮若婦王，保佑其家世，其竹齋遺稿，輔相克觀厥成，行無攸遂，賓敬有儀重，山樵十年乃字之，得人。竹齋襟懷曠絶，矯時慢物，嘗曰：『士生天地間，苟不以道德功名顯，亦當文翰傳後。何得生無益而殁無聞焉？』諸孫武昭克能，佩服斯訓，凡諸述作，無不記憶叩之，朗然成誦，慨古懷今，蕭然吟咏自若，明日鐺無粟煮，不暇論。事殊世异，幾及百年，雲栖相謂興起，休烈導揚，篇簡具載，刊置九原，可作平生志願酬矣。懲勸風刺，措諸言辭之表，人得而見矣。詩凡三卷，弁諸首簡，誠意伯青田劉公基，出處詳悉。并載太史金華宋公濂、訓導諸暨張公辰傳中。予也與王氏居連里巷，山樵爲執友行，侍席聽講常多，重以溪園文字交好。斷金之誼，姻親之往來，詳于見聞，高山仰止，書成涣乎一新，因不辭而書之。詩曰：『心乎愛矣，遐不謂矣。』其斯之謂乎。景泰七年歲在丙子二月既望郡人白圭書。（《竹齋集》卷下，欽定四庫全書本）

《竹齋詩集》跋　駱居安

居安等謹按：外高祖山農先生抗志爲儒，懷奇負异，一畝之宅，清約自處，集義養浩，聲利一無動于心，具載傳序中。吾母性至孝，嘗撫諭我兄弟曰：『我先世竹齋遺稿當時未能問世，必付之梨棗以酬我祖、父志。』歲月于邁，因循恐無及矣。幸我堂上垂白之祖，昔曾親炙外曾祖山樵先生，推及是心，爲之申命于下，吾父乃命居安日與諸弟居敬、居恭校録，閲數月始得編纂成秩。伏念居安等學植荒落，不獲揚名顯親，無從效昔人成其宅相之榮，兹僅從事分校，以聊慰吾母不匱之孝思，無滋愧矣，敢云有功于是集者？外家五世孫居安居敬居恭同百拜謹志。（《竹齋詩集》，清嘉慶王氏安雅堂本）

《竹齋集》跋　駱居安

居安等謹按：外氏家世累膺，武功顯擢。迨及我外曾祖父山農先生，由儒發身，奕葉相仍，一畝之宅，清約自處，集義養浩，聲利一無動于心，具載傳序中。俯念吾母，極孝慈，撫諭我兄弟，嘗曰：『我先世竹齋遺稿，必將鎸刻，酬我祖父志願。』歲月于邁，因循何哉。幸我堂上垂白之祖，昔與我外祖父山樵先生締交，推及是心爲心，申命于下，吾父厥志順承。居安與諸弟居敬、居恭校讀刊詳，芳聲麗澤，從容乎其間，樗散之木，因山之高，百尋可致。顧居安等學業無成，揚名顯親，徒切于懷，又無從仿昔人成其宅相之榮，自勉自顯，中焉忸怩。詩分三卷，從遺稿編次，未備者期之采補。書板收藏，來者時加扃鑰，勉旃工墨之費，日廣其傳，當與士君子共之。諸孫駱居安等百拜謹書。（《竹齋集》卷下，欽定四庫全書本）

《水東日記》一則　葉盛

王元章畫梅

會稽王冕元章，其爲人，見宋潛溪所著傳。今人間往往有其所畫梅花，斷縑尺楮，人争寶之，多元章自書所題其上。如所謂：『我家洗研池頭樹，個個花開淡墨痕。不要人誇好顔色，只留清氣滿乾坤。』皆有可觀。又聞初見太祖皇帝，應制題梅詩曰：『獵獵北風吹倒人，乾坤無處不沙塵。胡兒凍死長城下，誰信江南别有春。』睿意眷賞之。（卷六，中華書局一九九七年）

《菉竹堂稿》一則　葉盛

題尚徐賓畫册

右畫册二十四幅，素紙不一，惟三幅出宋人，餘皆元人，雲間徐尚賓所藏。甲乙品定，裝潢具飾已，予與尚賓暇日得一一縷指其人。馬和之、葉肖岩，皆杭人。和之，紹興中登第，仕至工部侍郎。肖岩，寶祐間人，錢選舜舉，霅川人，景定間鄉貢士。其第四第五幅則元之趙松雪仲穆父子，一一趙事，夫人能言之。六幅以下多有未甚顯者。張觀可觀，華亭人。張渥叔厚，亦杭人。吴鎮仲圭，號梅花道人，嘉興魏塘人。曹知白，字又玄，嘗以大府薦爲校官。朱德潤，字澤民，吴郡人，徵東儒學提舉，徒昆山，今其後家焉。楊基孟載，亦吴郡人，山西按察使。李升之雲，號紫雲生，濠梁人。王冕元章，會稽人。王蒙叔明，號黄鶴山樵，松雪公之甥。馬琬文璧，號魯鈍生，撫州知府。張遠畫署梅岩，必其號也。知白琬遠與相子先者，皆華亭人。子先未知其名，以字行。唐棣子華，松雪同郡人，休寧縣尹。趙元善長，山東人，卒老于吴。朱芾孟辯，洪武初中書舍人。黄公望子久，號大痴道人，常熟人。張中子政與朱孟辯亦皆華亭人。倪瓚元鎮，號雲林子，無錫人。曹慶孫繼善，號安雅生，淳安教諭，知白族侄也。

諸君子筆墨源流所自，品格之高下，自有畫家書其言行之略。予獨念夫諸君子以一藝見稱，尚爲後人愛慕如此，矧其間文章學問節行材業，固别有可傳者耶。昔之儒先君子嘗云：『素不識畫，非真不識畫也，士固有所重，不在畫也，有大焉者矣。然則覽者毋徒以畫爲評其尚知所務乎哉。』因書以歸諸尚賓云。（卷七，清初鈔本）

句曲外史小傳（節録）　姚綬

外史杭之錢塘人，姓張名雨，又名天雨，字伯雨，號貞居子……丁丑歲出茅嶺，庚辰歸陽德，館作黄篾樓，儲古圖史甚富，往來靈石山之精舍。丁卯按丁卯當作丁亥。造水軒于浴鵠灣，明年刻詩藥井上，時年七十有六。按七十有六當作七十有二。其所居又有開元静舍、南真館、老學齋。與會稽王山農、上清薛玄卿章心遠、龍翔毛伯圭輩相友善，多文字酬酢。廉夫避地于蘇之錦綉坊，外史以其知己，數造焉。廉夫推爲前輩，每題其製作，曰貞居先生……成化十五年九月朔日嘉禾姚綬書。（《句曲外史集》卷下附録，欽定四庫全書本）

《五峰遺稿》一則　秦夔

有恒處士葛君墓表（節録）

無錫有奇士曰葛君，諱威，字重之，别號有恒。其先家曁陽，有諱唯甫者，仕宋，爲吏部尚書，實以詩禮濬其源。至衛國清孝公書思魯國，文康公勝仲丞相少師，文定公邲相繼以德業，文章導其流，而家譽益振。君之裔出自清孝公，至大父壽始遷無錫。考春輝，母李氏，君性介特，讀書明理道。體素羸，若弗勝衣，而其中確然有執守，當其聞義而起，雖賁育弗能過。家甚單，以清苦自持，勸之仕，弗應。有宅一區，僅庇風雨，而素蕭然。邑有多田夫，以財自豪，君曾不舉目，睨之。嘗讀宋太史所著王元章小傳，慕其高潔，曰白牛生殊可人意。時時學其寫梅，筆意清勁。凡憤懣鬱紆，一于梅發之，若與元章神交數百載前。或譏其清儉，君笑曰……（卷十九，明刻本）

《菽園雜記》一則　陸容

王冕，紹興人，國初名士。所居與一神廟切近，爨下缺薪，則斧神像爨之。一鄰家事神惟謹，遇冕毁神像，輒刻木補之，如是者三四。然冕家人歲無恙，補像者妻孥沾患，時時有之。一日召巫降神，詰神云：『冕屢毁神，神不之咎，吾輒爲新之，神何不祐耶？』巫者倉卒無以對，乃作怒曰：『汝不置像，彼何從而釁耶？』自是其人不復補像，而廟遂廢，至今以爲笑談。（《菽園雜記》卷十二，中華書局一九九七年版，此則又見明佚名《蓬軒類記》）

《蟫精雋》一則　徐伯齡

梅花先生傳

先生名花，字魁□□□（前闕）乃會稽山農王元章之作也。山農名冕，前元人，能寫梅，書法詩畫爲一時三絶。我國初召至京師，謁見高皇，問有何新作，對以有題畫梅絶句，云：『獵獵北風吹倒人，乾坤無處不沙塵。尋常凍死梅根下，始信江南別有春。』稱旨，得賜放還。其題所畫梅花句百篇，有云：『今日開門見好山，鍊詩壇下列仙班。看來都是梅花樹，個個春風玉珮環。』又云：『我家洗硯池邊樹，個個花開淡墨痕。不要人誇好颜色，只留清氣滿乾坤。』其胸中是何抱負。（卷三，欽定四庫全書本）

《定山集》一則　莊昶

雪蓬爲盛行之作

雪蓬老人瘦且清，前身想只梅花精。墨梅一寫幾千萬，雞林交趾知其名。南京小兒不曉事，相逢盡唤梅先生。一蓬有屋鳳城裏，土脊茅檐竹椽子。蝸牛半角祇藏頭，我爲量之剛丈許。不題偃月晝錦堂，扁作雪蓬聊爾耳。北風大雪五尺深，無限傍人愁壓死。老人高坐方掀髯，大叫狂歌對兒女。大兒捧筆婦捧觴，一醉梅花三百紙。籬邊竹樹往往佳，萬個弓弰千鼠尾。忽然幾處鼎石根，便是懸崖活梅樹。此時天趣不可當，誰人肯許同清狂。花光補之已非敵，當時空有王元章。定山先生無一好，雪蓬老人當笑倒。只有區區觀物亭，半庭茂叔窗前草。（卷一，欽定四庫全書本）

《明一統志》一則　李賢等

安慶府

余忠宣祠。在府城東忠節坊。忠宣乃元右丞余闕也，爲元室死節，本朝嘉其忠，爲立祠廟，命有司歲時祭之，知府胡纘宗以推官黄突倫以下二十有三人皆從闕死節，建議咸祔祀焉。元王冕詩：『赤幟南來擁萬舟，丹心北望獨悠悠。關東競起追秦鹿，即墨徒煩縱火牛。萬里一城三嚮敵，孤軍百戰七經秋。空餘千古英雄淚，不盡長江滾滾流。』（卷十四，欽定四庫全書本）

《珊瑚木難》二則　朱存理

文章滑稽目録

梅先生傳。王元章著，出《竹齋集》。（卷四）

全思誠九首　送王元章如越

我從越中歸，山水猶在眼。賀湖天寒冰鑑清，禹穴水落雲氣暖。夢中往往復登臨，萬壑千岩姿蕭散。故人山水窟中來，題詩直上姑蘇臺。酒酣目力隘宇宙，少年筆陣排風雷。謝公屐下小吴越，如望中原更奇絶。終南大華青未了，桑乾之陰多積雪。送君出門歌遠游，自嘆把鋤空飯牛。觀光歸來尚黑頭，訪子却覓山陰舟。全思誠，字希言。（《珊瑚木難》卷八，民國適園叢書本，并收録錢謙益《列朝詩集》甲集前編卷十一）

《篁墩文集》一則　程敏政

黄岩陳處士墓志銘（節録）

處士天性純至，喜問學。事二親極孝有，人所難者，哭父幾喪明，竟不良于視。年七十奉母馮，猶定省不倦。馮安其養，至九十乃終。初慶元君工墨梅，與會稽王冕齊名，方山君妙得其傳。處士每時祀，見手澤即悲哽不已，因自號慨梅，一時名流，聞其事多咏歌之。（卷四十三，明正德二年刻本）

《小鳴稿》一則　朱誠泳

集句　擬劉文綱少參悼亡

畫樓西畔桂堂東，李商隱。孔雀屏開燭影紅。楊巨源。今日窅然忘此景，王冕。野花黄蝶領春風。王初。（卷八，欽定四庫全書本）

《水村集》一則 陸完

王元章梅 陸完

月落參横興已空，鑒湖清淺夜推篷。消磨不盡惟豪氣，猶在疏花淡墨中。（《明詩紀事》丙簽卷九，光緒丙午貴陽陳氏聽詩齋刊，并收録錢謙益《列朝詩集》丙集卷三，《御定歷代題畫詩類》卷八十四，均題作《王元章作墨梅并題長句書其後》）

卷三　明二

刻貢理官南湖詩集　貢欽

弘治元年冬，欽以吏部文選員外郎奉上命册封伊府，便道歸宣城。檢閲先考司封府君所藏先世圖籍，因携《雲林》《南湖》二詩集還于京。以字有舛訛，請正于今禮部尚書大學士西涯李先生。越數日，復請，先生謂欽曰：『《雲林集》不勝點記，當具存。終元之代，止可讓一家或二家耳。』慨然許序其端。謂《南湖集》亦清新可傳，删其什之一，俱歸于欽。《雲林集》已托前寧國守范君以貞刻板于宣城學宫。弘治八年冬，欽以文選郎中得罪，調除大名府同知。睹林間梨木瘁其顛者，用是圖刻此集。市材庀工，一切所需俱出自己俸，任滿，終當携歸宣城書塾耳。其什之一，臨刻不忍盡去，復存其所删什之二三，此欽之私也。《雲林集》者，七世祖元翰林學士贈禮部侍郎謚文靖，又以尚書府君貴，贈禮部尚書，追封郡侯，世號雲林先生，故其集曰《雲林》。此所謂《南湖集》者，是也高祖駕部府君之從兄，諱性之，字友初，仕元爲閩省理官。入國朝，隱居越之山陰，更諱悦。洪武間，駕部府君與其再從兄司業府君同仕于朝，屢遣舟迎抵金陵舊館，又迎歸宣城之南湖，俱不樂從，遂終于越。門人私謚曰『貞晦』，其志蓋可見矣。世號『南湖先生』，故其集曰《南湖》。時會稽王元章善畫梅，得其畫者，謂無貢南湖詩則不貴重，故集中多咏梅詩。間録其詩若干首于《越山鍾秀集》，其見重于越之士人如此。無嗣，一女，適洛陽鎦涣之子績。外孫師邵其祖，子孫皆越之名儒，欽外姻，尊者也。不記其字與號，故僭書其名。理官府君，欽不避干犯之罪者，慮此集不朽，誦其詩者欲知其人耳。此又欽之私也。弘治十一年五月十六日，四代孫欽謹識。（《貢氏三家集》，吉林文史出版社二〇一〇年）

《容春堂集》一則　邵寶

題王元章梅卷

五陵豪客梅華筆，寫盡江南萬古春。莫向尋常乞題品，赤城山下有詩人。（續集卷五，欽定四庫全書本）

《野記》一則　祝允明

呂珍爲張士誠守紹興，皇祖屢攻之未克。珍有材略，善戰，嘗以牛革囊兵，霄濟以襲我師。每戰，令戰士及城中人爲歌高噪，以詬胡公大海。王冕元章不肯附珍，詣我軍獻策攻之，然亦弗克。既而竟不能支，降深自效。初，珍作《保越録》，自詡守城之功。既降，乃泯之。今越人有其書。（明刊本，後收録《國初群雄事略》卷七）

《甫田集》一則　文徵明

次韻題王山農墨梅

西湖老樹淩風霜，敷英奕奕先群芳。貞姿不作兒女態，炯然冰玉生寒芒。窮寒襲人膚欲裂，幽人自咏孤山雪。至今秀句落人間，暗香浮動黄昏月。却恨無人續高韵，墨痕聊寄江南信。不關素質暗緇塵，剛愛鉛煤點新鬢。恍疑寒影照昏缸，刻畫無鹽誰濫觴。逃禪已遠嗣者寡，仿佛尚寄山農王。山農何處骨已冷，展卷令人雙目醒。何因爲喚玉妃魂，極目晴波湖萬頃。（卷四，欽定四庫全書本，後收録《御定歷代題畫詩類》卷八十四）

《息園存稿詩》二則　顧璘

題王元章梅花和韵

墨池五夜飛玄霜，素靈幻出梅花芳。草堂忽爾見春色，氣序不得由勾芒。空山慘凜層崖裂，千枝萬枝綴瓊雪。水晶屏風疏影寒，舉頭却見黄昏月。江笛横飄黄鶴韵，遷人莫報長沙信。欲取寒芳寄遠書，轉愁旅思催蓬鬢。簾外青香撲酒缸，千金莫惜日飛觴。解道明珠交玉體，風流獨羡陳思王。狐裘蒙茸不知冷，醉卧花前不須醒。夢來直上羅浮巔，占却梅林千萬頃。（卷七）

題王元章梅竹卷次祝鳴和

畫家妙品古亦稀，高人每號無聲詩。淺夫拈筆率信意，豈解盤薄凝深思。聊希形似即滿意，難與神化論等次。子喬老仙烟霞骨，劚出心肝洗塵俗。身化西湖一樹冰，氣吞湘岸千竿玉。映縑姿態鬥纖穠，轉手枝柯分直曲。山空自喜野人同，歲寒敢謂吾曹獨。補之墨梅稱絶倫，與可寫竹恒逼真。今之畫圖兼二妙，始信苦學能通神。草堂六月氣凄爽，仿佛坐我清江濱。白頭豈知老將至，對爾真足忘冬春。憶昨青陽回绿草，横斜桃李長安道。一夜飄風歷亂生，可憐花葉紛顛倒。塵世繁華有盛衰，朱門一閑無人掃。與君開卷玩高標，絶勝對客談虛藻。（《息園存稿詩》卷七，欽定四庫全書本，以上二首後收録《御定歷代題畫詩類》卷八十四）

《七修類稿》四則　朗瑛

時文石刻圖書起

成化以前世無刻本時文，吾杭通判沈澄刊《京華日抄》一册，甚獲重利，後閩省效之，漸至各省刊提學考卷也。圖書，古人皆以銅鑄，至元末會稽王冕以花乳石刻之。今天下盡崇處州燈明石，果温潤可愛也。（卷二十四）

山農刺時

王冕，字元章，號山農，元末人也。身長多髯，少明經不偶，即焚書。讀古兵法，戴高帽，披緑蓑，着長齒屐，擊木劍，行歌于市，人以爲狂，士之負材氣者，争與之游。嘗游京城，名貴側目。平生嗜畫梅，畫成未嘗無詩也，有詩云：『我家洗硯池頭樹，個個花開淡墨痕。不要人誇好颜色，祇留清氣滿乾坤。』或以是詩刺時，欲執之，一夕遁。後太祖物色得冕，因與糲飯蔬羹，山農且談且食，上喜曰：『可與共大事。』

授咨議參軍，一夕暴卒。應制作絶云：『獵獵北風吹倒人，乾坤無處不生塵。胡兒凍死長城下，始信江南別有春。』今《竹齋集》中未刻。昨見蒲庵禪師復見心題其梅花一歌，亦奇特也，因舉其概同録，歌云：『會稽王冕高頰顴，愛梅自號梅花仙，豪來寫遍羅浮雪千樹，脱巾大叫成花顛。有時百金閑買東山屐，有時一壺獨酌西湖船，暮校梅花譜，朝誦梅花篇，水邊籬落見孤韵，恍然悟得華光禪。我昔識公蓬萊古城下，卧雲草閣秋瀟灑，短衣迎客懶梳頭，只把梅花索高價。不數揚補之，每評湯叔雅，筆精妙奪造化神，坐使良工盡驚詫，平生放浪禮法疏，開口每欲談孫吴，一時騎牛入燕市，瞋目怪殺黄髯胡，地老天荒公已死，留得清名傳畫史。南宫侍郎鐵石腸，愛公梅花入骨髓，示我萬玉圖，繁花爛無比，香度禹陵風，影落鏡湖水，開圖看花良可吁，咸平樹老無遺株，詩魂有些招不返，高風誰起孤山逋。』按復見心亦元臣，名來復，字見心，入國朝，畏法而髡其首，觀此歌則知其胸次矣。（卷二十九）

梅花詩

『冽冽北風吹倒人，乾坤無地不生塵。胡兒凍死長城下，始信江南別有春。』『我家洗硯池邊水，朵朵開來點墨痕。不要枝頭好颜色，祇留清氣滿乾坤。』右二詩世傳爲王元章作也，故予于其傳亦載後絶。然考《竹齋集》又無，後得止庵周大參抄本一書，知前乃太祖之作，後乃劉伯温之作，一時事也。蓋伯温因太祖有疑而召至，時正梅開于雪中，太祖前作，固有意焉，而劉之詩，尤明白其心事，于是君臣相好如故也。

（卷三十一）

明唐詩人暗合

國初王元章《書懷》，王子充《郡齋偶賦》，詩意相同而韵上差其二，可謂异矣。及讀唐劉長卿《餘干旅舍》與張籍《宿江上館》詩，韵同意同，真可謂巧也，又皆奇作，特録于稿。元章詩云：『世情多曲折，客况自堪憐。聽雨愁如海，懷人夜似年。草肥燕地馬，花老蜀山鵑。冷淡無歸計，蒼苔滿石田。』子充詩云：『宦况真蕭索，虚齋足自眠。思親懷愛日，閲史録疑年。白髮生愁後，黄華立醉邊。風流陶靖節，輸爾早歸田。』劉詩云：『摇落暮天迥，丹楓霜葉稀。孤城向水閉，獨鳥背人飛。渡口月初上，鄰家漁未歸。鄉心正欲絶，何處搗征衣。』張詩云：『楚驛南渡口，夜深來客稀。月明見潮上，江静覺鷗飛。旅宿今已遠，此行殊未歸。離家久無信，又聽搗寒衣。』（卷三十八，上海書店出版社二〇〇九年）

《儼山集》二則　陸深

和王元章梅花爲段主事子辛賦

畫堂六月飛嚴霜，客持此幅梅花芳。乍窺疑浮初月影，細對忽麗繁星芒。塞垣風高吹石裂，嶺南天低不受雪。何似孤山處士家，一段西湖弄華月。梅花此時殊有韵，青鳥遥傳海山信。度水盈盈玉雪膚，含風嫋嫋堆鴉鬢。萬種心情春酒缸，起爲花神酹一觴。誰憐白賁元無價，空復紅芳號假王。會稽山農骨已冷，夢入梅花呼不醒。巡檐且索屋三間，負郭何須田二頃。（卷二）

和王元章梅花酬姚時望

歲寒冉冉餘冰霜，留此一樹先春芳。山農能事數獨步，净掃楮素摇兔芒。龍池波騰鸜眼裂，噴薄元雲沁蒼雪。須臾樹梢送長弓，挂此一片寒潭月。賞心詩客多風韵，欲挽筆力回春信。競搜奇事出枯腸，亂插繁花嚮春鬢。青錢沽酒白玉缸，自勸一觴梅一觴。調羹有時會結實，物色夢落商家王。山林托交盟未冷，衆醉何須悲獨醒。中分一頃養鶴田，半頃種花泉半頃。（續集卷二，欽定四庫全書本）

《東江家藏集》一則　顧清

次韻水村書王山農梅花詩後

少年冲雪探梅時，那識溪山有險夷。今日短筇遥竚立，無言空咏老農詩。老農應未興全空，猶有湖船倚短篷。待得春風消息透，六橋都在暗香中。（卷十四，欽定四庫全書本）

《復齋日記》一則　許浩

會稽王冕元章，有高才，其墨梅冠絶古今，斷縑殘楮，人争寶之，其書梅多自題，有云：『我家洗研池頭樹，個個花開淡墨痕。不要人誇好颜色，祇留清氣滿乾坤。』其初見高廟，應制題梅詩曰：『獵獵北風吹倒人，乾坤無處不沙塵。胡兒凍死長城下，誰信江南别有春。』上大賞之。（《復齋日記》卷上，欽定四庫全書本，後收録王良臣《詩評密諦》卷三）

《百川書志》二則　高儒

竹齋集三卷　諸暨王冕元章著。（卷十五，欽定四庫全書本）

竹齋咏梅詩一卷　元王冕著絶句長句。（卷二十，欽定四庫全書本）

《孤樹裒談》二則　李默

吕珍爲張仕誠守紹興，皇祖屢攻之，弗克。珍有材略，善戰，嘗以牛革囊兵，宵濟以襲我師。每戰，士及城中人爲歌高噪，以詬胡公大海。王冕元章不肯附珍，詣我軍獻策攻之，然亦弗克。既而竟不能支，降深自效。初，珍作《保越録》，自詡守城之功。既降，乃泯之。今越人有其書。《野記》。（卷一）

會稽王冕元章，其爲人見宋潛溪所著傳。今人間往往有其所畫梅花，斷縑尺楮，人争寶之，多元章自書所題其上，如所謂：『我家洗研池頭樹，個個花開淡墨痕。不要人誇好顏色，祇留清氣滿乾坤。』皆有可觀。又聞初見太祖高皇帝，應制題梅詩曰：『獵獵北風吹倒人，乾坤無處不沙塵。胡兒凍死長城下，誰信江南别有春。』（卷一，明刻本）

《國琛集》一則　唐樞

王冕，越人，磊落有大志，穿曳地袍，翩翩行，兩袂軒翥。下東吳，渡江入淮楚，北抵燕都，歷覽名山川，搜訪奇才俠客，談古豪杰事。呼酒悲歌，隱山谷中，著書一卷，坐卧輒隨，秘不使人觀。曰：『吾未即死，持此以遇明王。』當佳風日，一賦亹亹不休，皆鵬騫海怒，讀者聳毛髮。天大雪，赤足上潛岳峰，四顧大呼曰：『遍天地間，白玉合成，使人便欲仙去。』太祖致冕幕府，授咨議參軍，尋卒。（上卷，商務印書館叢書集成初編）

《西湖游覽志》四則　田汝成

南山勝迹

山旁有宋郊壇、高禖壇、净明院、大通院、道林院、寶惠院、般若院、冲天觀、玉虛觀、烏菱池、鴻雁池、玉津園，并廢。郊壇，紹興二年建，王元章詩：『蕩蕩南郊路，金輿不復行。古臺餘草色，新樹自風聲。寂寞荒村景，凄凉故國情。遺民能道舊，曾是御營兵。』汪以質《經故郊臺》詩云：『厭煩尋路僻，偶爾入荒村。古禮存遺

迹，圜丘儼至尊。松風悲闃寂，江月照黄昏。餘恨無今古，行人欲斷魂。』（卷六）

南山勝迹

八蟠嶺，在萬松嶺右，過北而南，可達月岩。王元章詩：『路繞危垣上，風高松檜鳴。花飛殊失意，草長不知名。游客咨遺俗，居民指舊京。浮屠天末起，瞻望忽傷情。』（卷七）

北山勝迹

中天竺寺，在稽留峰北，隋開皇十七年，僧寶掌建。寶掌以唐高宗顯慶二年住浦江，化去，自稱度世一千七十二年，故兹山中尚有千歲岩。吴越王改崇壽院。政和四年，改曰天寧萬壽永祚禪寺。南渡初，有摩利支菩薩像。淳熙間，建華嚴閣。元天曆間，有僧大忻得幸于文宗，改天曆永祚禪寺。其山門『中天竺』三字，乃國朝魏國公署額。白樂天詩：『雜芳澗草合，繁绿岩樹新。山深景候晚，四月有餘春。竹寺過微雨，石徑無纖塵。白衣一居士，方袍四道人。地是佛國土，人非俗交親。城中山下别，相從亦殷勤。』參寥子詩：『夕陽山氣靄葱葱，路轉松陰復幾重。行過石橋人未見，數聲先聽寺樓鐘。』『稽留峰北好林泉，珍重幽栖得所便。柏子烟中能宴坐，想無餘習可攀緣。』『霜壓簾櫳雪泫條，銀河初轉斗垂杓。清言共失三更夢，錯恨芙蓉漏易消。』王元章《送僧歸天竺》詩：『天香閣上風如水，千歲岩前雲似苔。明月不期穿樹出，老夫曾此聽猿來。相逢五載無書寄，却憶三生有夢回。鄉曲故人憑問信，孤山梅樹幾番開。』（卷十一）

南山城内勝迹

三茅寧壽觀，在七寶山東北，本三茅堂。相傳三茅君長盈、次固、季衷，秦初咸陽人，得道成仙，自漢以來崇祀之。宋紹興二十年，因東京舊名，賜額曰寧壽觀，并畀古器。其一漢鼎，高尺有九寸，廣尺，兩耳旁出，曲上三尺。牛首識云：『有漢建元三年八月作牛鼎祀太室。』銘曰：『惟甲午丙寅，帝若稽古，肇作宗器。審厥象，作牛鼎。格于位室，從用饗，億寧神休，惟帝時保萬世其永賴。』其一唐鐘，識云：『丙辰九月二十四日常州澄清觀女冠王玉仙作』，河東薛泚爲之銘，曰：『上德願而鑄洪鐘，仙聖依而人天從。霜朝聞兮窈窕，月夜聽而春容。蓮花生而腰浄，頂銜繞于盤龍。響上徹于天外，聲下徹于九重。庶長空于鬼獄，魔屏迹而潛踪。』其後忽失所在。紹興間，有鐘震于太湖，濱湖緇黄，競舟迎之，獨澄清觀舟至，凌波而上，一引出之，視之，乃本觀唐時物也。守臣以獻，賜之觀中，聲徹雲表。孝宗朝，出金帛度牒易之，置禁中。洪武七年三月，錢唐知縣朱復以廢銅鎔之。其一褚遂良小楷《陰符經》。景定庚申，理宗以賈似道有江漢功，賜金帛百巨萬，不受，詔就觀取《陰符經》酬之。觀毁于元至元辛巳。洪武初重建。成化十年，建昊天寶閣，棟宇翬飛，金碧騰煥，環盻江湖，渺歸睫底。王元章詩：『層巒開徑隱空青，勃窣槃跚眼力生。蘿磴曉風留宿雨，石林寒竹動秋聲。城隍下瞰紅塵海，樓閣高標白玉京。夜静何人吹鳳管，碧桃千樹月華明。』薩天錫詩：『揚子江頭春水漲，三茅觀裏碧桃開。道人不問天南北，夜半月高騎鶴來。』（卷十二，欽定四庫全書本）

《西湖游覽志餘》二則　田汝成

吉祥草，蒼翠如建蘭而無花，不藉土而自活，涉冬不枯，杭人多植瓷盎，置几案間。王元章詩云：『得名良不惡，瀟灑在山房。生意無休息，存心固久長，風霜徒自老，蜂蝶爲誰忙。歲晚何人問，山空暮雨荒。』（卷二十四）（胡古愚《樹藝篇》草部卷四收録此條，後注明出自《西湖游覽志》，則胡古愚非元人）

至元十八年，詔天下除《道德經》外，其餘説謊道經，盡行燒毁，道士受佛經者爲僧，不爲僧者娶妻爲民。時江南釋教都總統嘉木揚喇勒智，自至元二十二年至二十四年，恢復佛寺三十餘所，如四聖觀者，昔之孤山寺也。弃道爲僧者七八百人，皆挂冠于上永福寺帝師殿梁間，而飛來峰石壁皆鐫佛像。王元章詩云：『白石皆成佛，蒼頭半是僧。』鑒湖天長觀有道士爲僧者，獻觀于總統，云賀知章倚托史彌遠聲勢，將寺改觀，乞復原日寺額。楊髡從其語，真可笑也。（卷二十五，欽定四庫全書本）

《高奇往事》一則　何鏜

越人王冕，當天大雪，赤脚上潛岳峰，四顧大呼曰：遍天地皆白玉合成，使人心膽澄徹，便欲仙去。（卷七奇林，明萬曆刻本）

梅花集句詩一則　童琥

竹外松邊一兩梢，元葉景南。迥臨村落傍溪橋。唐戎昱。堪將亂蕊添雲肆，唐陸甫里。苦被芳風透綺寮。唐胡宿。春事頓隨花片薄，唐周馳。清吟半逐夢魂銷。宋蘇東坡。却思前

載孤山下，元王元章。踏雪相尋豈憚遥。宋賈秋壑。（錢謙益《列朝詩集》閏集卷五，清順治九年毛氏汲古閣刻本）

《北窗瑣語》一則　余永麟

古人遠矣，閻立本、吴道子，唐人也，猶不復見一筆，况顧陸之徒，可得見乎。是故論畫者當以耳目可考者爲準。故言山水，則當以李成、范寬、郭熙、石濬、夏珪、戴進、李在。花果則趙昌、王友、錢舜舉。花竹翎毛則徐熙、王釜、崔白、林良、吕紀。走獸則何遵師、周炤、胡璉、季真。人物則李龍眠、趙子昂、吴小仙、姜正佐、杜古狂。仙佛則孫太古。神怪則石恪。梅則王元章。竹則夏仲昭。葡萄則温日觀。得此數家，已有奇妙矣，何必遠求太古以上，耳目之所不及者哉。李成作山水，危峰奮起，蔚然天成，喬木倚磴，下自成陰軿車閑雅，悠然遠眺，用墨頗濃，而皴皵分曉，凝坐觀之，雲烟忽生，澄江萬里。范寬，山川渾厚，有河朔氣象，零雪班駁，寒沍滲人。郭熙，樹石蒼古，钩棘茁軋，山根水源，挹挹在目。石濬，細膩匀適，縱横布置純粹，各有條理。戴進，整飭莊嚴，在郊則師，在石則友也。李在，則閩山蜀水，秦嶺晋河，形狀惟有。趙昌，花則含烟帶雨，笑臉迎風，果則賦形奪真，莫辨真僞，設色如新，雖久不變。友乃昌之徒，傳采入昌之室，寫生則未迨焉。錢舜舉，單枝瓣葉，儼然天成。徐熙，南唐處士，博洽書史，所作寒蘆、荒草、水鳥、野鳧，神氣超卓。王釜，蜀士孟昶家客，目閱富貴，所作多綺園花錦，真是粉堆而不比圈綫。崔白之清雅，另作一家。林良，寫意蘆雁，尤其所工。吕紀，初年寫真，後于細膩中溢出天巧，尤致意木石，古今翎毛之獨步者也。何尊師，不知何許人。周炤，則熙寧人。胡瑭、季真，代北人氏。畫院祇應所作猫犬，何則有士夫氣味，周則有工制態度，然生意自然，二家皆有名不傳。李龍眠，多水墨，不設色，其畫殆無筆迹，重濁者多僞作，于人物面相尤妙。趙子昂，畫美人細及膚理，窈窕之姿如在目前。吴小仙，信筆亂塗，悉合規度，畫之狂者也。姜、杜，一味清雅。孫太古，多用游絲筆作人物，而失之軟弱，出龍眠之下，然衣折宛轉曲盡又過于李。石恪，畫鬼奇怪，筆益勁利，亦能水墨作蝙蝠、小禽之屬。王元章之梅，勝于張修。夏仲昭之竹，過于與可。温日觀，元僧也，畫葡萄，多作横過老幹，稜稜静觀。以下皆不及也。（商務印書館叢書集成初編據硯雲甲乙編本影印）

《輟耰述》一則　陳全之

宋學士濂作《王冕傳》：冕，諸暨人，北游燕都，館泰不花家。薦以館職，冕曰：『公誠愚人也，不滿十年，此中狐兔游矣，何以仕爲？』既歸越，復言天下將亂，乃携妻孥隱于九里山，種豆三畝，粟倍之，樹梅花千，桃杏居其半，芋一區，薤韭各百本，引水爲池，畜魚千餘頭，結茅三間，自題爲梅花屋。嘗仿《周禮》著書一卷，坐卧自隨，秘不使人觀。更深人寂，挑燈朗誦，撫卷曰：『吾未即死，持此以遇明主，伊吕事業不難致也。』風日佳時，賦詩千百言不休，皆鵬鶱海怒，讀者毛髮爲聳。善畫梅，以繒幅短長爲得米之差。史官曰：越有狂生，當天大雪，赤足上潛岳峰，四顧大呼曰：遍天地間，白玉合成，使人心膽澄徹，便欲仙去。及入城，戴大帽如簁，穿曳地袍，翩翩行，兩袂軒煮，嘩笑溢市人，予甚疑其人，訪之即冕也。冕真怪民哉。馬不覂駕，不足以見其奇才，冕亦類是矣夫。（卷一，明萬曆十一年書林熊少泉刻本）

《蓬窗日録》三則　陳全之

會稽王冕題梅詩云：『獵獵北風吹倒人，乾坤無處不沙塵。胡兒凍死長城下，誰

信江南別有春。』太祖見之大加稱賞。（卷七）

會稽王冕元章自題畫梅云：『我家洗研池頭樹，個個花開淡墨痕。不要人誇好顔色，祇留清氣滿乾坤。』（卷七）

王元章勸農詩云：『雲擁旌旗出翠微，勸農五馬夜歸遲。年年祇把親耕語，説與山光水色知。』于介翁和之云：『同井分田古意微，租庸遺法亦凌遲。欲耕多是無田者，試問使君知不知。』（卷七，明嘉靖四十四年刻本）

《國雅品》一則　顧起綸

王參軍元章

才贍思新，善繪梅竹，得意處輒題，往往奇拔。尤長于七言，如：『雲合紫駝開虎帳，天連青草入龍沙。』『海氣或生山背雨，江潮不到石頭城。』『千峰回影陷落日，萬壑欲盡松風聲。』抽思雖奇，摛詞未秀。（《四庫存目補編》第十五册）

《萬卷堂書目》一則　朱睦㮮

《竹齋集》二卷　王冕。（卷四，觀古堂書目叢刊本）

《小隱書》一則　敬虛子

韋夐

韋夐，字敬遠，杜陵人。志尚夷閑，澹于榮利。所居之宅，枕帶流泉。夐對玩琴書，蕭然自逸，至有慕其閑素者載酒從之，亦爲盡歡，接對忘倦，明帝爲詩貽之，號曰逍遥公。

唐方干，字雄飛，桐廬人。性不羈，一舉進士不第，遂隱居于嚴陵釣臺東之白雲原。又别業在越之鏡湖上。嘗吟咏以自喻云：『世人如不容，吾自縱天慵。落葉憑風掃，香秔倩水舂。花朝連郭霧，雪夜隔湖鐘。身外能無事，頭宜白此峰。』

趙宋魏野，字仲先，陝州人。性嗜吟咏，不求聞達。居州之東郊，手植竹樹，清泉環繞，旁對雲山，景趣幽絶。鑿土袤丈曰：樂天洞，前爲草堂，彈琴其中，笑歌終日，出則跨白驢以游。

元王冕，諸暨人。幼依僧寺讀書，及長，屢應進士舉不中，弃去。携妻孥隱于九里山，種豆三畝，粟倍之，樹梅花李桃杏居其半，芋一區，薤韭各百本，引水爲池，種魚千餘頭，結茅廬三間，自題爲梅花屋。人至不爲賓主禮，清談竟日不倦，食至則食，都不必辭謝。

明謝承佑，海陽人。少游京師，見勢利烜赫，怏怏不樂。歸過寶雲山中，見野鳧飲啄沙岸，悠然自得，語其友曰：『人生斯世，如輕塵依弱草，而乃以儒冠拘繫，良可耻也。』于是結齋郡南，有長溪曠野，可以游適。買驢一頭舟一隻，興至，幅巾野服，任意所之，既倦而休，休而復作，謂唐虞事業盡在是矣。

敬虛子曰：世有談清福者，然而知清福者孰人哉。至于享清福者，又孰人哉。近時有胡九韶者，寒士也。每日晡，焚香九頓首，謝天賜一日清福。妻曰：『三餐菜粥何名清福？』曰：『吾幸生太平之世，無兵禍，又幸一家骨肉無飢寒，又幸榻無病人、獄無囚人，非清福而何。』若胡九韶者，可謂知福之人也。而韋敻、而方干、而魏野、而王冕、而謝承佑，庸非享福之人歟。雖然内典猶言一物無所累心之謂福，夫一物無所累心，視此不更別有一般清味。嗚呼，小隱者又曷可不咀此等味耶，又曷可不

臻此等福耶。（商務印書館叢書集成初編）

《徐渭集》三則　徐渭

王元章墓　事見《山陰志》

君畫梅花來换米，予今换米亦梅花。安能喚起王居士，一笑花家與米家。（卷十一）

王元章倒枝梅畫

皓態孤芳壓俗姿，不堪復寫拂雲枝。從來萬事嫌高格，莫怪梅花着地垂。（《徐渭集》卷十一，後收録錢謙益《列朝詩集》丁集卷十二，《御定歷代題畫詩類》卷八十四，汪霦《佩文齋咏物詩選》）

書吴子所藏畫

閲吴子所藏紅梅雙鵲畫，當是倪元鎮筆，而名姓印章則并主王元章。豈當時倪適王所，戲成此而遂用其章耶？近世有人傳虞世南草書，大徑五六寸，絶不類世南，其所書詩又是李白杜甫所作，去世南生時遠甚，而其印文十字，乃是華蓋殿大學士虞世南書。夫唐時何嘗有此殿名，又何嘗有此官，又印內文從來何嘗有結一書字者，并大可笑也。此蓋本朝夏閣老言書耳，夏老固亦號能書，然比于世南，奚翅醜婦效西子顰，若元鎮之效元章，則南威偶效西子也。閱畫時，適人以夏書來評，并記之。

（卷二十一，中華書局二〇〇三年）

《遵生八箋》一則　高濂

論畫（節録）

元畫如王黄二趙（子昂、仲穆）倪瓚之士氣，陳仲仁、曹知白、王若水、高克恭、顧正之、柯九思、錢逸、吴仲圭、李息齋、僧雪窗、王元章、蕭月潭、高士安、張叔厚、丁野夫之雅致。而畫之精工，如王振朋、陳仲美、顔秋月、沈秋澗、劉耀卿、孫君澤、胡廷輝、臧祥卿、邊魯生、張可觀。而閑逸如張子政、蘇大年、顧定之、姚雪心輩，皆元之名家，足以擅名當代則可，謂之能過于宋，則不可也。其松雪、大痴、叔明，宋人見之亦能甘心服其天趣……（卷十五燕閑清賞箋中，欽定四庫全書本）

《弇州續稿》四則　王世貞

梅竹雙清卷歌題所藏王冕元章吴鎮仲畫也

野夫策杖村南復村北，處處東君吝消息。瞥然縞素一枝横，又見琳琅數竿碧。一枝春之先，數竿冬之後。俯仰天地間，與爾成三友。衡門掩卧不一旬，淇園大痰無精神，樵青已侵翠鳳尾，颶母吹散玉龍鱗。賴得吴鎮及王冕，前與二友傳其真。虚堂展看僅盈尺，二友居然侍吾側。問之不言對以臆，眉宇蕭蕭吐佳色。吾不能學范詹事，西遣關中使，却寄江南春，消芳悴粉何足論。吾不能學家騎曹，不可一日無，所至植此君，封籬護籜何紛耘。二友寓吾麓，儼若洛下東西兩頭屋。一頭剪得瀟湘雲，一頭小貯羅浮玉。鎮也九咽吐吸天漿腴，冕亦磊砢節目非凡夫，扶輿清氣合此圖。快矣乎，快矣乎，此圖此友吾不孤。（卷九）

梅竹雙清卷

梅獨爲百花魁，而竹能離卉木而别，自成高品者，以其精得天地間一種清真氣故也。竹自文湖州、蘇端明後，有梅道人、吴仲圭，以至近代王孟端。而梅則揚補之外，獨推山農王元章。然吴子輩謂其命旨涉淺，爲境易窮，而往往下其品，幾于無處生活。今年六月，信陽王太史祖嫡以元章梅仲圭竹合一卷寄余，開卷時令人鼻端拂拂有玉清蓬萊想，遂乞休承諸君爲詩歌美之，而余繼焉。或謂戴凱之、范致能所撰二譜至數百千種，且以大庾萬樹，渭濱千畝，而此寥寥一枝，胡取也，是不然正復以簡貴勝耳。卷首爲沈民則學士題，元章仲圭各有詩弁尾，而梅前有一歌，亦自麄豪周疑舫伯器跋，第賞其語，不能辨其人，考印章，有所謂『會稽外史』，似楊維禎，而詞氣亦類之，第不聞其別號竹齋，闕疑可也。卷後收藏有『東吴文學世家』印，豈故爲吴中物，太史偶得之耶，似有不偶者，故附記于後。（卷一百六十八）

沈啓南梅花圖

燕山雪花大如掌，薊門而北一白萬里，而恨無梅。羅浮大庾間，梅花滿天地參横，夢醒翠禽啁哳，別是一境界，而苦無雪。獨吴越諸山水間，在在不乏。沈啓南先生畫雪不下摩詰巨然。梅雖作本色，然亦能攀楊旡咎，弟蓄王冕陳憲章。此圖一時遂爲二種傳神致，足賞也。今年冬晴，遂不見滕六公，而甑餠一枝寥落不快意。偶獲寓目玆卷，覺眉宇間，朗朗神王，九咽爲爽。不佞老矣，無暇躡不借横玉篴汎水晶叵羅，結孤山銅坑一段勝緣，小盤礴時，尚能謂宗生之不我誣也。（《弇州續稿》卷

一百六十九，後收録《御定佩文齋書畫譜》卷八十七）

唐伯虎畫梅谷卷

梅谷者，當是吾吴德靖間名士唐六如伯虎爲作圖。祝京兆希哲題署，而王太學履吉選部禄之，各賦一詩，殊足三絶。偶以示文休承休，承謂尚有京兆一序及待詔一詩。不知何緣脱落，因補書舊和揚補之柳稍青詞于後。甫成，而信陽王胤昌太史書來，以元章補之梅竹爲贈，因舉以報之。古人折梅寄遠，故詩中用驛使語爲雅事，第不知仙骨寒香一辭條後，所存幾何，故不若郵筒中尺素之堪遠也。自今後南北山房各留之以備歲寒一（闕）生如玉川子所云：『急到窗前疑是君。』猶足代面。（卷一百六十九，欽定四庫全書本）

《秘閣元龜政要》一則

己亥（元至正十九年、宋龍風五、天完治平九）春正月乙卯 我太祖以儒士許元葉瓚等會食中書省，敷講治道。復以許瑗爲博士，王冕爲咨議參軍。

冕，諸暨人，人號爲狂生，嘗比游大都，館秘書卿泰不花家，不花薦以館職，冕曰：『公誠愚人哉，不滿十年，此中狐兔游矣，何以禄士爲？』及歸紹興，復大言天下將亂，時海内無事，或斥冕爲妄。冕曰：『妄人非我，誰當爲妄哉。』乃携妻孥隱于九里山。種豆三畝，粟倍之，樹梅花，桃杏居其半，芋一區，薤韭各百本，引水爲池，種魚千餘頭，結茅廬三間，自題爲梅花屋。嘗仿《周禮》著書一卷，坐卧自隨，秘不使得人觀。更深人寂，輒挑燈朗誦，撫卷嘆曰：『吾不即死，持此以遇明主，伊吕事業不難致也。』及後汝潁兵起，一一皆如冕之言。至是我太祖取婺州，將攻紹興，遣一人，物色得冕，寘幕府，授咨議參軍，一夕以病卒，人皆惜之。（卷二，明鈔本）

《皇明世説新語》一則　李紹文

王冕大雪中，赤足上潛岳峰，四顧大呼曰：『遍天地間皆白玉合成，使人心膽澄徹，便欲仙去。』（卷五，明萬曆刻本）

《萬姓統譜》一則　凌迪知

王冕，字元章，越人。磊落有大志，穿曳地袍，翩翩行，兩袂軒翥。下東吴，渡江入淮楚，北抵燕都。歷覽名山川，搜方奇才俠客，談古豪杰事。呼酒悲歌，隱山谷中。著書一卷，坐卧輒隨，秘不使人觀，曰：『吾即死，持此以遇明主。』（卷四十五，欽定四庫全書本）

卷四　明三

《龍興慈記》一則　王文禄

劉伯温見西湖五色雲起，知爲天子氣，應在東南，微服以卦命風鑒，游江湖間密訪之。先至會稽王冕家，與之閑行竹林中，潛令人放炮，冕聞響而驚嘆曰：『膽怯。』往海昌賈銘家，時新建廳堂精潔，唾汙之，銘出見，命拭去，嘆曰：『量小。』遂往臨淮，見人人皆英雄直諒，屠販者氣宇亦异，買肉討饒，即大砟一塊與之，算多王侯貴人命，嘆曰：『天子必在此也，不然何從龍者之衆邪。』晚得聖祖，知真命天子，遂深結納之，許定大計。後薦聘起者，明出之以正也。（商務印書館叢書集成初編，後收録清趙吉士《寄園寄所寄》卷六焚塵寄）

《萬曆紹興府志》四則　張元忭

人物志三　名宦

戚祖象，字世傳，婺州人。天性質直無崖岸，不喜爲機巧，少服庭訓，甘淡薄。

師事王元章，達于義命，杜門不出，環堵蕭然。有書數百卷，頽然自放。年五十，人鮮知之。大德中，舉東陽教諭，遷和靖書院山長，求致仕，不許，復用爲信之道一書院山長，辭不就。（卷三十七）

人物志九　儒林

王冕字元章，諸暨人。年八歲時，父命牧牛隴上，竊入學舍，聽諸生誦書，聽已輒默記。暮歸忘其牛，父怒撻之，已而復如初。母曰：『兒痴如此，曷不聽其所爲。』冕因去依僧寺以居，夜潛出，坐佛膝上，執策映長明燈讀之，琅琅達旦。佛像多獰惡可怖，冕小兒，恬若不見。安陽韓性聞而异之，録爲弟子，學遂爲通儒。性卒，門人事冕如事性。時冕父已卒，即迎母入越城就養。久之，母思還故里，冕買白牛，駕母車，自被古冠服隨車後。鄉里小兒競遮道訕笑，冕亦笑。

著作郎李孝光數薦之當路，欲署爲吏，冕罵曰：『吾有田可耕，有書可讀，肯朝夕抱案庭下，備奴使哉？』每居小樓，客至，僮入報，命之登，乃登。部使者行郡，坐馬上求見，拒之去。去不百武，冕倚樓長嘯，使者聞之慚。冕屢應進士舉，不中。嘆曰：『此童子羞爲者，吾可溺是哉？』竟弃去。買舟下東吴，渡大江，入淮楚，歷覽名山川。或遇奇才俠客，談古豪杰事，即呼酒共飲，慷慨悲吟，人斥爲狂。北游大都，館秘書卿泰不華家。泰不華薦以館職，冕曰：『公誠愚人哉！不十年，此中狐兔游矣，尚可言仕？』即日將南轅，會其友武林盧生死灤陽，唯兩幼女、一童留燕，倀無所依。冕知之，不遠千里走灤陽，取生遺骨，挈二女還生家。

冕既歸越，復大言天下將亂。時海内無事，或斥冕爲妄。冕曰：『妄人非我，誰當爲妄哉？』乃携妻孥隱于九里山。種豆三畝，粟倍之。植梅千樹，桃杏居其半。芋一區，薤韭各百本。引水爲池，種魚千餘頭。結茅廬三間，自題爲梅花屋。嘗仿《周禮》著書一卷，坐卧自隨，秘不令人見。更深人寂，輒挑燈朗諷，既而撫卷曰：『吾未即死，持此以遇明主，伊吕事業豈難致哉。』當風日佳時，操觚賦詩，千百言不休，皆鵬騫海怒，讀者毛髮爲聳。人至不爲賓主禮，清談竟日不倦。食至輒食，亦不煩辭謝。善畫梅，不減揚補之。求者肩背相望，以繒幅短長爲得米之差。人譏之。冕曰：『吾藉是以養口體，豈好爲人家作畫師邪？』未幾，汝潁兵起，一如冕言。

高皇帝取婺州，遣胡大海攻紹興，屯兵九里，居人徬徨奔避，冕獨不動，兵執之，則曰：『我能爲若帥出奇計，乃與俱見大海，告以攻城之策。高皇帝聞其人，召與語，頗合，寘幕府，授咨議參軍，一夕病卒。冕狀貌魁偉，美須髯，磊落有大志，不得少試以死。

宋太史濂曰：予受學城南時，見孟寀言，越有狂生，當天大雪，赤足上潛岳峰，四顧大呼曰：『遍天地間皆白玉合成，使人心膽澄澈，便欲仙去。』及入城，戴大帽如筵，穿曳地袍，翩翩行，兩袂軒翥，嘩笑溢市中。予甚疑其人，訪識者問之，即冕也。冕真怪民哉！馬不覂駕，不足以見其奇才，冕亦類是矣。（卷四十三。此文大部分出自宋濂《王冕傳》，然文字頗多修改，且最後加入爲胡大海攻城獻計一節，故全文予以收録。）

人物志十　鄉賢之五　忠節

黄里，字德鄰，山陰人。幼有大志，以節義自許。從王冕學，通春秋三傳，工詩詞。洪武初舉明經，授雲南州同知，與弟亨偕往。七年山寇突入，倉卒里以身禦之，寇欲奪其印，里執弗與，且詬駡求死，遂遇害。寇方肆擄掠，亨痛忿致死，命率百餘與寇戰，勇氣百倍，寇不支，潰去，亨亦傷其左目瀕死，抱兄骨歸葬。人謂里死官，而亨破寇，忠義萃于一門，惜未有以其事上聞者。（卷四十四）

人物志十五　方技

王冕，見《儒林傳》，善畫梅，不減揚補之。

袁子初，字叔言，上虞人，流寓江右，寫梅得王元章法。（卷四十九，明刊本）

《國史經籍志》一則　焦竑

王冕《竹齋集》二卷。（卷五集類，明徐象枟刻本）

《廣輿記》一則　陸應陽

王冕，字元章，諸暨人，一試進士舉不第，焚所爲文。讀古兵法，着高檐帽，被緑簑衣，履長齒木屐，擊木劍，或騎黄牛，持《漢書》以讀。人咸曰爲狂生，晚隱九里山，結廬三間，題曰梅花屋。生平工畫梅，人争求之。（卷十一，清康熙刻本）

《少室山房集》一則　胡應麟

題鐵幹回春圖山陰劉世儒工畫梅以巨幅贄余乞詩爲賦

吴綃七尺鋪寒玉，幻出名花照幽獨。微霜淡月春朦朧，何處佳人卧空谷。畫梅自昔傳華光，擅奇更有王元章。千秋絹素漸零落，古色黯黯留虚堂。邇來劉生最殊絶，十載含毫走燕越。一榻常栖剡水雲，雙帆忽下桐廬月。看君落墨如有神，解衣盤礴隨天真。淋漓數筆生意動，陰崖頃刻回陽春。林危逕仄飛鳥絶，偃蹇虬龍鎖深穴。仿佛羅浮萬丈峰，孤根倒挂千年雪。大枝詰屈粘莓苔，小枝蜿蜒花亂開。虢國蛾眉逞疏淡，壽陽妝額矜徘徊。風臺月觀遥相望，園林更染孤山樣。絶艷驚從漢苑來，冰肌更出唐昌上。吁嗟劉生畫已仙，坐令鐵幹摩蒼烟。高屏巨障欲飛動，素册單條絶可憐。長安五侯招不得，王家珍重走書乞。何緣好博胡生詩，亂灑琳琅向蓬蓽。陰鏗不作何遜亡，人間佳句何茫茫。暗香疏影亦長語，後來誰復傳篇章。嗟余潦倒筆力弱，細嚼瓊朵搜枯腸。劉生劉生勿凄蹙，自古高流混凡俗。即今且作瀟湘游，坐觀瀑布匡山麓。他時問訊子猷船，倘寄鵝溪三百幅。（卷二十一，欽定四庫全書本）

《詩藪》一則　胡應麟

王叔明宫詞云：『南風吹斷采蓮歌，夜雨新添太液波。水殿雲廊三十六，不知何處月明多。』高華神俊，太白江寧之後僅見此篇，元末國初俱堪第一，而世但知其畫，技之累人如此。又王元章世但知其梅，王孟端世但知其竹，前哲以秇爲諱，良不虚也。（外編六，明刻本）

《西園聞見録》二則　張萱

好學

王冕八七歲時，父命牧牛隴上，竊入學舍，聽諸生誦書，聽已輒默記。暮歸忘其牛，或牽牛來責蹊田，父怒撻之，已而復如初。母曰：『兒痴如此，曷不聽其所爲。』冕因去依僧寺以居，夜潛出，坐佛膝上，執策映長明燈讀之，朗朗達旦。佛像多土偶，獰惡可怖，冕小兒，恬若不見。安陽韓公往見而异之，録爲弟子，遂爲通儒。（卷八）

高尚

見宋濂《王冕傳》。（卷二十二，民國哈佛燕京學社印本）

《名山藏》一則　何喬遠

王冕，諸暨人，少時父命牧牛隴上，竊入學舍，聽諸生誦書，輒忘其牛，父怒鞭之，復如初。母曰：『兒痴如此，何不聽所爲。』冕因去依僧寺以居，夜潛執册，坐佛膝上，映長明燈，朗讀至旦。魔乂土偶，獰惡可怖，恬若無睹。安陽韓性録爲弟子，遂成通儒。性卒，門人事冕如事性。時冕父已卒，即迎母入越城就養。久之，母思還里，冕置白牛車駕母，被古冠服從之。小兒遮道訕笑。作小樓居止，必其意中人乃許之登。元末屢應進士舉不中，弃之去。買舟下東吴，渡大江，入淮楚，歷覽名山川，或遇奇才俠客，談古豪杰事，即呼酒慷慨。天大雪，赤足上潛岳峰，四顧大呼曰：『天地間合成白玉，使人便欲仙去。』及入城，戴大帽如簁，穿曳地袍，翩翩行，兩袂軒翥，人皆笑斥爲狂奴。北游元都元秘書卿薦以館職，冕曰：『公愚人哉。不滿十年，此中狐兔游矣。』歸携妻孥隱九里山。仿《周禮》著書一卷，秘而誦之，撫卷曰：『即未死，持此遇明主，伊吕不難也。』高帝既取婺，遣胡大海攻越，屯兵九里，居人奔竄，冕獨不動，兵執之，曰我能爲若帥出奇計。乃與俱見，告大海以攻城之策。高帝聞其人，召與語，良悦，寘幕府，授咨議參軍，一夕卒。（卷之高道記，明崇禎刻本）

《妮古録》一則　陳繼儒

余見王元章飛白竹一軸，題云：『己丑歲夏五月二十二日，會稽王冕寫。瀟灑三君子，是伊親兄弟。所期持大節，莫負歲寒盟。赤城陶君九成，故家子也，淳粹雅淡，有出塵風韵，讀書之暇，每以翰墨自適。余寓西湖之東，九成時來會，談論竟日，退有不忍捨者。其仲季皆清爽，真芝蘭玉樹，不下晋之王謝家也。遂題而歸之。』（卷四，明寶颜堂秘笈本，此則同時見于作者之《佘山詩話》卷上、《書畫史》）

《趙氏鐵網珊瑚》一則　趙琦美

送瞿慧夫上青龍鎮學官詩序

闔閭城郭東海近，滄江正爾連吴淞。只消放船七十里，不用過山千百重。學子衣冠皆濟濟，先生事業豈容容。愧予白首成潦倒，春風安得此相從。會稽生王冕。（卷七，欽定四庫全書本）

《澹生堂藏書目》一則　祁承㸁

王元章《竹齋集》三卷二册　王冕。（集部上，清宋氏漫堂鈔本）

《味水軒日記》二則　李日華

（萬曆四十一年十月）廿五日　雨如髮。客邵姓者携元人繪卷來閲。子昂折枝山鳥二幀，用墨滃淡，漬出如生，本徐熙法也。陳仲美小景黛山赭樹，四直一欹，極有氣韵。題者三人：石林雨過晴雲薄，溪水春深釣艇閑。今日東吴見圖畫，清風猶憶富春山。鄞余夢祥。思畫溪頭水滿堤，維舟只在石橋西。花梢清露墮如雨，半夜月明鳥亂啼。東海嚴恭。陳生落筆超凡俗，流水原來得魏公。古木蒼崖妙奇絶，令人瞻仰憶高風。顧瑛題。又王若水雲山，題云：雲白山青樹碧，不費一泓淡墨。何人高挂雲帆，界破一江秋色。時至正甲申望日，若水爲孤霞子作楚山春曉于行雲窩，王淵若水。又倪雲林入細山水，皴法極异。兩松樹秀挺，可望坡麓間，用筆精緊。又作小平陂，與細樹掩映聯絡，有千岩萬壑之勢，余生平所見迂翁此又一作法也。題句云：狂風二月獨憑闌，青海微茫烟霧間。酒伴提魚來就煮，騎曹問馬祇看山。汀花柳岸混無賴，飛鳥孤雲相與還。對此持杯竟須飲，也知春物易闌珊。倪瓚壬子春。又盛子昭重汀漁艘，近樹四五株，勾圈如斷鐵綫。石紋山脉如利錐，畫豎木用濃墨，作株楖小樹佳甚。又姚彦卿桃花纖麗可愛，題云：醉裏春歸尋不得，眼明忽見折枝花。向來飛蓋西園夜，萬燭高燒照烟霞。鄉先生姚子敬詩爲良佐并書于此。又王元章墨梅，纖條層叠，花蕊攢簇，疏密俱有生氣。題云：我家洗硯池頭樹，個個花開淡墨痕。不要人誇好顔色，祇留清氣滿乾坤。王冕元章爲良佐作。以上一卷共八幅，王伯穀云往年秦汝立得于華仲甫，後歸朱十六在明。余凡見其三易主矣。（卷五）

（萬曆四十二年甲寅十一月）九日無錫倪生持卷軸來，奇者有倪雲林長條，畫松一株，筆法極蒼鬱。上有兔絲，下作古櫟，亂草乍見，靡不以爲梅道人也。題云：松枝蚪曲，松葉鬱然成陰。吾近日所畫者，子道善藏之。雲林。

旭日曜蒼巘，翠嵐生嫩寒。幽人詩夢醒，清響聽松湍。聽作潯 王元章題。

長松偃蹇空山道，風吹金粉落瑤草。采花釀酒瓊腴香，飲之令火壽彌考。華君好奇得此圖，鬼神反走驚相呼，虹光貫屋未足怪，雲林變化當如何。 呂志學。（卷六，民國嘉業堂叢書本）

《六研齋二筆》一則　李日華

會稽王冕携妻孥隱于九里山，種豆三畝，粟倍之，樹梅花千，桃杏居其半，芋一區，韭薤各百本，引水爲池，種魚千頭，結茅廬三間，自題爲梅花屋。嘗仿《周禮》著一書，秘不使人觀，曰：『吾未死，持此遇明主，伊吕事業不難至也。』（卷三，欽定四庫全書本）

《墨林快事》一則　安世鳳

陸梅花詩

儼山翁爲書家大方，高軸長卷，纍纍明珠，余尊且嗜之久矣。此其所題王元章梅花詩，筆意似柔于他刻，然間架法度殊自整栗。乃詩首即云：『畫堂六月飛嚴霜。』夫梅所以爲世貴者，以其凛寒之後獨盎生意，所以能擅調羹之寔，陽和足以勝摧折也。今因一枝堂上反能令六月霜嚴于驅酷暑，爲奇，非梅之本性矣。聖人云：隱居以求其志，行義以達其道，大君子非其時則違衆而自芳，得其時則與物而咸亨。一節之士非適變之用也，觀花者慎之矣。天啓甲子六月二日。（卷十，清鈔本）

《古今譚概》一則　馮夢龍

不佞神佛

彭脊庵七歲從鄉父老入佛寺，不拜。寺僧强之，不從，反叱之曰：『彼佛裸跣不衣冠，我何拜爲！』

周文襄公在吴中，好徜徉梵刹，見佛即拜，士夫笑之。文襄曰：『論年齒亦長我二三千歲，豈不值得一拜？』子猶曰：『一是達者之言，一是長者之言。』

紹興王元章，國初名士，所居與一神廟切近，爨下缺薪，則斫神像爨之。一鄰家事神唯謹，遇元章毁像，輒刻木補之，如是者三四。然元章家人歲無恙，而鄰之妻孥時病。一日召巫降神，詰神云：『彼屢毁神，神不責。吾輒爲新之，神反不我佑，何也？』巫者作怒曰：『汝不置像，像何從而爨？』自是其人不復補像，而廟遂廢。

李夢陽督學江右。渡江，有司請祀水神。公怒，命從者縛神投諸江，曰：『以水神投水，得其所哉，得其所哉。』（越情部第十，中華書局二〇〇七年）

《王季重十種》一則　王思任

劉雪湖梅譜序

天下有必傳之心，無必傳之人，何也？心可以入萬世，而人必不肯出百年。試擺列一世之人摘看之，必卑者逐無涯，高者命不朽，誰不鑿七竅而開四靈？至百年之外，其人與心，俱血俱土也，有熒然一點如火之傳薪者，無幾也。不知莫大于聖，直精神任之；莫遠于鬼，直思慮通之。天下未有至焉者，而心爲至，有至心，斯天下有至人也。心不至，則人不傳，則天下無不傳之人，而多有不傳之心也。山陰劉雪湖，少時見王元章畫梅而悦之，至忘寢食學之成，遂負笈買屐，走名山幽壑，訪遍梅花之奇，盡得其情態，無日不吟，無日不畫，遂不知老之將至。始焉以元章畫，繼焉以梅畫，迄于今，從心所欲，或以雪湖畫，或不以雪湖畫，腕脱神飛，墨停三日，而淋漓之氣不止。曾有廣文嚴某，泛舟展視其圖，值花蝶翩來，依依數里許。又曾畫倪中丞之壁，越半載，蜂食其花殆盡。化則還天，誠能動物，一之至也。雪湖嘗告人曰：『畫梅以韵格勝。』夫韵在聲後，格在局先。善歌善弈者可知而不可解，即可解而又不可知。雪湖直以梅知之，而以畫解之，此其心之獨至，千載而下，有必傳者也。著《梅譜》，凡再四刻，俱爲好事者携去。性既孤高，而家貧不能再刻，無以應問奇者。予偶還里中，訪雪湖山房，則鶴鬓鮐背，兩瞳孔如碧照，而神甚土，方高卧梅軒之下，猶在杜機冥契間也。出舊稿示予，予爲刻之于姑孰宦邸。其詩卷稍爲次第，餘悉仍之，以昭厥志。人共謂雪湖得梅之趣，而吾獨謂雪湖得梅之苦。人徒欲傳雪湖之畫，而吾獨欲傳雪湖之心。倘從此有如其歌弈之悟，以至心而心傳焉，則是《梅譜》乃導師也。（雜序，浙江古籍出版社二〇一〇年）

《長物志》一則　文震亨

名家

書畫名家，收藏不可錯雜，大者懸挂齋壁，小者則爲卷册，置几案間，邃古篆籀，如鍾、張、衛、索、顧、陸、張、吴，及歷代不甚著名者，不能具論。書則右軍、大令、智永、虞永興、褚河南、歐陽率更、唐玄宗、懷素、颜魯公、柳誠懸、張長史、李懷琳、宋高宗、李建中、二蘇、二米、范文正、黄魯直、蔡忠惠、蘇滄浪、薛紹彭、黄長睿、薛道祖、范文穆、張即之、先信國、趙吴興、鮮于伯機、康里子山、張伯雨、倪元鎮、俞紫芝、楊鐵厓、柯丹丘、袁清容、危太素。我朝則宋文憲濂、中書舍人燧、方遜志孝孺、宋南宫克、沈學士度、俞紫芝和、徐武功有貞、金元玉珏、沈大理粲、解學士大紳、錢文通、桑柳州悦、祝京兆允明、吴文定寬、先太史諱、王太學寵、李太僕應禎、王文恪鏊、唐解元寅、顧尚書璘、豐考功坊、先兩博士諱、王吏部穀祥、陸文裕深、彭孔嘉年、陸尚寶師道、陳方伯鎏、蔡孔目羽、陳山人淳、張孝廉鳳翼、王徵君穉登、周山人天球、邢侍御侗、董太史其昌。又如陳文東璧、姜中書立剛，雖不能洗院氣，而亦錚錚有名者。畫則王右丞、李思訓父子、周昉、董北海、李營丘、郭河陽、米南宫、宋徽宗、米元暉、崔白、黄筌、居寀、文與可、李伯時、郭忠恕、董仲翔、蘇文忠、蘇叔黨、王晋卿、張舜民、揚補之、楊季衡、陳容、李唐、馬遠、馬逵、夏珪、范寬、關仝、荆浩、李山、趙松雪、管仲姬、趙仲穆、趙千里、李息齋、吴仲圭、錢舜舉、盛子昭、陳珏、陳仲美、陸天游、曹雲西、唐子華、王元章、高士安、高克恭、王叔明、黄子久、倪元鎮、柯丹丘、方方壺、戴文進、王孟端、夏太常、趙善長、陳惟允、徐幼文、張來儀、宋南宫、周東村、沈貞吉、恒吉、沈石田、杜東原、劉完庵、先太史、先和州、五峰、唐解元、張夢晋、周官、謝時臣、陳道復、仇十洲、錢叔寶、陸叔平，皆名筆不可缺者。他非所宜蓄，即有之，亦不當出以示人。又如鄭顛仙、張復陽、鍾欽禮、蔣三松、張平山、汪海雲，皆畫中邪學，尤非所尚。（卷五，欽定四庫全書本）

《花史左編》一則　王路

梅花屋

王冕隱九里山，樹梅花千株，桃柳居其半，結茅廬三間，題爲梅花屋。（卷二，欽定四庫全書本）

《畫史會要》三則　朱謀垔

王冕，字元章，諸暨人。幼好學，爲世通儒。元末隱身不仕，好游名山，遇奇才俠客，即呼酒悲吟，人多斥爲狂奴。曾大雪赤足上潛岳峰，四顧大呼曰：『遍天地間皆白玉合成，使人心膽澄徹，便欲仙去。』後携二子隱九里山，繞屋種梅花千樹。畫梅不減揚補之，其自題云：『我家洗墨池頭樹，個個花開淡墨痕。不要人誇好顔色，祇留清氣滿乾坤。』又初見皇城應制題梅：『獵獵北風吹倒人，乾坤無處不沙塵。健兒凍死長城下，誰信江南別有春。』上極賞之。（卷四）

周昊，字德元，號草庭，昆山人，墨梅宗王元章。（卷四）

袁子初，字叔言，上虞人。流寓江右，寫梅得王元章法。（卷四，欽定四庫全書本）

《堯山堂外紀》一則　蔣一葵

王冕　字元章，會稽人，號山農，人目爲狂奴。當天大雪，赤脚山潛岳峰，四顧大呼曰：『遍天地皆白玉合成，使人心膽澄徹，便欲仙去。』

楊璉真伽自至元二十二年至二十四年恢復佛寺三十餘所，時弃道爲僧者七八百人，皆挂冠于上永福寺帝師殿梁間，而飛來峰石壁皆鐫佛像，王元章詩云：『白石皆成佛，蒼頭半是僧。』鑒湖天長觀有道士爲僧者，獻觀于總統，云賀知章倚托史彌遠聲勢，將寺改觀，乞復原日寺額，楊髡從其語，一時傳以爲笑。

王元章嗜畫梅，畫成，輒題咏，有詩云：『我家洗硯池頭樹，個個花開淡墨痕。

不要人誇好顔色，衹留清氣滿乾坤。』或以是詩刺時，欲執之，遂遁去。後太祖物色得冕，因與糲飯蔬羹，山農且談且食，應制作一絶云：『獵獵北風吹倒人，乾坤無處不生塵。胡兒凍死長城下，始信江南别有春。』上喜甚，謂可與共大事。授咨議參軍。一夕暴卒。（卷七十五，明刻本）

《珊瑚網》五則　汪砢玉

（管道昇）又懸崖朱竹挂軸

網得珊瑚枝，擲向筼簹谷。明年錦綳兒，春風生面目。朱竹古無所本，宋仲温在畫院卷尾以朱筆掃之，故張伯雨有偶見一枝石竹之句。楊維楨。

瀟灑三君子，是伊親弟兄。所期持大節，莫負歲寒盟。赤城陶君故家子也，余寓西湖之東，九成時來會，談論竟日，退有不忍捨者。其仲季皆清爽，真芝蘭玉樹百十，晋之王謝家也，遂題而歸之。己丑夏五月二十二日會稽王冕。（卷三十二）

高彦敬烟嶺雲林

丁巳春，余以高彦敬烟嶺雲林與趙文敏杏花書屋，倪元鎮翠竹喬柯，王叔明鐵綱珊瑚及王元章墨梅，同供一室。時董玄宰太史過齋頭見之，因評房山云：此幅墨氣絶佳，其奇爽過南宫，猶唐詩之于《文選》也。余請即題是語，會諸客踵至未果。後爲姑溪友人賺去，不憚千里追索，不啻珠還合浦也。砢玉記于江村。（卷三十二）

王元章墨梅 爲大父懷荆公遺物玉幼供藤花閣

朔風吹寒冰作壘，梅花枝上春如海。清香散作天下春，草木無名藉光彩。長林大谷月色新，枝南枝北清無塵。廣平心事誰與論，徒以鐵石磨乾坤。歲晚燕山雲渺渺，居庸古北無人到。白草黄沙羊馬群，瓊樓玉殿寒花繞。凡桃俗李争芬芳，衹有老梅心自常。貞姿燦燦眩冰玉，正色凛凛欺風霜。轉身西泠隔寒霧，欲問逋仙杳無所。夜深湖上酒船歸，長嘯一聲雙鶴舞。王冕元章。（卷三十三）

題曹雲西山水

旭日耀蒼巘，翠嵐生嫩寒。幽人詩夢醒，清響得松湍。會稽王元章。

烟鐘隱隱起蒼茫，嶺日分輝到草堂。昨夜前山春雨過，小橋流水落花香。會稽全美。

碧雲消盡好山多，茆屋春深長薜蘿。行處聽來心自愜，野禽啼罷野樵歌。巽志生劉宗器。

筆底江山不露鋒，茅茨十尺倚長松。采芝空谷歸何晚，知在晴雲第幾重。遂昌山人。（鄭明德印）

晴旭流輝耀翠微，蘿烟開處啓荊扉。澗橋兩兩提筐子，疑在深林采藥歸。武林顧易。（卷三十三）

分宜嚴氏畫品挂軸目，嘉靖四十四年籍没。先是陸完籍没神品畫至千卷。

《王元章雪梅圖》《翎毛》。二軸

《王冕題元人花鳥》。

婁江王元美家藏畫品，跋載《四部稿續稿》。

《梅竹雙清卷》元章梅、仲圭竹合爲一卷，有會稽外史沈民則周伯器諸跋。（卷四十七，欽定四庫全書本）

《西湖夢尋》一則　張岱

三生石

三生石在下天竺寺後。東坡《圓澤傳》曰：洛師惠林寺，故光禄卿李憕居第。禄山陷東都，憕以居守死之。子源，少時以貴游子豪侈善歌聞于時。及憕死，悲憤自誓，不仕、不娶、不食肉，居寺中五十餘年。寺有僧圓澤，富而知音。源與之游甚密，促膝交語竟日，人莫能測。一日相約游蜀青城峨嵋山，源欲自荆州溯峽，澤欲取長安斜谷路。源不可，曰：『吾以絶世事，豈可復到京師哉。』澤默然久之，曰：『行止固不由人。』遂自荆州路。舟次南浦，見婦人錦襠負罌而汲者，澤望而嘆曰：『吾不欲由此者，爲是也。』源驚問之。澤曰：『婦人姓王氏，吾當爲之子。孕三歲矣，吾不來，故不得乳。今既見，無可逃者。公當以符咒助吾速生，三日浴兒時，願公臨我，以笑爲信。後十三年中秋月夜，杭州天竺寺外，當與公相見。』源悲悔，而爲具沐浴易服。至暮，澤亡而婦乳。三日，往觀之，兒見源果笑。具以語王氏，出家財葬澤山下，源遂不果行。返寺中，問其徒，則既有治命矣。後十三年，自洛還吴赴其約。至所約，聞葛洪川畔有牧童扣角而歌之曰：『三生石上舊精魂，賞月吟風不要論。慚愧情人遠相訪，此身雖异性長存。』呼問：『澤公健否？』答曰：『李公真信士，然俗緣未盡，慎弗相近，惟勤修不墮，乃復相見。』又歌曰：『身前身後事茫茫，欲話因緣恐斷腸。吴越山川尋已遍，却回烟棹上瞿塘。』遂去，不知所之。後二年，李德裕奏源忠臣子，篤孝，拜諫議大夫。不就，竟死寺中，年八十一。王元章《送僧歸中竺》詩：『天香閣上風如水，千歲岩前雲似苔。明月不期穿樹出，老夫曾此聽猿來。相逢五載無書寄，却憶三生有夢回。鄉曲故人憑問訊，孤山梅樹幾番開。』蘇軾《贈下天竺惠净師》詩：『予去杭十六年而復來，留二年而去。平生自覺出處老少，粗似樂天，雖才名相遠，而安分寡求亦庶幾焉。三月六日，來别南北山諸道人，而下天竺惠净師以醜石贈，作三絶句：當年衫鬢兩青青，强説重來慰别情。衰鬢祇今無可白，故應相對説來生。出處依稀似樂天，敢將衰朽較前賢。便從洛社休官去，猶有閑居二十年。在郡依前六百日，山中不記幾回來。還將天竺一峰去，欲把雲根到處栽。』

（卷二，中華書局二〇〇七年）

《石匱書》一則　張岱

王冕，字元章，諸暨人。少時父命牧牛隴上，竊入學舍，聽諸生誦書，輒忘其牛，父怒鞭之，復如初。母曰：『兒痴如此，何不聽所爲。』冕因去依僧寺以居，夜潛執册坐佛膝上，映長明燈，朗讀至旦。安陽韓性録爲弟子，遂成通儒。性卒，門人事冕如事性。時冕父已卒，即迎母入越城就養。久之，母思還里，冕置白牛車駕母，被古冠服從之，小兒遮道訕笑。作小樓居止，必其意中人乃許登。元末屢應進士舉，不中，弃之去。買舟下東吴，渡大江，入淮楚，歷覽名山川。或遇奇才俠客，談古豪杰事，即呼酒慷慨。天大雪，赤足上潛岳峰，四顧大呼曰：『天地間合成白玉，使人便欲仙去。』及入城，戴大帽如簁，穿曳地袍，翩翩行，兩袂軒翥，人皆笑斥爲狂奴。北游元都，元秘書卿薦以館職，冕曰：『公誠愚人哉，不滿十年，此中狐兔游矣。』歸携妻孥隱九里山。種梅千樹，題其居，曰梅花屋。仿《周禮》著書一卷，秘而誦之，撫卷曰：『即未死，持此遇明主，伊吕不難也。』皇帝既取婺，遣胡大海攻越，屯兵九里，居人奔竄，冕獨不動，兵執之，曰：『我能爲若帥出奇計。』乃與俱見，告大海以攻城之策。高帝聞其人，召與語良久，悦，置幕府，授咨議參軍，一夕卒。（卷第

二百五隱佚列傳，稿本補配清鈔本）

《三不朽圖贊》一則　張岱

王元章冕，山陰人。隱居九里山，種梅千樹，名其廬曰梅花書屋，明太祖嘗聘至軍前，一夕亡去，不知所之。贊曰：元章隱居，九里山麓，種梅千株，寒香入骨。梅子熟時，挂錢盈屋，日食數乂，木奴果腹。每遇雪天，世界白玉，我去欲仙，乘鸞駕鹿。及見高皇，如對樵牧，一旦云亡，蜕遺松菊。（立言文學，浙江古籍出版社二〇一七年）

《夜航船》一則　張岱

欲仙去

越人王冕，當天大雪，赤脚登爐峰，四顧大呼曰：『天地皆白玉合成，使人心膽澄澈，便欲仙去！』（卷一，浙江古籍出版社一九八七年）

《詩譚》一則　葉廷秀

題梅見賞

明會稽王冕題梅詩云：『獵獵北風吹倒人，乾坤無處不沙塵。胡兒凍死長城下，誰信江南別有春。』太祖見之，大見賞焉。按冕字元章，號山農，元季隱居，嘗仿《周禮》著書一卷，秘不與人觀，曰：『吾未即死，持此以遇明主，伊呂事業不難也。』賦詩鵬騫海怒，見者毛髮爲聳。高廟取婺州，物色之，授咨議參軍，一夕以病死，君子惜之，後世止傳其善畫梅，尤可惜也。（卷六，明崇禎胡正言十竹齋刻本）

《遠山堂文稿》一則　祁彪佳

游蘭亭禹穴紀（節録）

出阮溪，乍雨乍晴，峰巒如沐，望槿籬竹塢俱堪作几案間供。過峽山，少頃有似偃蓋者，即俗所呼亭山也。自亭山折而度越城，歷稽山門，則鏡波、天鏡諸園争妍獻媚邀我輩游屐，令人應接不暇。時以迫，欲游九里，乃以一詩謝之。抵馬家步，去山尚三里，炊烟遥起，燈火一村。表勝庵僧寂深者，遣道人來迎，予輩扶杖從之行。長松間謖謖聲吹作雨，稀微一徑。道人指點，踽踽而前。少焉，有梵聲出林表，四山翕然和之，神骨俱冷，入庵而寂深已笑揖于門矣。問其師，一金先一日去柯亭，爲之悵然。坐雨小軒，寂深盛述五臺之勝。予答以倘使心地清凉，即兹庵豈非選佛勝地，否則青蓮國，猶火宅耳，師爲之點首。齋罷將就寢，季公渴甚，索携來酒一甕，命童子盗取之，一飲而盡。故有『佛亦憐人恕酒容』之句，蓋自解嘲也。曉起霜接一嶺，群峰無一肯出見者，諸友共禱佛前，願以慈悲心，堅我勇往力。頃之，雛僧報雨止，遂從冷香亭上數武，坐石屋。屋空洞可容百許人，一金向結茆其下，有虎争之不得乃去。旁一石勢如從萬馬奔來，傾欹千仞崖上，一綫懸之而不墮。張肅之先生以碧墮名焉，自此路入鼎岩，道益險。層纍而上，僅可措一趾，前者之趾與後者之頂接。可孫股摇摇不能前，季公亦肅然而恐，坐張公嶺以待予輿。聖鑒賈勇先登。忽絶壁當面，樵路俱斷，余易從者草鞁，扳援及巔，蓋即烏尖也。乘高呼二友，二友答之，響振林木，回望禹陵諸峰，蹲踞其下，登覽之目，至此始爲一開。距爐峰僅咫尺，卒力疲不能至，豈天實限之夫，亦我輩勝緣尚有待耳。回至張公嶺，復偕季公、可孫憩女几峰上，道人授以杯茗，啜之，爽豁一襟。繇他徑，過半月岩，岩半嵌山腹，如新月乍吐，故以名，連宵雨愁，聞此而喜，何必俟銀蟾光滿乎。才入庵，則香積午炊已熟，諸友飽餐伊蒲，散步鷗虎石上，日幾晡，乃與大衆作别。獨寂深送至水湄，余笑謂：『昔遠公不過虎溪，上人何送客太遠。』寂深亦笑：『公以座中乃無淵明耶。』道間聽溪聲潺湲，獨甚詢之，始知爲王元章梅花屋故趾。（清初祁氏起元社鈔本）

《遠山堂詩集》二則　祁彪佳

王元章梅花屋

繞屋種梅花，屋如浴萬玉。梅爲樵子薪，香影猶在屋。

其二

處士瘦如梅，醉吟坐芳草。非徒嗅清芬，對影亦自好。（清初祁氏東書堂鈔本）

《越中園亭記》一則　祁彪佳

梅花屋　元王元章極善畫梅，于九里構書舍，繞屋種梅，隱居不仕。（《祁彪佳集》卷八，中華書局一九六〇年）

卷五　清一

《國初群雄事略》一則　錢謙益

至正二十一年辛丑天祐八年。八月，大明元帥胡大海率兵攻紹興，總管張英恃勇輕進，至城下，遇伏被執，死之。大海圍城久不下，乃還。

呂珍守紹興，有才略，善戰，嘗以牛革囊兵宵濟，以襲我師。每戰，令戰士及城中人爲歌高噪，以詬胡越公。紹興人王冕不肯附珍，詣我軍獻策攻之，然亦弗克。珍作《保越録》誇守城之功。既降，乃泯之。今越人有其書。《九朝野記》。（卷七，中華書局一九八二年）

《列朝詩集》一則　錢謙益

王參軍冕

王冕，字元章，號煮石山農，諸暨人。本田家子，長七尺餘，儀觀甚偉，通《春秋》諸傳，一試進士舉，不第，即焚所爲文。讀古兵法，着高檐帽，被緑蓑衣，長齒木屐，擊木劍，或騎黄牛，持《漢書》以讀，人咸以爲狂生。嘗游燕都，泰不花薦以館職，冕嘆曰：『不滿十年，此中狐兔游矣，何以禄爲。』冕工畫梅，以胭脂作没骨體，長安貴人争來求畫，乃自畫一幅張壁間，題其上曰：『冰花個個團如玉，羌笛吹他不下來。』或以爲刺時，欲執之，即日遁歸。携妻孥隱于九里山，結茅廬三間，自題爲梅花屋，賦詩輒千百言，鵬騫海怒，讀者毛髮爲聳。王師取婺州，將攻越，物色得冕，置幕府，授咨議參軍，一夕以病死。宋景濂作《王冕傳》亟稱爲奇士，其大略如此。福溪徐顯《集傳》曰：歲己亥，君方晝卧，適外寇入，君大呼曰：『我王元章也。』寇大驚，重其名，與至天章寺。大帥置君上坐，再拜請事。君曰：『今四海鼎沸，爾不能進安生民，乃肆虜掠，吾寧教汝與吾父兄子弟相賊殺乎？汝不能聽我，即速殺我。我不與若更言也。』大帥復再拜，終願受教。明日，君疾，遂不起，葬山陰蘭亭之側。《保越録》曰：冕見大祖于軍門，陳攻取方略，上大悦，命軍前咨議，大軍用冕計，有石堰之敗，頗咎冕，以此疏之。《傳録》載冕軍前事多互異。徐《傳》所云大帥者，即胡越公也。天下未定，敵國指斥之詞流傳簡牘，習其讀者，或有考焉。（甲集前編

卷五，清順治九年毛氏汲古閣刻本）

《國榷》一則　談遷

己亥元至正十九年。宋龍鳳五年。正月。

儒士許瑗、王冕謁吴國公，問時務，稱旨，留用，授冕咨議參軍，尋卒。（卷一，中華書局一九五八年）

《庚子銷夏記》一則　孫承澤

王元章畫梅

元章墨梅一株，信筆揮灑，直以古逸取勢，自題一詩：『我家洗硯池頭樹，個個花開淡墨痕。不要人誇好颜色，祇留清氣滿乾坤。』宋元人作梅，有以工勝者，若論韵致則惟元章耳。

按元章，名冕，又字山農，諸暨人。嘗北游大都，館秘書卿台哈布哈家，欲薦以館職，元章笑曰：『公誠愚人，不十年此地狐兔赤矣，何以仕爲。』掉臂歸越。復大言天下將亂，時四方無事，或斥其妄，元章曰：『妄人非我，誰當妄者。』乃携妻子隱九里山。嘗仿《周禮》著書一卷，坐卧自隨，秘不示人，曰：『吾未即死，持此以遇明主，伊吕事業不難致也。』及明祖下金陵，杖策見之，署爲軍咨，未幾以老病卒。（卷二，欽定四庫全書本）

《明語林》二則　吴肅公

文學

王冕七八歲時，父命牧牛壟上。嘗竊入學舍，聽諸生誦，已忘其牛。或牽牛來責蹊田，父怒撻之。母曰：『兒痴若此，盍聽其所爲？』因去依僧寺，夜潛出，坐佛膝上，執策映長明燈，讀之達旦。像偶獰惡，冕雖小，恬弗怪。（卷三）

容止

王冕好穿曳地袍，行步翩翩，兩袂軒翥。（卷九，清光緒刻宣統印碧琳琅館叢書本）

《邛竹杖》一則　施男

王冕

會稽王冕携妻孥隱于九里山，種豆三畝，粟倍之，樹梅花千，桃杏居其半，芋一區，韭薤各百本，引水爲池，種魚千餘頭。結茅廬三間，自題爲梅花屋。嘗仿《周禮》著一書，秘不使人觀。曰：『吾未即死，持此以遇明主，伊吕事業不難致也。』上下數千載，留覽史册，佐命隱淪，何患亡才，而獨餘渭水、赤松、嚴灘、華山數等倫輩得以表見。遇不遇，信不可以巧力争。王冕信非自欺欺人者，余舊書青田册子，頗核而真，附録于此：中原鼎沸已難支，石抹宜孫策更奇。海國亡成人事變，渡江劣得帝王師。遘會乘機亦偶然，閑來曾著鬱離篇。真人崛起興江左，竹帛功成龍鳳年。初三日戊子。（卷四，清初留髡堂刻本）

《書畫記》七則　吴其貞

王元章梅月圖小紙畫一幅

滿紙盡爲梅花，惟上空一圓圈，是爲月也，詩題其中。此圖觀于茂真叔，叔諱民，

質瘦弱，穎悟過人，仿前代各種窑器，咄咄逼真，世呼曰民窑。（卷一）

曹雲西旭日翠嵐圖小紙畫一幅

氣色如新。畫法清韵，邱壑幽然。至于灘頭水口，如涓涓有聲，爲雲西絶妙之作也。大類黄大痴，絶非常法，識四字曰：『雲西老人』。上有王元章、會稽金美、巽志生、遂昌老人、武陵顧易等題咏，『李應禎』『項墨林鑒賞』圖書。此圖得于予里冠松庵必之僧也。（卷一）

王元章梅花圖紙畫一長幅

紙墨如新。畫一株倒垂梅，上有千花萬蕊，爛熳之極，自有題識，又有劉青田、楊鐵崖題咏。此圖觀于易三佺處，即爲懷玉得之，時則觀王越石書畫第二日。（卷二）

王元章梅花幽蘭圖小絹畫一幅

氣色如新。寫梅花不過蒼老，其蘭風韵，直接趙之固，妙不可言，識三字曰『王冕作』。（卷三）

鄭所南幽蘭圖紙畫一卷

紙墨佳。畫蘭花兩叢，共有數葉。左叢開一花，右叢無花。畫法高簡，意趣有餘，信千古妙作，識一十字曰：『丙午正月十五日作』。此卷是刻板印成，惟正十五三字是墨筆寫成，如此作用，始見于此。又題七絶云：『向來俯首問羲皇，汝是何人到此鄉。未有畫前開鼻孔，滿天浮動古馨香。』所南翁有名深者，題六言絶一首，書法章草，上有數方古印，未詳其文。卷後元有王育、烈哲、余澤、陳四立、魏俊民、鄭元祐、釋懷欽、王元章、胡熙、天祐等十人題。明有吴奕、祝枝山等題。此卷于虎邱陳孝將寓觀之，時仲秋朔日也。（卷三）

陳仲方墨梅雙鳥圖小紙畫一幅

繪一株墨水點染梅花，兩白頭翁栖于枝上，氣韵幽然，絶妙作也，氣色亦佳，識七字曰：『梁溪陳矩仲方作』。有王元章題咏。（卷四）

王元章梅花圖紙畫一小幅

紙墨尚佳。畫一枝倒垂梅花，下有一石，畫法老蒼，識九字曰：『王冕爲宜賓茂异戲寫』。上有徐仁題七言絶句一首。此圖觀于揚州通判王公家，是日見余記中者：米元章臨蘭亭帖、錢舜舉岩壑深居圖、梅道人古木竹石圖大絹畫、趙幹五馬圖紙畫小斗方、宋無名氏絹畫松鼠食粟圖。乙卯七月廿三日。（卷六，人民美術出版社

二〇〇六年）

《倘湖樵書》一則　來集之

洪武初待元紳士（節録）

……若九靈山人戴良于洪武十五年召至京，欲官之，久而自裁。諸暨王冕，値大兵攻越，舁至軍前，直言而死。此又忠義者之果于自決，非爲上者之不優容也。（卷九，清康熙倘湖小築刻本）

《明畫録》四則　徐沁

王冕，字元章，諸暨人，後寓會稽九里。高才放逸，其墨梅冠絶古今，畫上必親爲題咏，蕭灑不群。洪武初，召見，有應制題梅花詩，稱旨。其畫斷縑殘楮，人争寶之，今亦不可見矣。（卷七）

周昊，字德元，號草庭，昆山人，墨梅宗王冕。（卷七）

袁子初，字叔言，上虞人，流寓江右，寫梅花有王冕標格。（卷七）

王煮石，工墨梅。（疑即王冕）（卷七，清讀畫齋叢書本）

《明書》一則　傅維鱗

王冕、周元素、吴偉、王紱、唐寅、沈周傳

王冕，字元章，會稽人。貌魁偉，資敏志奇，其父不識也。七八歲時，受父命牧牛壟上，弃牛入學宫聽諸生誦書，暮乃忘其牛而歸，父怒杖之。他日命往，復如是，父遂不理。冕往依寺僧以居，夜執策坐佛堂，映長明燈讀書兼學數，遂成通儒。尤工于畫，其所爲梅花，斷縑尺楮，人争寶之。每畫多自書所題于上。屢應元進士不第，竟弃去。買舟狂游，北入燕都，館于秘書卿泰不花家，泰不花欲薦以館職，冕嘆曰：『不滿十年，此中狐兔游矣。』去之，還鄉里。時海内無事，對人輒言，天下將亂，乃携其家往九里山隱焉。結茅廬三間，自題云梅花屋，耕田讀書。嘗仿《周禮》著書一卷，秘不與人觀，每更深人寂時，輒執燈朗誦，既而撫卷嘆曰：『吾未即死，持此以遇明主，伊吕事業不難致也。』未幾，汝潁兵起，一一如冕言。元至正庚子，太祖

兵定婺州，將入越，物色得冕，應制題梅詩有云：『獵獵北風吹倒人，乾坤無處不沙塵。吳兒凍死長城下，誰信江南別有春。』上覽之，大悦，授以咨議參軍，甚見眷注，以病卒。人謂其磊落有大志，不得少試以死，又目之爲怪民云。（卷一百五十一，清畿輔叢書本）

《明文海》一則　黄宗羲

題柴望義士傳後　張輔

吾鄉郡有義士曰柴宗禮，世爲錢唐義溪人。好修而尚義，與前鄉貢進士括蒼金觀用賓相友善。觀因父宦游于杭，就僑寓焉，安貧養母。母死，未克葬而以哀毁終，其妻又繼殁。子幼，三喪不能舉。宗禮毅然以爲已責，捐家貲，治葬事，其力不逮則告助于觀平昔交舊，舉三喪于觀之先塋，時人咸高其誼。前滕縣尹嚴陵吴子立、太史括蒼蘇平仲、郡博士始豐徐大章咸爲傳記，以嘉美之。其事蓋與蘇長公合衆賻葬進士董傳父子二喪相類，而宗禮以一介布衣爲之，尤難也。世俗恒謂今人不逮古人，不亦厚誣天下哉。世固有砥行好義之士，特以人微事不甚顯，又不得立言君子表著之率，泯泯無聞。予近閲太史公《宋先生集》，得義士三人焉：其一，元都水少監豫章劉彬卿，其友國史掾萬生，客死于大興，妻子貧不能歸葬，彬卿予錢二千緡，俾奉柩還南昌以葬。其一，國初咨議參軍諸暨王冕，北游燕山，時方南還，聞友人武林盧生客死灤陽，唯二女一僮倀倀無所依，冕不遠千里走灤陽，取生遺骨，挈諸孤還生家。其一，太常贊禮郎廬陵杜環，其父友兵部主事常允恭死于九江，家破，其母張氏年老走金陵，尋子之親友求依，無遇。環聞知，迎歸家，以母事之，養十餘年而殁，具棺斂殯如禮，買地城南鍾家山葬之，時歲祭其墓。凡此三人，綽有古人風義。向微太史公作傳，世人亦無自而知之。今宗禮之義事，既得諸先達紀載，而又有子益求諸當代聞人鉅公之紀述所以，發潛德之幽光者連篇纍牘，他日秉史筆者必有采焉。嗚呼，爲善無不報，不在其身則在其子孫。今其子車以文學起家，嘗參議藩政，今爲職方郎中，駸駸通顯，蓋未艾也。然則天之報，施于義士者，蓋有在矣。因其徵言并述砥行，立名者得附青雲之士，必有聞于後，以爲世之觀云。**（卷三百五，欽定四庫全書本）**

《宋元學案》二則　黄宗羲

參軍王先生冕

王冕，字元章，諸暨人也。貧家兒，竊喜讀書。安陽韓性聞而异之，録爲弟子，學遂爲通儒。性卒，門人事先生如事性。北游燕都，泰不華薦以館職，先生即日南轅，隱九里山下，樹梅花千本。嘗仿《周禮》著書一卷，秘不示人。更深，挑燈朗諷，嘆曰：『持此以遇明主，伊吕事業不難致也。』有明攻越，授以咨議參軍，一夕病死。修。（卷六十四）

教諭戚先生象祖附師王元章

戚象祖，字性傳，貞孝先生之子。少服家庭之訓，弱冠師事王元章，益達于命義。年幾五十，乃用舉者，得東陽縣學教諭，遷紹興之和靖書院山長。年未七十，輒求致仕，弗許，復用，爲信之道一書院山長訖，辭，不受。僑居永康之太平。（卷七十三，清道光刻本）（《宋元學案》一書中稱『王元章』者凡二人，一爲『王冕，字元章，諸暨人也』，即右條所録，另一人見卷八十二：『王相，字元章，魯齋之弟也。』戚象祖所師事者系王冕，抑或王相，尚待考。陳遹聲等編《國朝三修諸暨縣志》認定其師事者爲王冕，且與張元忭編《萬曆紹興府志》均把『戚象祖』作『戚祖象』，詳見本書相關章節。）

《明夷待訪録》一則　黄宗羲

題辭

余常疑孟子一治一亂之言，何三代而下之有亂無治也。乃觀胡翰所謂十二運者，起周敬王甲子以至于今，皆在一亂之運，向後二十年交入大壯，始得一治，則三代之盛猶未絶望也。前年壬寅夏，條具爲治大法，未卒數章，遇火而止。今年自藍水返于故居，整理殘帙，此卷猶未失落于擔頭艙底，兒子某某請完之。冬十月，雨窗削筆，喟然而嘆曰：昔王冕仿《周禮》，著書一卷，自謂：『吾未即死，持此以遇明主，伊吕事業不難致也』，終不得少試以死。冕之書未得見，其可致治與否，固未可知。然亂運未終，亦何能爲大壯之交。吾雖老矣，如箕子之見訪，或庶幾焉。豈因夷之初旦，明而未融，遂秘其言也。癸卯梨洲老人識。（清指海本）

《無聲詩史》一則　姜紹書

王冕

王冕，字元章，諸暨人。本田家子，少即好學，長七尺餘，儀觀甚偉，鬚髯若神，通《春秋》諸傳。嘗一試進士舉，不第，即焚所爲文，益讀古兵法，有當世大略。着高檐帽，被緑蓑衣，履長齒木屐，擊木劍，行歌會稽市，或騎黄牛持《漢書》以讀，人或以爲狂生。同里王公止善，甚愛重之，爲拜其母。王後爲江浙簡較，君往謁，衣弊履不完，足指踐地，王公滌念，遺草履一緉，諷使就吏禄，君笑不言，置其履而去。歸會稽，依浮屠廡下，教授弟子，倚壁庋土釜爨以爲養，人或遺之，不受也。時高郵申屠公駉新任紹興理官，過武林，問交于王公，公曰：『吾里人有王元章者，其志行不求于俗，欲與語，非就見不可。』駉至，即遣吏以自通，君曰：『我不識申屠公，所問者他王先生耳。』謝不與見，吏請不已，君斥曰：『我處士，寧與官府事，毋擾乃公爲也。』駉即重王公言，且奇其爲人，進謁禮益恭，以白于其大尹宋公子章，具書幣製冠服，俱造其廬以請，君爲之强起。入黌舍講授。歲餘，會他官禮待不如意，乃爲書謝申屠公。東游吴，吴人雅聞君名，君又善寫梅花竹石，士大夫皆争走館下，縑素山積，君援筆立揮，千花萬蕊成于俄頃。每竟一幅，則自題其上，皆假圖以見意，爲歌詩雄渾跌宕，以古豪杰自居。久之，復游金陵，諸新貴皆加敬待。遂北上燕薊，縱觀居庸古北之塞。主秘書卿達公兼善家，時賢争譽薦之，君題寫梅張座間，有：『花團冰玉，羌笛吹他不下來』之句，見者皆縮首齰舌，不敢與語。至正戊子南歸，過吴中，爲人言黄河將北流，天下且大亂，吾亦南栖以遂志。于是就會稽，買山一頃許，築草堂，讀書其中，服古衣冠，或乘小舟，扁曰浮萍軒，自放于鑒湖之曲，好事者多載酒從之。明大祖取浙東諸郡，冕遇胡大海，獻攻紹興之策，引見上，應對稱旨，署爲咨議參軍。（卷一，清康熙觀妙齋刻本）

《宋元詩會》一則　陳焯

王冕，字元章，諸暨人。本田家子，長七尺餘，儀觀甚偉，通《春秋》諸傳，試進士舉不第，即焚所爲文。讀古兵法，衣履舉止詭异自放，見者目爲怪民。嘗游燕京，台哈布哈薦以館職，笑謝之。工于畫，用胭脂作没骨體，貴游争購之。因題梅作絶句，幾罹詩禍，逃歸，隱于九里山。明初幕府平浙得冕，將授以參軍，一夕卒。（卷

九十三，欽定四庫全書本）

《頑潭詩話》一則　陳瑚

且了

大地渺不分，中有浩然氣。王冕赤脚來，蘇武吞氊去。（卷上，民國峭帆樓叢書本）

《茗齋集》一則　彭孫貽

王元章畫松鼠歌

煮石山農真狂夫，衛公大海比若奴。绿簑斗笠冒大雪，秃筆凍作梅花鬚。山厓木末逐猿狖，出入每與鼪鼯俱。何時松根寫飛鼠，修毛潤澤沐山雨。一鼠騰身肘張羽，一鼠啾啾仰相語。枯松倒插欲動摇，似有風聲出綃楮。樵人木客咸絶倒，何物丹青乃能爾。先君寶此數十年，殁後塵篋游蝸涎。春來開篋泪沾臆，拂拭挂壁驚狂顛。周郎善畫誇好手，借臨三月仍茫然。卷圖見還閣筆咲，從此不復再與毛羽相周旋。紛紛畫工若蟲螘，元章筆墨無乃仙。聞其没骨梅奇絶更清妍，購之不可見。恨無十萬

纏腰錢，王冕此畫今不傳。（卷七，四部叢刊續編）

《七頌堂識小録》一則　劉體仁

王元章梅花一卷，前曰：『印水梅影』，後自題云：『我家洗硯池頭樹，個個花開淡墨痕。不要人誇好顔色，祇留清氣在柴門。』（清知不足齋叢書本）

《柳亭詩話》一則　宋長白

梅花書屋

諸暨王元章隱于九里山，自號煮石山農，工于畫，以胭脂作没骨梅花，人共傳之。寫懷詩曰：『草肥燕地馬，花老蜀山鵑。冷澹無歸計，蒼苔滿石田。』即題梅花書屋也。元章知危太樸文多譎氣，後于大都旅次，即默斷其姓名。梅花换米真皭然泥而不滓者也。（卷二十二，清康熙天茁園刻本）

《曝書亭集》六則　朱彝尊

贈許容

今之官印古璽節，漢制斗檢封略同。周秦以來鑄私印，往往撥蠟銷金銅。會稽王冕易以石，細切花乳桃皮紅。青田山根凍玉斵，稷下里石舊穴空。羊求休嫩大松老，其餘麁惡不可礱。往時長洲文博士，刻石頗有松雪風。墨林天籟閣書畫，以別真僞鈐始終。吾生好奇頗嗜此，砗磲犀象羅笥中。徐貞木亡鄭埴天，尚有程邃留江東。故人衰病遠莫致，縱饒玉石何人攻。如皋許容近過我，手出圖譜重錦蒙。古文離離雜鐘鼎，爾雅一一詮魚蟲。乃知六書得其故，大小繆篆能兼通。相斯史籀各具體，左蟠右屈何妍工。合肥尚書龔端毅公。最賞擊，紛紛朝士傾詩筒。吁嗟萬里十年別，一官不達翻途窮。低眉强隨抱關吏，失足幾陷鮫人宫。重來嘆息舊游盡，酒錢燕市何由充。容今髮白我耳聾，瓜牛舍近地百弓，日長莫學打睡翁。相邀硬筆寫獵碣，夫豈不如薛尚功。（卷十四）

劉高士壽序（節録）

于越古多志節之士，逮宋之季，高尚其事者益多，篁墩程氏撰《宋遺民録》，書其什一而已。以予所聞唐玨玉潛而外，如王沂孫聖與、王易簡理得、練恕可行之，皆是也。明之初，王冕元章、楊維楨廉夫、張憲思防，咸蜚遯離俗，志不可奪。外若劉渙之子績、績子師邵、羅紘之子周、周子頎，則世有隱德，尤所難已。自是而後，越中隱君子僂指難數，最高者二人余寶應若水、劉舍人伯繩，一耕于山一棲于市……

（卷四十一）

衎齋印譜跋

漢官私印俱用撥蠟鑄，其後象犀、硨磲、瑪瑙，取材愈廣，至王元章，始易以花乳石，于是青田、稷下里、羊求休所產，皆入礱琢矣。吾宗衎齋自漢以來搜羅甚博，而審取其尤者，作譜五册，以視復齋嘯堂所收，不啻一粟之比千囷也。衎齋好古，孜孜如不及，繼此必倍蓰于是，衰年可假當再跋之。（卷四十三）

題揚補之墨梅

朱三十五梅詞：『横枝清瘦衹如無，但空裏、疏花數點。』梅花有魂二語攝之。此惟逃禪楊叟能寫出，若煮石山農興酣落筆，便與少陵『亂插繁花照晴昊』句相似。愁眼雖冲要，非逃禪叟意中景矣。歲在丁未冬，坐孫侍郎退翁蟄室斫冰試謝道韞研

書。（卷五十四）

王冕傳

王冕，字元章，諸暨田家子也。父命牧牛，冕放牛隴上，潛入塾，聽村童誦書，暮亡其牛，父怒撻之。他日依僧寺，夜坐佛膝，映長明燈讀書。安陽韓性异而致之，遂從性學，通《春秋》。嘗一試進士舉，不第，焚所爲文。讀古兵法，恒着高檐帽，衣绿蓑衣，躡長齒屐，擊木劍。或騎牛行市中，人或疾其狂。同里王艮特愛重之，爲拜其母。艮爲江浙檢校，冕往謁，履敝不完，足指踐地，艮遺之草履一兩，諷使就吏禄，冕笑不言，置其履而去。歸迎其母至會稽，駕以白牛車，冕被古冠服隨車後，鄉里小兒皆訕笑，冕不顧也。所居倚土壁，庋釜執爨養母、教授弟子以爲常。高郵申屠駉任紹興理官，過錢塘，問交于王艮，艮曰：『里有王元章者，其志行不求于俗，君欲與語，非就見不可。』駉至，即遣吏自通。冕曰：『吾不識申屠君。』謝不見。駉乃造其廬，執禮甚恭，冕始見之。居歲餘，投書謝駉。東游吴，浮江上潛岳，遂北至燕。泰不華薦以館職，冕曰：『公愚人哉，不十年，此中狐兔游矣，何以禄爲。』翰林學士危素，冕不識也，居鐘樓街，冕知之。一日素騎過冕，冕揖之坐，不問名姓，忽曰：

『公非住鐘樓街者邪？』曰：『然。』冕更不與語，索出。或問：『客爲誰？』笑曰：『此必危太樸也，吾嘗誦其文，有詭氣，今睹其人，舉止亦然。』冕善詩，通篆籀，始用花乳石刻私印。尤長畫梅，以胭脂作没骨體，燕京貴人争求畫，乃以一幅張壁間，題詩其上，語含諷刺，人欲執之，冕覺，乃亟歸。謂友曰：『黄河北流，天下且大亂矣。』携妻孥隱會稽之九里山，號煮石山農，命其居曰竹齋，題其舟曰浮萍軒，自放鑒湖之曲。太祖既取婺州，遣胡大海攻紹興，屯兵九里山，居人奔竄，冕不爲動，兵執之，與俱見大海，大海延問策，冕曰：『越人秉義，不可以犯，若爲義，誰敢不服，若爲非義，誰則非敵。』太祖聞其名，授以咨議參軍，而冕死矣。朱彝尊曰：當元之季，多逸民，冕其一也。自宋文憲傳出，世皆以參軍目之，冕亦何嘗一日參軍事哉。讀徐顯《稗史集傳》，冕蓋不降其志以死者也，因别爲傳上之史館，冀編纂者擇焉。

（卷六十四）

小桃紅 題王元章墨梅

斜飛蝴蝶樸枝圓，不怕游絲罥，疏影依然水清淺。嫩寒天，墨痕澹處珊瑚軟。似曾相見，稽山風霰，一樹小窗前。（卷八十，欽定四庫全書本）

《續高士傳》一則　高兆

王冕

王冕，字元肅，諸暨人也。少好學，家貧，依沙門居，夜潛出，坐佛膝上，執策映火讀之，琅琅達旦。安陽韓性引爲弟子，性卒，門人事冕如性。冕父已卒，迎母入城就養。他日，母思還故里，冕買白牛，駕母車，被古冠服隨車後。小兒遮道訕笑，冕亦笑。李孝光薦之，不就。久之，北游燕，秘書卿泰不花薦以館職，冕笑曰：『公誠愚人哉！不滿十年，此中狐兔游矣。』即日南還，携妻子隱于九里山。種豆三畝，粟倍之，薤韭各百本，芋一區，梅花千樹，構茅屋于中。仿《周禮》著書一卷，坐卧自隨，不使人觀。更深則然火朗誦之，高皇帝取婺州，物色冕，欲授以參軍，一夕卒。

大冠元肅，俯仰天步；笑彼燕市，行見狐兔；歸與南山，種豆盈圃；時明身死，以副心素。（卷四，清光緒刻本）

《千頃堂書目》三則　黄虞稷

王冕《仿周禮書》。（卷二）

王冕《竹齋詩集》二卷。字元章，自號煮石山農，諸暨人，舉進士不第，弃去。明兵至邑，胡大海授咨議參軍，一夕病死。（卷二十九）

又《竹齋咏梅詩》一卷。（卷二十九，欽定四庫全書本）

《元史類編》一則　邵遠平

王冕，字元章，號煮石山農，諸暨田家子也。八歲父命牧牛隴上，竊入學舍，聽諸生誦書，聽已輒默記。暮歸忘其牛，父撻之已，復如初。安陽韓性聞而异之，因録爲弟子，通《春秋》諸傳。學遂爲通儒。一試不第，即焚所爲文。常着高檐帽，披緑蓑衣，履長齒木屐，或騎黄牛，持《漢書》朗誦，人皆目爲狂。北游燕，有欲薦以官職者，冕曰：『不滿十年，此中狐兔游矣，何以禄爲？』即遁歸，隱九里山，結茅三間，自題爲梅花屋。嘗仿《周禮》著書一卷，坐卧自隨。賦詩千百言立就，善畫梅，自書所題其上，人争寶之。（卷三十六，清康熙三十八年刻本）

《傳是樓書目》一則　徐乾學

集部

《竹齋集》一卷，明王冕，一本。鈔本。（清道光八年味經書屋鈔本）

《居易録》一則　王士禛

《梧溪集》記宋元末，國事人才多史家所未備，予讀之信然。又如《宋高皇壽成殿汝甕觶引》《孟郡王忠厚佩印歌》《制置彭大雅瑪瑙椀歌》之類，尤令觀者一唱三嘆。予最愛其題王冕墨梅一絶云：『霜落銀河月在天，美人松下鬥嬋娟。一枝倒影吴牛角，曾似知章踏酒船。』自序云：『冕耆畫梅，常轞牛游城，名貴側目。』（卷十九，欽定四庫全書本）

《帶經堂詩話》二則　王士禛

南陽門人李鴻常貽余墨晶印章，色如點漆，而温潤如玉，尤可愛，余刻其文曰：『茗柯有實理。』鴻，名相文達公裔孫也。《古夫于亭雜録》。

附録《香祖筆記》：印章舊尚青田石，以燈光爲貴，三十年來閩壽山石出，質温栗宜鎸刻，而五色相映，光采四射，紅如靺鞨，黄如蒸栗，白如珂雪，時竟尚之，價與燈光石相埒。近斧鑿日久，山脉枯竭，或以芙蓉山石充之，無復寳色，其直亦不及壽山五之一矣。二山皆在福州。

宗柟附識：兄寒坪云：壽山石以田黄爲貴，田白次之，而紅绿者最難得，即竹垞詩中所謂『桃紅艾葉绿』者是也。勇參云：《敬業堂詩》自注：元末諸暨人王冕自稱煮石山農，始用花乳石刻私印。又云壽山石産田中者最佳，大洞所産亞于田石，今所用者皆出芙蓉岩。愚按：凍石尚矣，閲高詹事《江村集》，似石之最佳者，隨其色澤統名曰凍，非專指一種也。近有最下者曰遼凍，色嫩绿，而質極燥，或以售欺，亦甚易辨。唯吾杭昌化所産，石質明瑩，通體殷紅，較珊瑚更勝，然如優鉢曇花，不復常覯矣。（卷十六）

少司空齊穡公《蠶尾文》作『工部侍郎某公』。言：察兒罕國，元之嫡派，世雄長西北諸部。傳至靈丹可汗，在位久，忽欲往西域皈佛教，其台吉那颜等苦諫不聽。國中無主，太宗皇帝因發兵追降之，其尚璽近侍以傳國玉璽倉猝坎地而埋之。兵既退，有童豎牧羊其地，一羊屢至坎所，歸之不已，驅之復來。牧覺有异，試發土，則璽見焉。聞于官，遂進上，時天聰某年也。今藏御府。予案何文肅喬新《椒邱集》有《傳國璽志》一篇，叙述甚詳：五代後唐從珂時，秦璽毁。石敬瑭入洛，更以玉爲之，重貴獻之遼。興宗試進士，遂以『有傳國璽者爲正統』命題。金滅遼，延禧遺傳國璽于桑乾河。元世祖時，有札刺爾氏者，漁于桑乾之濱，得之，夜有光。監察御史楊桓《蠶尾文》作植。辨其文，以爲歷代傳國璽，上之。至正末，中山大兵至燕，順帝携之北遁沙漠。其本末如此。《蠶尾文》此下云：又案史，宣德九年，瓦刺順寧王脱歡入貢，并請進傳國璽云云。凡多二十餘字云。以文肅言考之，自五代之亂，璽歸于遼，遼歸于金，金歸于元。在察兒罕國者又二百餘年，而歸本朝，詎偶然哉。又按王冕詩：『青象不將傳國璽，紫駝空引舊氈房』，蓋未詳矣。《居易録》。

宗柟附識：《蓉槎蠡説》：按薛尚功《鐘鼎款識》所載，辯璽文者監察御史楊桓，非楊植也。又按：中丞崔彧進箋曰：同知通政院事拾得既没，妻病子幼，托以玉見貿，及出乃玉璽也。與札刺爾氏漁于桑乾之濱得之，説亦各不同。又云：恒字武子，兖州人，博覽群籍，精篆籀之學，官至國子司業。崔所進箋，即恒所作。拾得，札刺

國王連渾察之子。（卷二十二，人民文學出版社一九六三年）

《芥子園畫譜》一則　沈心友等

青在堂畫梅淺説　畫法源流

唐人以寫花卉名者多矣，尚未有專以寫梅稱者。于錫有雪梅野稚圖，乃用于翎毛上。梁廣作四季花圖，而梅又雜于海棠荷菊間。李約始稱善畫梅，其名亦不大著。至五代滕昌祐、徐熙畫梅，皆鈎勒着色，徐崇嗣獨出已意，不用描寫，以丹粉點染，爲没骨畫。陳常變其法，以飛白寫梗，用色點花。崔白專用水墨，李正臣不作桃李浮艷，壹意寫梅，深得水邊林下之致，故獨擅專長。釋仲仁以墨漬作梅，釋惠洪又用皂子膠，寫于生綃扇上，照之儼然梅影，後人因之盛作墨梅。米元章、晁補之、湯叔雅、蕭鵬摶、張德琪，俱專工寫墨。獨揚補之不用墨漬，創以圈法，鐵梢丁橛，清淡勝于傳粉。嗣之者，徐禹功、趙子固、王元章、吴仲圭、湯仲正、釋仁濟。仁濟自謂用心四十年，作花圈始圓耳。外此則茅汝元、丁野堂、周密、沈雪坡、趙天澤、謝佑之，爲宋元間之寫梅著名者。汝元世稱專家，佑之但傅色濃厚，學趙昌而不臻其妙也。明代諸公，尤多善此，未分厥派，各擅一長，不暇標舉。唐宋以來，畫梅之派有四，惟钩勒著色者最先，其法創于于錫，至滕昌佑而推廣之，徐熙始極其妙也。用色點染者爲没骨畫，創于徐崇嗣，繼之者，代不乏人。至陳常一又變其法。點墨者，創于崔白，演其法于釋仲仁、米晁諸君，相效成風，極一時之盛。圈白花頭，不用着色，創于揚補之，吴仲圭、王元章推其法，真横絶一世。考畫梅之法，其源流亦不外乎是矣。（《梅譜》，上海書店出版社一九八二年）

卷六 清二

《西陂類稿》二則 宋犖

論畫絶句二十六首（選一）

退谷先生孫侍郎承澤。許數過，高齋三雅共摩挲。偶披五石瓠中目，始恨當年未見多。侍郎以揚補之竹，趙子固水仙，王元章梅爲三雅，因以名齋。五石瓠爲劉鑾著。（卷十三）

題揚補之四梅圖卷四首（選一）

梅花格最高，貌取固難肖。况當未開時，蓓蕾藏窈窱。南宋草元裔，實與梅同調。妙筆寫横斜，意興迴孤峭。遥父馬遠。傷刻畫，元章王冕。涉狂躁。何如此尺幅，遺世獨窈窕。流觀儼林下，拂衣起清嘯。右未開。（卷十八，欽定四庫全書本）

《堅瓠集》二則 褚人獲

勸農詩

謝良齋有勸農詩云：『莫入州衙與縣衙，勸君勤理作生涯。池塘多放旋添税，田地深耕足養家。教子教孫須教義，栽桑栽菜勝栽花。閑非閑是都休管，渴飲清泉困飲茶。』又云：『仕宦之人，南州北縣。商賈之人，天涯海岸。争如農夫，六親對面。夏絹新衣，秋米白飯，鵝鴨成群，猪羊滿圈，官稅早輸，逍遥散誕，似此之人，值錢千萬。』氣象雍泰，時不易逢，若彼旱潦相仍，饑餓憔悴，如聶夷中所云：寧不惻然乎。王元章勸農詩云：『雲擁旌旗出翠微，勸農五馬去歸遲。年年袛把親耕語，説與山光水色知。』余介翁和云：『同井分田古意微，租庸遺法亦淩遲。欲耕多是無田者，試問使君知不知。』（《堅瓠六集》卷三）

改觀爲寺

至元中，楊璉真伽恢復佛寺三十餘所，時弃道爲僧者七八百人，皆挂冠于上永福寺帝師殿梁間。飛來峰石壁皆鐫佛像，會稽王元章冕詩云：『白石皆成佛，蒼頭半是僧。』鑒湖天長觀有道士爲僧者，獻觀于總統，云是賀知章倚托史彌遠聲勢，將寺改觀，乞復原寺額。楊髡從其語，時傳以爲笑。（《堅瓠七集》卷三，清康熙刻本）

《本事詩》一則　徐釚

王冕元章，號煮石山農，諸暨人

虞山蒙叟曰：冕本田家子，儀觀甚偉，通《春秋》，讀古兵法，着高檐帽，披緑蓑衣，履長齒屐，擊木劍，或騎黄牛，持《漢書》以讀，人目爲狂士，常游燕都，泰不花薦以館職，冕曰：『不滿十年，此中狐兔游矣，何以禄爲。』工畫梅，以胭脂作没骨體，長安貴人争求之，乃自畫一幅張壁間，題曰：『冰花個個圓如玉，羌笛吹他不下來。』或以爲刺時，遁歸。携妻孥隱九里山下，結茅爲梅花書屋，王師取婺州，物色得冕，授咨議參軍，一夕病死。（卷一，清光緒十四年徐氏刻本）

《明史》二則　萬斯同等

王冕《竹齋詩集》二卷，又《竹齋咏梅詩》一卷。字元章，諸暨人。舉進士不第，弃去，明兵至邑，胡大海授咨議參軍，一夕病死。（卷一百三十六、藝文四）

王冕，字元章，諸暨人也。幼貧，父使牧牛，竊入學舍，聽諸生誦書，輒能記憶。暮歸，忘其牛，人有牽牛責蹊田者，父怒撻之，已而復然。母曰：『兒痴如此，曷不聽其所爲。』冕因去依僧寺。夜出，坐佛膝上，執策映長明燈，朗誦達旦。會稽韓性聞而异之，録爲弟子，遂稱通儒。性卒，門人事冕如事性。著作郎李孝光欲薦爲府史，謝曰：『吾有田可耕，有書可讀，安能晨夕抱案立庭下稱奴使哉。』居小樓上，不輕見人，有使者行郡，坐馬上求見，拒之去，去不數武，輒倚樓長嘯，使者聞之大慚。屢應舉不中，嘆曰：『此童子羞爲者，吾可溺是哉。』遂弃去。北游江淮，抵燕都，客秘書卿泰不花家。擬以館職薦，力辭曰：『公誠痴人，不十年，此中狐兔游矣，何以仕爲。』既歸，每大言天下將亂，時海内無事，咸斥爲狂，笑曰：『我不爲狂，誰當狂者。』携妻孥隱九里山，樹梅千株，桃杏半之，自號梅花屋主。嘗仿《周官》著書一卷，秘不示人，夜深輒挑燈朗諷，既而撫卷曰：『吾未即死，持此以遇明主，伊吕事業不難致也。』當風月佳時，操觚賦詩，千百年不休。善畫梅，求者踵至，以幅長短爲得米之差。人以方揚補之，笑曰：『吾籍以自給，豈求名耶。』已而天下兵起，果如其言。明太祖下婺州，將攻越，物色得之，置幕府，授咨議參軍，一夕病卒。冕負雋才，能詩文，有志用世，既遇明主，而不獲一試，論者惜之。（卷三百八十六文苑傳，清鈔本）

《御定佩文齋書畫譜》十七則　孫岳頒

夏迪

夏迪，字簡伯，温州人，畫山水竹石。《畫史會要》。王冕《題夏迪雙松圖》云：『夏迪畫松得松趣，個個乃是廊廟具。』《竹齋集》。（卷五十三）

陳立善

陳立善，黄岩人，至正中爲慶元路照磨，工梅花，與會稽王冕齊名。程敏政《篁墩集》。（卷五十四）

金禹瑞

金禹瑞，錢唐人。王元章作詩贈之云：『錢唐有道金隱居，風流不讓今古人，文章學古畫師古，落筆正似螢之親。』《書畫史》。（卷五十四）

楊仲開

楊仲開，不知何許人，善畫。王元章詩云：『楊君綽有隱者風，須長骨瘦兩耳聾。作詩作畫不比意，意化不與常人同。』《書畫史》。（卷五十四）

王冕

王冕《畫史會要》云：字元章，號煮石山農。諸暨人，屢舉進士不第，竟弃去，買舟下東吴，渡大江，入淮楚，歷覽名山川，北游燕都。既歸越，携妻孥隱于九里山。善畫梅，不減揚補之，求者肩背相望，以繒幅短長爲得米之差，人譏之，曰：『吾籍是以養口體，豈好爲人家作畫師哉。』皇帝取婺州，將攻越，物色得冕，寘幕府，授以咨議參軍。宋濂《潛溪集》。（卷五十五）

袁子初

袁子初，字叔言，號雪齋，上虞人，流落江西，寫梅得王元章法，花多剜白，不甚繁。戴冠《紹興志》。（卷五十五）

周號

周號，字德元，號草庭，昆山人。見《書家傳》。寫梅超絶，王元章之後一人而已。方鵬《昆山志》。（卷五十五）

林宏顯

林宏顯，號洞陽山人，長樂人。工畫梅石，筆力蒼古，效揚補之、王元章，世稱

洞陽梅。《閩畫記》。（卷五十五）

孙隆

孙隆，字從吉。《珊瑚網》云：號都痴，毗陵人。爲新安知府，作梅花得會稽王冕筆法。《東里續集》。孫隆寫禽魚草蟲，自成一家，號没骨圖。《珊瑚網》。（卷五十五）

劉世儒

劉世儒，字繼相，號雪湖，少時見王元章畫梅而悦多，柔密疏簡，俱臻其妙。《山陰志》。（卷五十七）

王人佐

王人佐，字良才，號梅泉，將樂人，善畫梅。吴國倫《甔甀洞稿》。人佐畫梅，枝葉點綴多師王冕，筆稍近俗耳。《閩畫記》。（卷五十七）

明朱存理鐵網珊瑚目

王元章畫梅。（卷九十八）

明嚴氏書畫記

王元章雪梅圖翎毛二軸。王冕題元人花鳥。（卷九十八）

梅道人野竹居卷

梅道人《野竹居》卷紙本，水墨畫，按題識蓋爲陶南村作，後有詩跋十餘人，始于錢惟善，訖于王冕，此卷在震澤王氏。（卷九十九）

明陳繼儒秘笈

予見王元章飛白竹一軸，題云：『己丑歲夏五月二十二日會稽王冕寫。』（卷一百）

明茅維南陽名畫表韓宗伯存良家藏

王元章墨竹。（卷一百）

明汪砢玉《珊瑚網》

王元章墨梅，大父懷荆公遺物，玉幼供藤花閣。（卷一百，欽定四庫全書本）

《苑西集》一則　高士奇

題元人王冕墨梅冕，字元章，會稽人。善畫墨梅，萬蕊千花，自成一家，必題詩畫上。偶得小幅，題曰：

『凍壓瑶臺月影虚，玉妃謫墮夢模糊。無人可論江南事，小引春風上畫圖。』

不分村野與溪橋，亂寫横枝一兩條。酒醒祇疑疏影落，朧朧烟月伴寒宵。（卷十，清康熙刻本）

《江村銷夏録》三則　高士奇

元王元章墨梅紙本立軸，小幅，中『萬蘂千花若不經意自成一家』題云

凍壓瑶臺月影虚，玉妃謫墮夢糢糊。無人可論江南事，小引春風上畫圖。王冕

不分村野與溪橋，亂寫横枝一兩條。酒醒祇疑疏影落，朧朧烟月伴寒宵。士奇題

（卷二）

王元章月下梅花絹本立軸，長五尺餘，闊三尺八寸，雙幅絹

平生愛梅頗成癖，踏雪行穿一雙屐。六花散漫飛滿空，千里萬里同一色。冲寒不畏朔風吹，乘興來此江之湄。繁花滿樹梅欲放，仿佛羅浮曾見時。南枝横斜北枝好，北枝看過南枝老。中有一枝至奇絶，萬蘂千葩弄天巧。老夫見此喜欲顛，載酒大酌梅花仙。仙人怪我來何晚，一别已是三千年。醉來仰面卧深雪，夢扶飛瓊上天闕。酒醒起視夜何其，曉烏啼殘半江月。會稽王冕元章寫。（卷二）

徐文長風鳶圖卷紙本

驕養驕生驕性情，紅衫雪鷂弄清明。春郊盡買餳糖送，多少騎牛看鴨人。少師到老光頂門，也着紅袍畫喜神。生來便與抉龍手，不是尋常放鷂人。嘯道人作墨鴟夷已，座客謂嘯道人：『爾能作詼語，等滑稽自嘲，曰墨鴟夷，似矣，乃不能作莊語，有，以窺嘯道人之終不值也。』故復詼以後作，客笑曰：『爾力終一長老耳。』嘯道人不能答。郭恕先作風鳶圖，償富人子酒肉之餉，而顧謝絶意其圖必立毀，世遂無傳。而王元章有放鷂詩八首，余嘗和之，和詩可也，郭圖余所可擬耶。雖然來丹報黑卯，必欲手握霄綀，不則不快矣。

柳條搓綫絮搓綿，搓够千尋放紙鳶。消得春風多少力，帶將兒輩上青天。

春風語燕潑堤翻，晚笛歸牛穩背眠。此際不偷慈母綫，明朝孤負放鳶天。

鳶于兒女何相關，苦要風高九萬搏。無限片帆當此際，錢唐江上雪如山。

我亦曾經放鷂嬉，今來不道老如斯。那能更駐游春馬，閑看兒童綫斷時。

縛竹糊腔作鳥飛，崩風墜雨爛成泥。明朝又是清明節，門買餳糖柳市西。

江北江南紙鷂齊，綫長絲短迴高低。春風自古無憑據，一任騎牛弄笛兒。

剪楮披篁重防分，横天直去攬風雲。風雲自攬猶言可，誤殺低頭看鴨人。誤殺低頭看鴨人，摩挲不信不爲真。攔街奪得神仙罐，剛是茅山活水銀。（卷三，欽定四庫全書本）

《式古堂書畫彙考》六則　卞永譽

吴仲圭松泉圖并題紙本挂幅，裝作横卷，長三尺，闊九寸餘，水墨

長松兮亭亭，流泉兮泠泠。瀨白石兮散晴雪，舞天風兮吟秋聲。景幽佳兮足静賞，中有人兮眉常青。松兮泉兮何所擬，研池陰陰兮清徹底，挂君高堂兮素壁間，夜半風雲兮忽飛起。至元四年夏至日，奉爲子淵戲作松泉圖，梅花道人書。

吴仲圭一代高士，繞屋植梅，隱居讀易，知元之將亂也，自稱梅花和尚，喜畫竹，而松尤妙，備見孤高特立之致。松泉圖嚮見沈石田臨本，今見廬山真面目矣。退谷八十一老人記。

家有小室，入冬則居之，其中致揚補之所畫竹枝，趙子固水仙，王元章梅花三卷，繼得吴仲圭古松泉石小幅長條，仿宣和裝法，改而爲卷。余以八十之老，婆娑其間，

名曰歲寒五友，四賢皆奇特之士，余不得見其人數百年後，撫其遺墨以爲友。嗚呼，歲寒之友豈易得哉。退道人再記。（《式古堂書畫彙考》卷四十九，并收録《江村銷夏録》卷三）

王山農梅圖并題

明潔衆所忌，難與群芳時。貞真歲華晚，只有天地知。山農。

荒苔叢篠路縈回，繞澗新栽百樹梅。花落不隨流水去，鶴來常帶白雲回。買山自得居山趣，處世渾無濟世材。昨夜月明天似洗，嘯歌行上讀書臺。　飯牛翁即煮石道者，閑散大夫新除也。山農近日號老村，南園種菜時稱呼。元章字，冕名，王姓，今年老弃于上年，鬚髮皆白，脚病行不得，不會奔走，不能謟佞，不會詭詐，不能幹禄仕。終日忍飢過，畫梅作詩，讀書寫字，遣興而已。自喝曰：既無知己，何必多言。呵呵。（卷四十九）

元章贈雲峰上人墨梅圖并題絹本中挂幅，潑墨倒垂古梅一枝，繁花細蕊，開展馥然

粲粲疏花照水開，不知春意幾時回。嫩雲清曉孤山路，記得短笻尋句來。丁酉季冬山農王元章爲雲峰上人作。書圖右。（卷四十九）

王元章月下梅花并題雙幅絹本長挂幅，長五尺餘，闊三尺八寸

平生愛梅頗成癖，踏雪行穿一雙屐。六花散漫飛滿空，千里萬里同一色。冲寒不畏朔風吹，乘興來此江之湄。繁花滿樹梅欲放，仿佛羅浮曾見時。南枝横斜北枝好，北枝看過南枝老。中有一枝置奇絶，萬蘂千葩弄天巧。老夫見此喜欲顛，載酒大酌梅花仙。仙人怪我來何晚，一別已是三千年。醉來仰面卧深雪，夢扶飛瓊上天闕。酒醒起視夜何其（闕）烏啼殘半江月。會稽王冕元章寫。（卷四十九）

王元章吴仲圭梅竹雙清圖合卷

梅竹雙清。隸書紙本引首。自樂（二印白文）

第一紙　元章梅并題。紙本水墨梅花數枝畫自題詩後。

朔風撼破處士廬，凍雲隔月天糢糊。無名草木混色界，廣平心事今何如。梅花荒凉似無主，好春不到江南土。羅浮山下蘼蕪烟，瑪瑙坡前荆棘雨。相逢可惜年少多，墨迹多下有好色二字點去。競賞桃杏原迹杏下有華字點去。誇豪奢。老夫欲語不忍語，對梅獨坐長咨嗟。昨夜天寒孤月黑，蘆葉卷風吹不得。髑髏夢老皮蒙茸，黄莎萬里無顔色。老大瀟灑歸岩阿，自鉏白雪栽梅花。興酣拍手長嘯歌，不問世上官如麻。君不見漢家

功臣上麒麟，氣貌豈是尋常人。又不見唐家諸將原迹重寫諸將二字。圖淩烟，長劍大羽聯貂蟬。龍章終匪塵俗狀，虎頭乃是封侯相。我生山野無能爲，學劍學書空放蕩。老來晦迹岩穴居，夢寐未形安可模。昨日冷颼動髭須，拄杖下山聞鷓鴣。烏巾半岸衣露肘，忘機忽落丹青手。器識可同莘野夫，孤高差擬磻溪叟。山翁野老争道真，松篁節操梅精神。吟風笑月意自在，只欠鹿豕來相親。江北江南競傳寫，祝君嘆其才盡下。我來對面不識我，何者是真何者假。祝君放筆一大笑，不須攬鏡亦自了。相携且買數斗酒，坐對青山恣傾倒。明朝酒醒呼鶴歸，白雲滿地芝草肥。玉簫吹來雨霏霏，琪花亂颭春風衣。祝君許我老更奇，我老自覺頭垂絲。原迹作如絲圈去如字，補垂字。時與不時何以爲，時與不時何以爲，贈君白雪梅花枝。

第二紙　仲圭竹并題。小方紙本竹一枝。

梅花道者列仙流，落筆全無李薊丘。呼酒南湖夜燒燭，一枝凉雨寫新秋。曾光。

書畫竹前。

圖畫書之緒，毫素寄所適。垂垂歲月久，殘斷争寶惜。始由筆研成，漸次忘筆墨。心手兩相忘，融化同造物。軒窗雲靄溶，屏障石突兀。林麓繆槎牙，禽鳥翥翰翮。可憐俗澆漓，摸摩竟紛出。裝褫雜真贋，丹粉誇絢赫。千金易敝帚，十襲寶燕石。米也百世士，賞會神所識。伶倫世無有，原迹倫伶鈎轉。奇響竟寥寂。良樂難再遇，抱恨長太息。左圖右書，取其怡悦，瞻視陶寫性情。近好事者以爲市道商賈，真贋爲事，反害情性，盲目聾耳，哀哉。至正甲申梅花道人戲墨而書。

王山農之寫梅，自出新意，梅花庵之寫竹自得真趣，皆入妙品。具二妙于一卷中，又各有長詩，皆自寫其情于畫意之外，可觀也。竹上曾德用一絶句，梅之前一七言古詩，不名而尤可觀，前輩但落筆便自不凡。近時沈民則侍讀隸書梅竹雙清四字，亦不俗。今此卷藏闤闠坊柳子學所，又可謂具四美矣。乙巳三月丙午，與黄日升、王惟安、惟顒同觀。嘉禾周鼎時年八十又五。

野夫策杖村南復村北，處處東君吝消息。瞥然縞素一枝横，又見琳琅數竿碧。一枝春之先，數竿冬之後。俯仰天地間，與爾成三友。衡門掩卧不一旬，淇園大庾無精神。樵青已侵翠鳳尾，颶母吹散玉龍鱗。賴得吴鎮及王冕，前與二友傳其真。虚堂展看僅盈尺，二友居然侍吾側。問之不言對以臆，眉宇蕭蕭吐佳色。吾不能學范詹事，西遣隴中使。却寄江南春，消芳悴粉何足論。吾不能學家騎曹，不可一日無，所至植此君。封籬護籜何紛紜，二友寓我麓，儼若洛下東西兩頭屋。一頭剪得瀟湘雲，一頭小貯羅浮玉。鎮也九咽吞吐天漿腴，冕亦磊砢節目非凡夫，扶輿清氣合此圖。快矣乎，快矣乎此圖此友吾不孤。

梅獨爲百花魁，而竹能離卉木而別，自成高品者，以其精得天地間一種清真氣故也。竹自文湖州、蘇端明，後有梅道人、吳仲圭以至近代王孟端，而梅則揚補之外，獨推山農王元章。然吳子輩謂其命旨涉淺，爲境易窮，而往往下其品，幾于無處生活。今年六月，信陽王太史祖嫡以元章梅仲圭竹合一卷寄余，開卷時令人鼻端拂拂有玉清蓬萊想，遂乞仲承諸君爲詩歌美之，而余繼焉。或謂戴凱之、范至能所撰二譜至數百千種，且以大庾萬樹，渭濱千畝，而此寥寥一枝，胡取也。是不然，正復以簡貴勝耳。卷首爲沈民則學士題，元章仲圭各有詩弁尾，而梅前有一歌，亦自豪麤周疑舫伯器跋，第賞其語，不能辨其人，考印章有所謂『會稽外史』，似楊維楨，而詞氣亦類之，第不聞其別號竹齋，闕疑可也。卷後收藏有『東吳文學世家』印，豈故爲吳中物，太史偶得之耶，似有不偶者，故附記于後。己卯王世貞識。

元章畫梅前題七言古詩不落款，止用『竹齋圖書』『會稽外史』二印，周伯器、

王元美皆疑之，嚮見元章畫梅絹本，落款下并用此二印，及次詩引首『方外司馬』印，乃知即元章自題也。髮僧上振識。（卷五十三）

徐文長寫生十二圖并題卷紙本高九寸，長一丈六尺，水墨，寫生十二段，筆氣俊逸，墨光鮮潔，如見握管大呼時

漱老墨謔橫書，紙本引首。鵬飛處人。

一段墨牡丹飛白竹

墨點嬌姿小絳勻，篋中亦足賞青春。長安醉客韡爲崇，去踏沈香亭上塵。

一段杏花

道人懶爲著色物，偶施小茜作嬉游。人言杏花可摘賣，挂向街頭試買不。

一段荷花

肥甘座上不須查，濃醴筵中可少茶。鵝鴨街頭差免俗，鏡湖大葉數莖花。

一段玉簪

老夫一掃秋園卉，六片尖尖雪色流。盡用邢州沙萬斛，未便琢出此搔頭。

一段菊花

身世渾如拍海舟，闞門纍月不梳頭。東籬粉蝶閑來往，看寫黄花過一秋。

一段芙蓉

荒沼芙蓉寫一枝，即令憔悴不勝姿。文君賣酒成都日，獨立壚頭無侍兒。

一段芭蕉

種芭元愛渌漪漪，誰解將蕉染墨池。我却胸中無五色，肯令心手便相欺。

一段墨石水仙

自從生長到如今，烟火何曾著一分。湘水湘波接巫峽，肯從峰上作行雲。

一段梅花

曾聞餓倒王元章，米換梅花照絹量。花手雖低貧過爾，絹量今到老文長。

一段玫瑰

灑墨爲花醉小樓，甜香已覺入清喉。何因摘向金陵去，短橛長丁泛茗甌。

一段山茶

聞道昆明池水東，四時都賞寶珠紅。世味長穠不長久，所貴鶴頂紅雪中。

一段螺殻蒲草

真珠螺肉殼，仙藥虎須蒲。

文長徐山人不特中郎以爲有明一人也，當日沈青霞君曰：『自某某以後若干年，不見有此人。』武進唐先生亦謂：『殆輩吾後今去山人八十八年矣。』山人嘗自言：『吾書第一，詩二文三畫四，則花草竹石其旁溢者。』然余見三集、逸稿及手鈔散帙，動多題句，所云世間無事無三昧，老來戲謔塗花卉。又云不求形似求生趣，根撥皆吾五指栽，豈固如登州蜃樓邪。此卷杏花玉簪菊水仙蘭玫瑰花載三集，荷獨朵，芙蓉淺色，牡丹詩載逸稿。餘若梅花用元章换米事，茶花用昆明事，略與集同，而另爲一首芭蕉句，差减于集。虎須蒲止五言二句，見鈔本，而集中有賦。客强余畫十六種花者，有賦。余作花十二種者，皆七言古詩，又有賦。畫百花卷與史甥，題曰『漱老謔墨』者，兹則寫十二種，各題之，而標以『漱老墨謔』，别爲一卷。而玉簪詩『老人』作『老夫』，玫瑰詩畫裏看花不下樓，作灑墨爲花醉小樓，無因作何因，小有同异。文人涉筆往多類是。于是書與詩與畫具此矣，文則備已未梓。本行事詳于自銘畸譜及陶袁兩傳，宜考鑒也。辛酉書示勝吉于漱藤阿重山瑒。紙本裝卷後。（卷五十九，欽定四庫全書本）《式古堂書畫彙考》中涉及王冕的尚有卷三十二《王冕題元人花鳥》

《王元章雪梅圖》，卷四十六《管夫人懸崖朱竹圖》題跋，卷四十七《高房山烟嶺雲林圖》題跋，卷四十九《王元章墨梅圖并題》（嘉禾王氏世藏）題跋，卷五十二《題曹雲西山水》題詩，以上諸條均已録于明汪砢玉《珊瑚網》中，故未再重複收録。）

《遂初堂文集》一則　潘耒

游南岳記（節録）

……質明，鼓勇踏雪一里許，至祝融絶頂，憩司天王廟，俯視卜方，大地山河融成一色，七十二峰縱横高下，若瓊臺瑶島，山没于白銀濤浪之間。昔詩人王冕大雪中赤脚上會稽山頂，瞪目叫絶，謂世界一片白玉合成。此峰高于會稽十倍，所見故當勝之耳。（卷十六，清康熙刻本）

《平生壯觀》九則　顧復

劉基字伯温，青田人，封誠意伯，謚

天厩馬歌題趙文敏畫馬，危太樸跋云：中間題者十四客，惟有栝蒼饒古色。

七言古詩題王元章雙清圖。（卷五）

趙孟頫字子昂，號松雪道人，封魏國公，謚文敏

《蘭蕙圖》紙卷，蘭二花，蕙二枝，畫與紙字皆精，行書題兩行于後，爲王元章作，拖尾趙孟籲、趙淇、孟珙、張圖南五詩跋。（卷九）

《古木幽禽》大絹幅水墨，又中幅二，皆絹本水墨，一有山村翁午翁大痴道人王冕詩跋者，絹稍黑，古槎竹石，紙闊二尺餘，爲子中作。（卷九）

鄭思肖字所南

蘭紙尺餘卷，一花一蕊四葉，自題云：『嚮來俯首問羲皇，汝是何人到此鄉。未有畫前開鼻孔，滿天浮動古馨香。』所南翁圖書二，『所南翁』朱文，十六字陰文：『求則不得，不求或與，老眼空闊，清風今古。』又二墨印，丙午正月十五日作此一卷，本身陳深題，後王育、烈哲、魏俊民、陳昱、德欽、胡熙、余澤、鄭元祐、王冕、段天祐、韓奕、祝允明題。（卷九）

吴瓘瑩之，號竹莊人

吴瑩之，嘉禾人也，畫梅不學子固，不落元章之習，品致甚高，梅道人圖其所居

云。（卷九）

李升字子雲，號紫篔生

菖蒲庵卷黄松，紙五尺餘，無重陂遠岫，不過畫其所居而已。楷字題詩云：『畫子才讀書處，水墨平淡，題咏最勝。』紙上崔永汶、唐珙、張舜咨、王冕、陳廷言、黄曾、吴復、輔長民、周庠、楊元泰、德理、愈實、吴復（又）、談士聲、任約、賈芝、沈鼎、沈堂、陸行直、謝咏仁詩，序跋皆升一時人也。（卷九）

王冕字元章

雙清圖紙長卷，二丈有半，高頭自題云：『至正七年四月廿八日寓蕭然戴氏畫樓，是日風雨云云。勒竹以副命，曰雙清圖』云。前圖書二，後圖書四，劉基七言古題爲與直書。墨梅絹中幅，甚佳，絹素亦佳，有款：『吴子敏所見之』。

墨梅自題七言古詩。千花萬蕊見數幅，不過如此，于維揚見元章大絹幅，頫仰反正，用意精到，非不佳，殊乏疏影横斜之致，意者舉世皆尚補之、子固一路，而元章别開生面耶，但後人效之，遂入惡道矣。（卷九）

蘭竹合璧

子昂作蕙二枝，管夫人作竹一枝，紙二幅合爲一卷，柯九思、陸友、王冕、邊武、汪魯翁、張雨、高王、倪瓚、張緯、李子端、魏奎、錢原悌、陶振、汪敬庵、汪儀父、應諤詩題，前張緯詩，倪迂墨迹，此豈張又代倪書，交易各得其所者耶，無人多有此戲，景鳳題。（卷九）

陳矩字仲方

墨梅山鳥，紙小幅，款云陳矩，仲方字，頗破碎，以墨汁點花，兩白頭交集于枝上。上有王元章題詩，末云：『于兹乃復見花光。』元章以畫梅擅名，雖花蕊甚繁，而宗子固飛白寫花之法，仲方以墨點花，此花光遺法，不傳久矣，元章愛其意而題之也。

（卷九，上海古籍出版社續修四庫全書本）

《敬業堂詩集》一則　查慎行

壽山石歌

周禮重璽節，後來印章毋乃同。自從秦人刻玉稱國寶，此外雜用金銀銅。鑄成往往上戴紐，贔屭作力碑趺雄。槖駝羔鹿虎豹龍，細者鼅兔巨者貔與熊。肖形寓像隨所好，繆篆法與蟲魚通。漢時斗檢封，下沿唐宋仍相蒙。神龍貞觀宣和中，六印旁及金章宗。當時御府收藏及書畫，首尾鈐識丹砂紅。民間私記不知幾千萬。楊克一有《集古印格》。王厚之有《復齋印譜》。姜夔有《集古印譜》。趙子昂有《印史》。集古誰能窮？硨磲瑪瑙犀角及象齒，苟適于用俱牢籠。後來摹刻忽以石，其法創自王山農。元末諸暨人王冕自稱煮石山農，始用花乳石刻私印。自元歷明三百載，巧匠到處搜碚礱。吾鄉青田舊坑湅，價重蒼璧兼黃琮。福州壽山晚始著，强藩力取如輸攻。初聞城北門，日役萬指傭千工。掘田田盡廢，壽山石產田中者最佳。鑿山山爲空。昆岡火連三月烽，玉石俱碎汙其宫。况加官長日檢括，土產率以苞苴充。今之存者大洞蓋已少，大洞所產亞于田石。別穿岩穴開芙蓉。今所用者皆出芙蓉岩。居人業此成石户，斑白者叟携兒童，采來製紐尚仿古，一一彫琢加磨礱。我聞金石古稱壽，兹山取義奚所從。如何出寶還自賊，地脉將斷天無功。山靈有知便合變頑礦，庶與鴻蒙混沌相始終。（卷二十五，欽定四庫全書本）

《格致鏡原》一則　陳元龍

文具類　印章

圖書古人皆以銅鑄，至元末會稽王冕以花乳石刻之。今天下盡崇處州燈明石，果温潤可愛也。（卷四十，欽定四庫全書本）

《楝亭詩鈔》一則　曹寅

王元章梅花

山陰王孝子，姑射是前身。凍蕊嚼冰雪，布衣超等倫。森芒垂鹿角，天矯化龍鱗。欲創梅花閣，誰爲賢主人。（卷六，清康熙刻本）

《檇李詩繫》一則　沈季友

王冕，字元章，諸暨人，元季隱居，明初授參軍，尋死。收録《過武塘》一詩。（卷三十八，欽定四庫全書本）

《元明事類鈔》六則　姚之駰

天文門

赤足上岳　明陳仁錫《潛確類書》：王冕當天大雪，赤足上岳峰，四顧大呼曰：『遍天地間皆白玉合成，使人心膽澄徹，便欲仙去。』（卷一）

人品門

倚樓長嘯　《獻徵録》：王冕每居小樓上，客至，僮入報，命之登乃登。部使者行郡，坐馬上求見，拒之去。去不數武，冕倚樓長嘯，使者聞之大慚。（卷十六）

藝術門

畫梅得米　《宋濂集》：王冕善畫梅，不減揚補之，求者相望，以繒幅短長爲得米之差。（卷十八）

宫室門

梅花屋　《群芳譜》：王冕隱九里山，樹梅花千株，桃李居其半，結茅廬三間，自題爲梅花屋。（卷二十九）

果木門

梅花傳　王冕《梅花傳》：先生姓梅，名華，字魁，不知何許人。或謂出炎帝，翩翩濁世之高士也，觀其清標雅韵，有古君子之風焉。（卷三十五）

走獸門

聽書忘牛　《宋濂集》：王冕七八歲時，父命牧牛壟上，竊入學舍，聽生誦書輒默記。暮歸忘其牛，或牽牛來責蹊田，父怒撻之，已復如初，因聽其所爲，乃去僧寺讀書不輟。（卷三十八，欽定四庫全書本）

《此木軒雜著》一則　焦袁熹

王元章

王冕，元章，元末志古士也，嘗曰：『子房志在報韓，孔明志在興漢。志雖正而心則狹，志于生民者，其唯伊周乎。』至矣哉，王君之論也。愚以是益嘆孔孟之大也。且如戰國時，有魯仲連者，義不帝秦，寧陷東海而死節，誠高矣。其所期者，不帝秦而止耳。由夫居廣居，立正位，行大道，富貴不能淫，貧賤不能移，威武不能屈者，視之，不亦枵然其無有乎。有屈原者，不忍見宗國之昏亂以阽于亡，寧赴汨羅以死，忠誠至矣。使懷襄能信任已，修舉政令，致其國若莊王時，則原之志願亦畢矣。由夫力勉齊魏之君，行助法，興學校，使暴秦之禍不作，而斯民得蒙三代之澤者，視之不亦硁然其至小乎，夫非二子之所操未足以厭人心也。山岳雖高，鎮于地，猶一卷之石，日月雖明，繫于天，猶一星之火，度量相越之遠，亦若是而已。子房似魯連，而孔明似屈原，皆所謂百世之師也，然其所就亦居可見矣。愚故因王君之論而著之如此。（卷八，清嘉慶九年刻本）

《别號録》一則　葛萬里

王冕 元章 山農，元。（卷一，欽定四庫全書本）

卷七　清　三

《元詩選》四則　顧嗣立

王冕《竹齋集》

冕字元章，諸暨田家子也。父命牧牛，冕放牛隴上，潛入塾聽村童誦書。莫亡其牛，父怒撻之。他日依僧寺，夜坐佛膝，映長明燈讀書，安陽韓性异而教之，遂通《春秋》。嘗一試進士舉不第，即焚所爲文。讀古兵法，着高檐帽，衣绿蓑衣，躡長齒屐，擊木劍，或騎牛行市中，鄉里小兒皆訕笑，冕弗顧也。嘗北游燕都，台哈布哈薦以館職，冕曰：『不滿十年，此中狐兔游矣，何以禄爲？』冕工于畫梅，以胭脂作没骨體。燕京貴人争求畫，乃以一幅張壁間，題詩其上曰：『疏花個個團冰玉，羌笛吹他不下來。』或以爲刺時，欲執之。冕覺，因亟歸，隱會稽之九里山，自號煮石山農。命其居曰『竹齋』，題其舟曰『浮萍軒』，自放鑒湖之曲。賦詩輒千百言，鵬鶱海怒，讀者毛髮爲聳。明太祖既取婺州，遣胡大海攻紹興，屯兵九里山。大海延冕問策，冕曰：『越人秉義，不可以犯，若爲義，誰敢不服。若爲非義，誰則非敵。』明日疾，遂不起。宋文憲公濂作《王冕傳》，言太祖取婺州，將攻越，物色得冕，寘幕府，授以咨議參軍，一夕以病死。秀水朱檢討彝尊曰：『冕爲元季逸民，自宋文憲傳出，世皆以參軍目之，冕亦何嘗一日參軍事哉，讀徐顯《稗史集傳》，冕蓋不降其志以死者也。』嚮來選本，俱編元章入明詩，兹特援朱檢討之言以正之，使後之君子得以考焉。（二集卷十八）

王冕《悼止齋王先生》詩後注

按諸暨張辰作《王冕傳》云：同里王艮甚愛重冕，爲拜其母。艮後爲江浙檢校，冕往謁，履敝不完，足指踐地，艮遺之草履一兩，諷使就吏禄。冕笑不言，置其履而去。（二集卷十八）

王冕《梅花六首》詩後注

按張辰作《王冕傳》云：君善寫梅花竹石，士大夫皆争走館下，縑素山積，君援筆立揮，千花萬蕊，成于俄頃。每畫竟則自題其上，皆假圖以見志云。（二集卷十八）

貢性之《題梅》詩後注

按貢欽序云：時會稽王元章善畫梅，得其畫者，謂無貢南湖詩則不貴重，故集中多咏梅詩。南湖嘗題絶句云：『王郎胸次亦清奇，盡寫孤山雪後枝。老我江南無俗事，爲渠日日賦新詩。』又云：『王郎日日寫梅花，寫遍杭州百萬家。向我題詩如索債，詩成贏得世人誇。』其風流可想見也。（二集卷二十二，欽定四庫全書本）

《浙江通志》五則　嵇曾筠

古迹

王冕宅　弘治《紹興府志》：冕，諸暨人，隱餘姚九里山，種梅千樹，自題爲梅花屋。（卷四十五）

物産

凍石　崇禎《處州府志》：青田縣閣公方山出圖書石如玉。《青田縣志》：縣南有圖書洞，洞穴深邃，入其中，冬温夏凉，出石如玉，柔而栗，宜刻印章，亦可琢玩器，俗名青田凍。《七修類稿》：圖書古人皆以銅鑄，至元末會稽王冕以花乳石刻之，今天下盡崇處州燈明石，果温潤可愛也。（卷一百七）

方技

王毓。《聞見類纂》：字用賢，鄞人，寫梅法王元章，號香雪坡，每寫梅一幅，咏詩一篇。游錢塘，無識者，于城隍廟肆筆焉，題詩云：『行盡錢塘數十家，無人爲我煮新茶。一襟清思難消遣，吐出胸中萬樹花。』（卷一百九十六）

經籍

《竹齋集》三卷。《百川書志》：諸暨王冕元章著。（卷二百四十八）

《竹齋咏梅詩》一卷。《百川書志》：元王冕著。（卷二百五十二，欽定四庫全書本）

《廣事類賦》三則　華希閔

……于是牛背才人。《本傳》陸羽，竟陵人，不知所生，或言有僧得諸水濱，畜之。既長，僧使牧羊，羽潛以竹畫牛背爲字，得張衡《南都賦》，不能讀，危坐，效群兒囁嚅，若成誦狀，嘆曰：『歲月往矣，奈何不知書。』因亡去。明《王冕傳》：父命牧牛隴上，冕騎牛背持《漢書》以讀，卒爲通儒。（卷十二）

……千株茅屋之花。《梅譜》：王冕隱九里山，植梅千株，結茅廬三間，自題爲梅花屋。（卷二十九）

……永免鷹鸇之擊，長依佛塔之鈴。王冕詩：銜草棲危塔。（卷三十六，清乾隆刻本）

《墨緣彙觀録》四則　安岐

王冕贈雲峰上人墨梅圖

絹本中挂幅，長四尺二寸，闊一尺五寸七分，水墨作倒垂老梅一枝，筆墨蒼潤，其勢具有清標之致。然萬蕊千花，過覺繁盛。畫右自題云：『粲粲疏花照水開，不知春意幾時回。嫩寒清曉孤山路，記得短筇尋句來。』款：『丁酉季冬山農王元章爲雲峰上人作。』書法古雅，下押『竹齋圖書』朱文印，『方外司馬』『會稽外史』二白文印。又山農有紙本梅花短卷，作傍出墨梅，嫩條數枝，花開簡淡，上題一詩云：『吾家洗硯池頭樹，個個花開淡墨痕。不要人誇好顔色，祇流清氣滿乾坤。』款：『王冕元章爲良佐作。』行楷甚佳。下押『王元章』『文王孫』二白文印，前下角有『方外司馬』白文印，末角有『會稽佳山水』白文印。（卷三）

宋元明名畫大觀高册　計二十幅

第五幅　元曹知白溪山烟靄圖

白紙本小長幅，高二尺二寸餘，闊尺許。水墨山水，此圖山巒叠秀，烟霧渾濛，水口流泉，溪橋横駕，筆法雖宗河陽，其淋漓秀逸之妙，又自成一家者。畫左款雲西老人，下押『雲西』白文印，下連朱文『東海漚華』一印。上有王元章、會稽全美、巽志生、遂昌山人、武陵顧易詩題諸題，印章繁多，未録，後角押『李印應禎』朱文印。此圖曾經項墨林所藏。（卷四）

題孟頫管道昇蕙竹合作卷

白紙本民，二紙一接，高尺餘，長五尺一寸，前趙文敏以水墨作飛白怪石，平坡野草，幽蕙一叢，莖葉飄逸，前款『子昂』，下押『趙氏子昂』朱文印，後管夫人墨竹一枝，竹葉蕭疏，枝節秀勁，後款書『仲姬戲筆』，下押『管氏仲姬』白文印。此卷不獨筆墨超逸，披閱間更覺清氣襲人，二妙聯芳，爲畫品中佳話，真可寶也。接縫處上鈐『柯氏敬仲』朱文印，下鈐『敬庵』朱文印。卷前首押『緱山仙裔』白文印、『王氏珍秘』朱文印，又『王令顯』白文印、白文『王光大』印。後有朱文『王勛』印、『王氏成之』白文印，下角押『柯九思鑒定真迹』朱文印，後紙柯九思跋云：『趙文敏公以書畫擅當世之譽，魏國夫人習于見聞，亦時游戲翰墨。延祐間，上命中使取夫人書進入，上覽之稱善，仍命與文敏書并藏秘府，固一時之盛也。今觀王成之所藏文敏夫婦所作二圖，令人起慕，因及當時盛事云。鑒書博士柯九思書于錫訓堂。』下押『錫訓』朱文瓢印，『柯氏敬仲』『縕真齋』二朱文印，後陸友仁隸書五言絶句二首，又王元章七絶二首，後邊武汪魯翁詩題，又張伯雨書仲姬漁父詞一首并自題記。又高玉詩跋，張緯、周翥、李子端、魏奎、錢原悌、倪瓚、陶振、汪敬庵、汪儀父各詩。内張緯詩倪瓚代書，後倪瓚詩張緯代，倪款下詹景鳳小行書四行云：『前張緯詩却是倪迂墨迹，此豈張又代倪，交易各得其所者耶，元人多有此戲。』景鳳題下有景鳳二白文印。（卷四）

梅竹相清合卷

第一紙　王冕梅花并題

白紙本，高六寸七分，長二尺三寸有奇，開卷七言長詩一首，前上角押『封』字白文小印，下角有『子孫保之』白文印，詩後押『竹齋圖書』朱文印，『會稽外史』白文印，又長詩一首，前有『方外司馬』白文印，詩後下押『王元章』『文王孫』二白文印，二詩皆山農所作，詞句牢騷，書法古雅。弇州跋中疑前詩似楊廉夫，非也。

紙末作斜出梅花數小枝，筆墨簡淡，甚有清致。卷中前後有王氏『貞元』『仲雅』『乾坤清賞』諸印。（卷四，清粤雅堂叢書本）

《楊鐵厓詠史古樂府》序　余文儀

樂府之名昉于漢。考《漢書·樂志》，高祖時，有《房子祠樂》。孝惠間，更名曰《安世》。至武帝，乃立樂府，舉司馬相如數十人，論律呂以合八音之調。而郭茂倩《樂府》所載，則始六朝。劉孝標、王褒諸子古辭遂不傳。唐宋以來，作者如林，求其纍牘連篇，倚聲咏嘆，舉不失古風之旨者，蓋亦弗可多覯。吾邑楊鐵厓先生以文章風節彪炳元季，撰者諸集垂數百卷行世，古樂府亦安石之碎金耳。予嘗嘆于越古多志節之士，先生屆有明之初，與王冕元章、張憲思廉咸飛遁離俗，志不可奪，誠所云身屢詘而名益昌者歟。先生之文，如日月之麗天，江河之行地。《古樂府》隱括全史，汗瀾卓踔，悉以意鎔鍊，中綴爲序論，率皆慷慨激烈，磅礴行間，使人誦其篇章，慨然想見其爲人，覺《安世房中》諸巨製不爲希聲已。乃是書罕傳于世。今西安王君度青留心文獻，司鐸于暨，官獨冷而用意良厚，適得抄本，鏤版以行，郵書屬予序之。予老矣，天涯薄宦，翹首梓桑，將景行先哲之弗遑，其何能更贅一詞。惟竊喜是編不爲蟫蝕鼠嚙，得王君之功以嘉惠後學，不可謂非斯文之厚幸也夫。是爲序。乾隆癸巳仲冬，同邑後學佘文儀拜撰。（録自《鐵厓先生文集》）（《楊維楨詩集》，浙江古籍出版社二〇一〇年）

《香樹齋詩文集》一則　錢陳群

題汪求是太守墨池圖册子

昔聞王右軍，耽書有奇癖。洗硯臨清池，池水爲之黑。後有王元章，畫梅但用墨。種梅洗硯池，花開澹墨色。海岳實兼之，書畫兩奇特。會知無爲軍，軍治地餘隙。鑿池既得水，古硯資洗滌。興來圖瀟湘，往往驚座客。至今五百年，藝府守宗祐。歲久池亦湮，九五吊陳迹。亭榭付榛莽，巋然存拜石。汪君來是拜，豪蕩多感激。公餘發十夫，濬也洵非闢。渠成水瀵起，循除鳴虢虢。好事數過從，紀載箋屢擘，嗟我不善畫，筆法沾餘瀝。黄庭不可攀，公乎窺正則。使節三十年，南疆徧游歷。雲龍鶴不還，醉翁人已昔。湛然見池光，塵鏡重拂拭。願君留斯圖，一再展几席。（《香樹齋詩續集》

卷四，清乾隆刻本）

《石渠寶笈》七則　張照等

宋揚補之雪梅一卷上等月一（節録）

……又跋云：元施伯仁妻鄭正淑集中有顧定之墨竹，王元章寫梅其上，因賦詩曰：『竹外一枝斜更好，此詩此畫總堪題。天寒處士素衣淡，日暮佳人翠袖齊。』余每欲集『竹外一枝』句題補之此卷而未能，見鄭詩遂録之。康熙癸酉三月十四日，久雨初霽，對瓶中牡丹、盆内蕙蘭，啜龍井新茶書，江村獨旦翁高士奇。（卷十四）

元趙孟頫蘭蕙圖一卷上等列二

宋箋本墨畫，款識云：『王元章吾通家子也，將之邵陽，作此蘭蕙圖以贈其行，大德八年三月廿三日子昂。』下有『趙子昂氏』『天水郡圖書印』二印，後有『松雪齋』『趙氏書印』二印，又『合同』一印。卷前有『大雅』一印，前隔水有『元趙孟頫蘭蕙圖』七字。又『竹溪秘玩』『衣園珍藏』二印，押縫有『耿會侯鑒定書畫之章』『丹誠』二印，後隔水押縫有『丹誠』印二，又『琴書堂』『長字印』二印。拖尾趙孟籲跋云：『蘭蕙自子固後世以爲絶筆，今觀此圖，使子固復生亦當驚嘆，展斯卷者以余言爲如何，孟籲題。』後有『姜紹書印』『曲阿姜二酉鑒藏』二印。又趙孟琪題云：『楚佩蕭疏畹畮荒，喜看毫楮寫幽芳。可人棣萼相輝映，珍重斯圖翰墨香。孟琪書。』前書『奉題蘭蕙圖後』六字。又張圖南題云：『仙人埃壒風，翰墨世所誇。悠悠離騷意，奕奕相浦華。賢哉德有鄰，觀者思無邪。芳菲豈能殊，誰與定等差。九畹無艾蕭，百畝無塵沙。佩纕既云結，千古同貞嘉。長沙張圖南拜手。』又沈遴隸書題云：『九畹貞芳，想標緻、天然自足。愛縹帶蕤音，曾列楚騷品目。一襟幽怨，迥紅紫、衆花香國。有可人描寫，風流山林□□。□幅浮暖，輕烟春生，暘谷静貯。清馥遠寒，雨蓬蒿甘，隱石凹磵曲。坡老吟清，次公筆續。滋華紉佩、繼習隱幽躅。右《蕙蘭芳引》用桂山韵，廣漢沈遴書。』下有『二酉』一印。又趙淇題云：『清蕤競爽。借游戲蒼然，無限幽貞意。千里暮湘濱，賦成秋復春。玉堂雲霧濕，飛下離騷筆。蕩紙看淋浪，一襟風露香。』前署『樂府菩薩蠻太初趙淇』九字，後有『教忠堂藏』『宗萬之印』『茲大』三印。卷高七寸九分，廣三尺二寸八分。卷前御筆記云：『甲子仲秋月曾臨一過。』（卷十四）

宋徽宗秋塘山鳥圖一卷次等地一

素絹本着色畫，款識云：『秋塘山鳥圖，丁亥御畫。』上鈐御書一璽，下有押字一拖尾。有薛紹彭、王冕題句二。（卷十六）

宋鄭思肖畫蘭一卷上等陽一

素箋本墨畫，款題云：『嚮來俯首問羲皇，汝是何人到此鄉。未有畫前開鼻孔，滿天浮動古馨香。所南翁。』卷後又自記『丙午正月十五日作此壹卷』十一字。下有所南翁『求則不得不求或與』『老眼空闊清風今古』二印。又陳深題云：『芳草渺無尋處，夢隔湘江風雨，翁還肯作楚花，我亦爲翁楚舞深。』卷前有『商邱宋犖審定真迹』一印，卷後有『則之』一印。又前後俱有半印二，不可識。拖尾王育題云：『所南老翁磊落人，胸底飽含萬劫春。吐出必須作怪异，聚空削有還强陳。撮山捏雲欲隱袖，争自兩手無力空張唇。歸來垂頭默無語，矍然捉得身内神。從此縱横踏天地，顛狂闊步誰能倫。倒拂溪藤直畫蘭，花紫葳蕤香可餐。清風無聲烟露翠，月白凝秋半夜寒。入夢迷人燕□醉，相逢援琴愁對嘆。老翁不見今何在，忍看遺墨眉皺攢。人亦香兮蘭亦香，相思脉脉欲斷腸。雲開山阿見圭璧，風散群飛聞鳳皇。長使逍遥不拘束，與蘭千載共幽芳。中吳王育賦。』又烈哲題云：『雨過春山曉，雲歸空谷香，靈均不可見，惆悵對幽芳。』烈哲又題句云：『南子毫端有古香，不求或與意尤長。如今好事非前輩，祇愛昌陽挂屋梁。曾游澧上過湘中，祇見葩花作小叢。近日靈均生意轉，衡從千畝媚春風。』後署『餘澤題』。又魏俊民題云：『南望湘江歌楚聲，癯癯鶴骨老山林。濡毫爲染萇弘血，澹掃幽芳寄此心。魏俊民。』又陳昱題云：『家學相承寶祐年，東籬幾度菊花天。紫莖緑葉留殘墨，更覺秋光分外妍。卧龍山人陳昱。』又鄭元祐題云：『南冠江上哭湘纍，泪著幽蘭雨裏枝。不獨萇弘血化碧，孤芳愁絶有誰知。遂昌鄭元祐。』又釋德欽題云：『君子譬如蘭在谷，所翁得之香可掬。湘江浩蕩波濤空，月落蒼梧滿秋屋。屠澤釋德欽。』又王冕題識云：『老子平生忠義俱，栖栖山澤太清癯。疏毫不作尋常醉，恰似三閭楚大夫。鄭所南胸次不凡，文章學問有古人風度，不偶于時，遂落魄湖海。晚年學佛，作詩作畫每寓意焉。然其白首南冠，磊磊落落，或者有未知也，王冕。』又胡熙題云：『鄭公高蹈出風塵，心藴靈均丸畹春。每向毫端適幽興，自然花葉逼其真。胡熙。』又段天祐題云：『手種沅湘九畹春，所南心事似靈均。古今俛仰俱塵迹，紙上幽芳見是人。汴段天祐。』後有『張則之』

一印。又鄒奕題云：『惟公生南楚，侍宦來吴中。身遭宋國亡，耿耿懷孤忠。無家又無後，南冠號北風。灑泪寫離騷，咄咄如書空。幽花間疏葉，孤生不成叢。翛然數筆間，遺恨自無窮。圖成綴數語，語怪誰能通。流落爲世重，辛苦寧論工。此花有時盡，此恨無時終。吁嗟匹夫心，所受由天衷。我思殷頑民，千古將無同。奕。』又祝允明記云：『所南不易作，作必賢士，不然寧付之方外，不肯落凡夫手。此紙先藏于衲子，今歸吾子魚，所南在地，必欣然以爲得也。正德辛未祝允明記。』後有『緯蕭草堂畫記』『鬱岡居士』二印，卷高八寸，廣一尺三寸。（卷三十二）

元王冕雪梅圖一卷上等水一

素箋本墨畫。款題云：『凍壓瑶臺月影虚，玉妃謫墮夢糢糊。無人可論江南事，小引春風上畫圖。會稽王元章。』下有『王元章』一印。卷前有『梅礀』『休寧朱之赤珍藏圖書』『留耕堂印』三印，卷後有『缶歌館』『張伯起』二印，卷中幅押縫有『朱之赤』一印，拖尾陳璉跋云：『右王先生元章墨梅一卷，世傳先生寫梅，甚得其意者，必自題一詩于上，恐人以僞亂之也。夫狀物之妙，聲之則爲詩，形之則爲畫，天地之物生生而不窮，既去而莫留也，人能出其心手之妙，逐其形聲而强留之，故善狀物者，謂之奪化工，以其不待春而榮、不隨秋而落也，而元章之意則又有异于此，其詩曰：「不要人誇好顔色，祇留清氣滿乾坤。」蓋《離騷》以荃蕙爲君子，蕭艾爲小人，彼豈有君子小人哉，亦托物以喻其好善惡惡之心耳。況梅之爲物，有歲寒之節，有調鼎之味，其色純而白，其香清而遠，又誠有君子之道焉，故元章不寫他物，而獨寄興于梅，其趣遠矣。元章于梅所謂超神入聖者，世多有之，真僞亦不難辨，今觀此卷，廳勁飄灑，有飛動之勢，似爲真作無疑。余友方君廷用得之于金華，匱而藏之，出以示余，余觀其詩而知其志之不苟也，竊識之于左方。正統六年春正月小澣正議大夫資治尹禮部左侍郎羊城陳璉識。』卷高九寸二分，廣九尺三寸一分。

（卷三十三）

元王冕畫梅趙奕書梅花詩一卷上等宙一（節録）

素箋本。前幅王冕墨畫，題識云：『至正六年五月三日，余偕永嘉鄭文中、天台隱雲深游赤松山，道過龍壽覺慈蘭若，會真叟師設茗供，塵慮頓洗。薄暮將訪智者，故不得從容談笑，借紙作墨梅一枝以謝。桃花流水無半仙，相見得無愧乎，敢寫一絶句以贅，經行枕流亭下，過龍壽小溪，一路行莓苔，憑師説與赤松子，祇有青山知我來。會稽王冕元章拜手。』下有『元章』一印。幅後有『蕉林』一印，後押縫有『蒼巘子』一印，前隔水有『蕉林書屋』一印，後幅趙奕行書前署『梅花五十咏』五字，款識云：『至正五年四月一日，古汴趙奕爲殷起巘書。』下有『趙仲光印』『西齋』二印，幅前有『趙字』『西齋』二印，又『許彦明圖書印』一印。前後押縫俱有『冶溪漁隱』印各一，又一印殘缺不可識。引首喬宇篆書『梅花雜咏』四大字，款署『白巘』。拖尾都穆跋云：『右元趙仲光所書梅詩，今藏金陵，許彦明氏仲光爲文敏公次子，觀其字畫宛然乃翁家法，宜彦明之寶之也。正德戊辰秋九月，前進士吴門都穆。』又題句云：『仙人糧飯玉爲餐，隨地開花寄筆端。争奈西風吹不下，至今聲價滿長安。冕公梅得之揚補之，千花萬蕊自不亂點。前諸君子論字，不知梅之妙也，冕公豈爲諸君子論字哉，九里山此即歸隱處也。』後署『柴翁當』三字。又『戊寅時年七十紀事』八字。又黄謙跋云：『趙文敏以詞翰兼美擅譽當世，仲光妙傳家法，優入能品，可謂善繼善學者矣。梅花雜咏清澹古雅，峻爽不羈，足爲世重，彦明寶而藏之，宜矣。使其朝夕展玩，想像其故家，文獻之所以不乏者，景行無已而思齊焉，亦君子學以成身之事。若直求之于聲律筆畫之間，以資玩好之具，是亦奚足尚哉，三復之餘是

用卷鯨。建業黃謙。（卷三十六）

元王冕吴鎮梅竹雙清圖一卷上等

素箋本墨畫。前段王冕畫梅，自題云：『朔風撼破處士廬，凍雲隔月天糢糊。無名草木混色界，廣平心事今何如。梅花荒凉似無主，好春不到江南土。羅浮山下蘼蕪烟，瑪瑙坡前荆棘雨。相逢可惜年少多，競賞桃杏誇豪奢。老夫欲語不忍語，對梅獨坐長咨嗟。昨夜天寒孤月黑，蘆葉卷風吹不得。髑髏夢老皮蒙茸，黄沙萬里無顔色。老夫瀟灑歸岩阿，自鉏白雪栽梅花。興酣拍手長嘯歌，不問世上官如麻。』後有『竹齋圖書』『會稽外史』二印。又題云：『君不見漢家功臣上麒麟，氣貌豈是尋常人。又不見唐家諸將圖凌烟，長劍大羽聯貂蟬。龍章終非塵俗狀，虎頭乃是封侯相。我生山野無能爲，學劍學書空放蕩。老來晦迹岩穴居，夢寐未形安可模。昨日冷飆動髭須，拄杖下山聞鷓鴣。烏巾半岸衣露肘，忘機忽落丹青手。器識可同莘野夫，孤高差擬磻溪叟。山翁野老争道真，松篁節操梅精神。吟風笑月意自在，祇欠鹿豕來相親。江北江南競傳寫，祝君嘆其才盡下。我來對面不識我，何者是真何者假。祝君放筆一大笑，不須攬鏡亦自了。相携且買數斗酒，坐對青山自傾倒。明朝酒醒呼鶴歸，白雲滿地芝草肥。玉簫吹來雨霏霏，琪華亂颭春風衣。祝君許我老更奇，我老自覺頭垂絲。時與不時何以爲，時與不時何以爲，贈君白雪梅花枝。』下有『王元章』『文王孫』二印。前有『右前司馬』一印，卷前有『長字』『式古堂書畫印』『子孫保之』三印。又『鼎元』聯印一，又半印不可識。後有『仙客』『卞令之鑒定』『乾坤清賞』三印，又半印二不可識。卷高七寸，廣二尺五寸三分。後段吴鎮畫竹，題識云：『圖畫書之緒，豪素寄所適。垂垂歲月久，殘斷争寶惜。始由筆硯成，漸次忘筆墨。心手兩相忘，融化同造物。軒窗雲靄溶，屏障石突兀。林麓繆槎牙，禽鳥翥翰翮。可憐俗澆漓，摸摹竟紛出。裝褫雜真贋，丹粉誇絢赫。千金易弊帚，十襲寶燕石。米也百世士，賞會神所識。伶倫世無有，寄響竟寥寂。良藥難再遇，抱懷長太息。左圖右書，取其怡悦，瞻視陶寫情性。近好事者以爲市道商賈，真贋爲事，反害性情，盲目聾耳，哀哉。至正甲申梅花道人戲墨而書。』下有『梅花庵』『嘉興吴鎮仲圭書畫記』二印。前有曾光題云：『梅花道者列仙流，落筆全無李薊邱。呼酒南湖夜燒燭，一枝涼雨寫新秋。曾光。』卷前有『仙客』『卞令之鑒定』二印。又『鼎元』聯印一。又『仲氏元言鑒定圖章』半印。二卷中有『乾坤清賞』『嚼菜根道人』二印，押縫有雙螭一印，『合同』『式古堂』各二印。卷後有『卞永譽印』『令之』『式古堂書畫』三印，又半印二不可識。卷高七寸廣二尺七寸八分。拖尾周鼎跋云：『王山農之寫梅自出新意，梅花庵之寫竹自得真趣，皆入妙品，具二妙于一卷中。又各有長詩，皆自寫其情于畫意之外，可觀也。竹上曾德用一絶句，梅之前一七言古詩，不名而尤可觀，前輩但落筆便自不凡。近時沈民則侍讀隸書「梅竹雙清」四字，亦不俗。今此卷藏闤闠柳子學所，又可謂具四美矣。乙巳三月丙午與黄日升、王惟安、惟顒同觀嘉禾，周鼎時年八十又五。』前有半印二不可識，後有『令之』『式古堂書畫』『東吴文學世家』三印。又王世貞題識云：『野夫策杖村南復村北，處處東君吝消息。瞥然縞素一枝横，又見琳琅數竿碧。一枝春之先，數竿冬之後。俯仰天地間，與爾成三友。衡門掩卧不一旬，淇園大庾無精神。樵青已侵翠鳳毛，颶母吹散玉龍鱗。賴得吴鎮及王冕，前與二友傳其真。虚堂展看僅盈尺，二友居然侍吾側。問之不言對以臆，眉宇蕭蕭吐佳色。吾不能學范詹事，西遣關中使，却寄江南春，消芳悴粉何足論。吾不能學家騎曹，不可一日無，所至植此君。封籬護籜何紛紜，二友寓我麓，儼若洛下東西兩頭屋。一頭剪得瀟湘雲，一頭小貯羅浮玉。鎮也九咽吞吐天漿腴，冕亦磊砢節目非凡夫，扶輿清氣合此圖。快矣乎，快矣乎，此圖此友吾不孤。梅獨爲百花魁，而竹能離卉木而别，自成高品者，以其精得天地間一種清真氣故也。竹自文湖州、蘇端明，後有梅道人、吴仲圭，以至近代王孟瑞，而梅則揚補之外獨推山農王元章。然吴子輩謂其命旨涉淺，爲境易窮，而往往下其品，幾于無處生活。今年六月信陽王太史祖嫡以元章梅仲圭竹合一卷寄余，開卷時令人鼻端拂拂有玉清蓬萊想，遂乞仲承諸君爲詩歌美之，而余繼焉。或謂戴凱之、范至能所撰二譜，至數百千種，且以大庾萬樹、渭濱千畝，而此寥寥一枝，胡取也。是不然，正復以簡貴勝耳。卷首爲沈民則學士題，元章仲圭各有詩弁尾。而梅前有一歌，亦自豪粗周疑舫伯器跋，第賞其語，不能辨其人，考印章有所謂『會稽外史』，似楊維楨，而詞氣亦類之，第不聞其别號竹齋，闕疑可也。卷後收藏有『東吴文學世家』印，豈故爲吴中物太史偶得之耶，似有不偶者，故附記于後。己卯王世貞識。』後有『令之』『仙客』『卞令之鑒定』三印，跋中押縫有『式古堂』一印，引首有沈民則隸書『梅竹雙清』四大字款，署『自樂』，後有雙螭半印。御筆題籤，籤上有『御賞』『乾隆宸翰』二璽。按王冕畫梅前七言古詩二首，均未署款，後詩有王元章圖章可據，前詩并無姓氏印章，然細閲其詩格筆迹，實出一手，

爲王冕自題無疑，而周鼎、王世貞二跋中一以爲不名，一疑爲楊維楨所作，皆誤。（卷四十三，欽定四庫全書本）

《秘殿珠林》一則　張照等

元趙孟頫書道德經一卷上等洪六

磁青箋本，泥金小楷書，款識云：『大德九年十月既望，吴興趙孟頫沐手敬畫并書。』後有『趙氏孟頫』『子昂』泥金二印。經首有『趙字』『松雪齋』泥金二印，後有柯九思印一，卷前有老子授經圖泥金畫，圖上隸書『老子小傳』，畫首有『神品』金印，又柯九思印一，又一印不可識，畫後有王冕印一。箋高六寸六分，廣六尺三寸七分。御筆題籤，籤上有『乾隆宸翰』小璽。（卷十六，欽定四庫全書本）

《松泉集》二則　汪由敦

恭和御製題梅竹雙清圖用王世貞題吴仲圭王元章梅竹合卷韵

春從何來來自硯沼北，天機盎溢無停息。一枝斜出數葉分，直壓萬樹寒香千畝碧。今年清蹕巡中州，詩篇畫卷宣示回。輦後顧瞻淇澳經，廣平武公唐相堪尚友。携將雙清寶繪，展玩凡幾旬。蕭森具標格，灑落餘風神。不數海粟但賦十八公，雲濤戛擊蒼龍鱗。至人游藝自得象外趣，寧獨鋪瓊屈鋏妙逼真。不作空庭月影長百尺，亦不作繁條亂蕊疏籬側。一天冰雪貯清襟，萬古乾坤有生色。化工點染衆彙春，專家獨擅奚足論。洋州一派記墨君，石湖譜牒徒紛紜。舊聞合作曾入弇州書畫簏，想見幽賞高吟行繞屋。長篇轉韵精品目，却笑瓦礫拋來能引玉。麥光徑尺墨彩敷鮮腴，通神入聖如斯夫。惜不令弇州仰瞻是詩與是圖，驚喜贊嘆當復何如乎，益幸元章仲圭絶詣道不孤。（詩集卷十七）

恭和御題梅花三昧甲觀詩後敬紀

《梅花三昧甲觀》一卷，第一幅徐禹功雪梅，晁無咎題柳梢青十詞，其後有趙子固兩跋，又張雨一詞即附其下。第二幅吴瓘蓓蕾梅，梅僅一梢，其旁布竹數葉，蓋取蘇詩竹外一枝之意，簡而有韵，前有自題一詞。瓘字瑩之，號竹莊。後有高儀甫絶句一首，并書江山月七律。第三幅吴仲圭老幹梅爲竹莊作，後爲長跋，書法蒼勁，粗服亂頭，姿態横出，吴匏庵、楊循吉、黄雲三人題其後。最後題者徐守和，并和補之十詞，再題一詞，書不甚佳，差無俗狀。守和之爲人無可考，名款下有虚朗齋小款，意其爲句曲外史流也。前題籤曰：『梅花三昧甲觀。』標識諸書畫人姓氏而不及徐守和，當在守和之前。後署小清秘閣而不名，亦未詳何許人也。卷以丙寅冬入秘府，亟加珍賞各有御題，并爲長歌書于卷首，而命臣詩正暨、臣由敦恭和。謹按：《宣和畫譜》、米芾《畫史》，宋以前無墨梅，有之自釋仲仁始。黄山谷謂其變黑爲白，而嘆爲超凡入聖，遂擅千古。此補之師承所自，禹功又補之高弟，故精詣如此。其後吴仲圭、王元章輩皆以墨梅著名，竹莊名不甚顯，而仲圭推許獨至，殆非虚奬。山林寂寞之士率意墨戲，好古者聯綴成卷，數百年後有此殊遇，信藝苑中佳話。臣等侍直清燕，得縱觀妙迹，欣幸實出望外。惟賡和天章，走僵顔汗，欣愧交并，爰私記其概于和章之末。（文集卷十四，欽定四庫全書本）

《樊榭山房續集》一則　厲鶚

和沈房仲論印十二首（選一）

一自山農鐵畫工，休和紅沫寄方銅。從兹伐盡燈明石，僅了生涯百歲中。王元章

始用花乳石刻私印，見鎦績《霏雪録》。處州燈明石可刻圖書印，見郎瑛《七修類稿》。（卷三，欽定四庫全書本）

《南宋院畫録》一則　厲鶚

李端

李端，汴人，宣和待詔。紹興間復官，賜金帶，作梨花鳩子得法。《圖繪寶鑒》。

李端，京師人。偏工梨花鳩子，作扇圖極形似。亂離後卒于杭。《畫繼》。

李端畫之傳世者，梨花鳩子圖一。《繪事備考》。

王冕《題李端秋山圖》詩：『前年放船九江口，秋風獵獵吹蒲柳。買魚沽酒待明月，不知江上青山走。三更吹笛欲唤人。溥溥白露侵衣襟，故鄉遥遥書斷絶。空見過雁如飛雲。去年却下七里灘，秋水滿江秋月寒。子陵先生釣魚處，荒臺直起青雲端。先生不愛漢庭官，自與山水相盤桓。至今高節敦廉頑，清風凜凜誰能攀。泊舟登岸行復止，小逕分岐通草市。石林掩映樹青紅，正與今年畫相似。茅廬半住林木裏，白狗黄雞小如蟻。翁媪無言童稚閑，可是太平風俗美。清溪水落魚蟹新，東鄰釀熟呼西鄰。相牽相把意思真，親密不异朱陳民。李端筆力能巧妙，寫我舊日經行到。豈是老瞢眩水墨，不覺掀髯發長嘯。殷家大樓蒼江頭，留我十日風雨秋。觸景感動旅邸愁，便欲卜築山之幽。斷橋流水無人處，添種梅花三百樹。直待雪晴冰滿路，騎驢相逐尋詩去。《竹齋集》。（卷二，欽定四庫全書本）

《西湖志纂》一則　梁詩正

中天竺寺

在楓木塢南，《西湖游覽志》：隋開皇十七年僧寶掌建。寶掌以唐高宗顯慶間住浦江，化去，自稱度世一千七十二年，世稱千歲和尚，故兹山有千歲岩。吴越錢氏改爲崇壽院，宋政和四年改天寧萬壽永祚禪寺，有摩利支菩薩像。宋淳熙間建華岩閣，元大曆閣改天曆永祚禪寺。《武林梵志》：明洪武初改額中天竺寺，正德間燬，嘉靖二十五年重建。成化《杭州府志》：内有天香閣、桂子堂、此中亭，元末燬，僧慧融重建。王元章《送僧歸中竺詩》：『天香閣上風如水，千歲岩前雪似苔。明月不期穿樹出，老夫曾此聽猿來。相逢五載無書寄，却憶三生有夢回。鄉曲故人頻問訊，孤山梅樹幾時開。』國朝康熙三十八年，聖祖仁皇

帝南巡幸寺，賜帑金三百兩。四十二年再幸，御書『靈竺慈緣』四字額，奉懸正殿。（卷八，欽定四庫全書本）

《學福齋集》一則　沈大成

石録題詞（節録）

古人私印，宋以前或玉或範銅，未聞有尚石者。元王冕始創用花乳石，故自號煮石山農，于是漸然蒼堅亦與翰墨事矣。（卷十四，清乾隆三十九年刻本）

《蘀石齋詩集》一則　錢載

觀敦交集册子。元季明初，上虞魏壽延仲遠輯其三十年所友人酬贈之詩也。淮南潘純，錢唐沈惠心陸景龍，永嘉李孝光高明，天台陳廷言毛翰朱右，暨陽陳士奎，剡川王埔，會稽王冕陳謨唐肅，山陰陳敬趙俶，餘姚鄭彝張克問徐本誠宋元僖，上虞徐士岩貞俞恒徐以文則文，不著地者于德文而其弟弼，凡七十六首。吾鄉朱竹垞先生嘗藏是册，手録王冕、唐冕、李延興、戴良、凌彦翀、釋宗泐詩，爲仲遠者各一首補于後。

伏龍山瞰夏蓋湖，魏家有堂三伏無。竹環千畝青模糊，有齋有樓山不孤。合名竹深深自娱，仲遠能詩兄弟俱。朋來擊鮮提葫蘆，酣燕連日聲咿唔。見貝清江《竹深記》。唱酬歲久集成此，篇篇題與仲遠氏。閑書至正并甲子，前如丙戌後乙巳。紅軍香軍亂方始，至正十一年辛卯劉福通、徐壽輝等兵起。佳水佳山愁滿紙。浙東海氛況尺咫。辛苦平安各料理。鄭彝乙巳句：亂離時世全高潔，淳樸山川似古初。王埔至正廿五年句：也應清曠風塵外，誰道邊城尚繹騷。乙巳即廿五年。他如凡涉憂亂者，當在辛卯後，趙俶和《入邑感懷》云：閉户十年方入城。當在庚子後至高明吴門亂後，逢梅福遼海來時，識管寧當在二十七年丁未後，是年明祖破平江，方國珍降，浙東西甫寧静也。題稱處士或徵士，閉門憂時曠逾紀。兵後芝書孰云喜，高僧金陵既覲止。唐肅入明擢文字，宋僖朱右竝修史。白頭半白早還里，不盡山雲與湖水。二十年庚子之題猶稱處士，而其稱徵君、徵士者，不一玩，陸景龍云：『喜見芝書徵國士，尚聞蕙帳隱山人。』釋宗泐云：『去年聽詔來京國，識君臉紅頭半白。』是洪武初徵書及之，至金陵即歸也。唐肅七月廿日翰林東署有懷竹深高隱，肅元嘉興路儒學正，洪武三年名修禮樂書，擢應奉翰林，文字時寄仲遠，猶稱高隱，是未嘗仕也。宋元僖《明史》作宋僖。驂鸞翳鳳翩塵樊，見山欄檻高出園。疇昔鉅公踵其門，文貞二十四世孫。見宋文憲爲仲遠作《見山樓記》。集首孝光老承恩，鐵崖雲林時共論。金粟玉山交亦敦，蕭蕭何似筠深軒。李嘗主顧仲瑛家。筠深軒，王冕題之，蓋竹深一曰筠深也。（卷二十六，清乾隆刻本）

卷八 清四

《御製詩集》九則 愛新覺羅・弘曆

偶爲梅竹雙清圖，用王世貞題王冕吴鎮梅竹合卷韵

今秋問俗燕趙以南豫以北，頗慰觀民富孳息。浮洛祠嵩諸務畢，攀躋直攬華蓋峰尖碧。駐罕淇澳前，迴蹕廣平後，一時餘事寄翰墨。却喜携得雙清友，旋歸温室未踰旬。日日來往吾心神，似欲倩吾寫生面。不須假藉虬松鱗，因檢石渠寶笈所保秘，恰得吴王合作手迹真。仲圭學得仙人縮地，千里爲咫尺，竟置清淇在几側。元章更以文貞鐵石肝腸作胸臆，居然鄧尉傳本色。明窗日嫩小陽春，是一是二煩參論。後來好事琅琊君，雄材麗句驅紛紜。我無元美便便經史簏，又謝吴王落筆光射屋。乃今撫其合作賡其吟，翻愧當前對珠玉。梅香竹韵總道腴，詞壇藝苑有是夫。都來薈萃成吾雙清圖，窗外十八公省乎，相看伯仲原不孤。（《御製詩二集》卷二十一）

游鄧尉山觀梅，坐花下，興至寫王冕筆意，即題二絶句

香雪舊曾聞，真逢意所欣。南華篇第二，小大漫區分。

真者在目前，肖貌轉難爲。愛他姿特别，記取會心枝。（《御製詩二集》卷二十四）

題元五名家合璧卷

岸石汀沙水一灣，閤閭獨把釣車閑。雙松平遠契神韻，孟頫有雙松平遠卷。似貌伊家伯仲間。右趙雍松溪把釣

鈎圈略异楊家法，春滿冰心雪壓腰。何礙傍人呼作杏，問他杏得爾清標。右王冕墨梅。

畸人閑泛绿溪濆，相搉微言不可聞。便使下風聞一二，赫胥前事那區分。右朱澤民清溪客話。

古屋深林柯葉轇，樂饑高志抗由巢。杜陵點筆成秋興，且喜西風未卷茅。右張觀茅堂倚咏。

依林結宇翠陰濃，閉戶經年客鮮逢。谷口板橋不妨設，叢條都解掃塵踪。右方從

義回溪林屋。（《御製詩三集》卷一）

王冕畫梅即用其韵

浙東新品誇香片，香片梅近始出會稽。冰萼瓊枝纈翠苔。誰識無端風月下，前身曾向個中來。（《御製詩三集》卷二十七）

題木繪四季花卉屏

洛陽名品冠三春，芍藥翻爲侍婢人。真是積薪非釁語，後來居上特精神。右牡丹。

塗林五月爛然開，有艷無馨各具材。欲向香楠結好友，是屏以香楠木爲之。爲同爲异不須猜。右石榴。

芙蓉似惜水華凋，江岸盈盈照晚潮。寫照畫工情不已，倩他代筆匠人雕。右木芙蓉

幅中真覺暗香孤，王冕還應遜此夫。設校世間刀筆吏，知他清濁瞭然殊。右梅。

（《御製詩四集》卷十九）

題王冕梅花

野弗嫌狂豐弗肥，至哉藝也入精微。世間贗作會稽者，貌已不然神更非。世傳王

冕墨梅率多繁密，蓋因夏文彦《圖繪寶鑒》稱其萬蕊千花自成一家之言，從而假托耳。宋濂嘗稱冕墨梅不減揚補之。夫無咎以疏花老幹勝，冕既與之相匹，不當獨趨于繁。且畫梅當以枝幹爲主，花之疏密本非所重，蓋得貌遺神尚不足取，矧并其貌而失之耶。此幀用筆簡勁有神，固當是元章真迹，因并識之。（《御製詩四集》卷二十六）

王冕畫梅即用其韵

朵朵枝枝碎玉堆，獨撑古幹長青苔。展圖恰合清風下，自有暗香徐送來。（《御製詩四集》卷四十一）

題濮仲謙雕竹筆筒

疏花幾朵瘦梅蒼，撲鼻依稀遞暗香。自是野情仿元咎，此刻老梅一株，疏花古幹，蓋仿揚補之意。然《畫譜》載補之居蕭洲，有梅樹大如數間屋，繁花如簇，補之日臨畫之，大得其趣，以進徽宗，徽宗戲曰：村梅因更作疏枝冷蘂，清意逼人云云。是補之初亦繁密，後因徽宗村野之譏，始改爲疏淡也。似猶繁態鄙元章。王冕畫梅工于繁花密蕊，非小景所宜，故雕鏤者多不仿之。完非裂現甲丁護，雕不痕留鋒刃藏。名下無虛依古語，故應説項羨漁洋。（《御製詩四集》卷五十）

題舊端石梅朵硯

梅花阮石性同梅，聚五攢三朵朵開。設贈藝林供點筆，元章縮手意應猜。王冕畫梅多纍纍如貫珠，此硯式頗同。（《御製詩四集》卷五十六，欽定四庫全書本）

《欽定續通志》一則　嵇璜

藝文略

《竹齋集》三卷，續集一卷，附録一卷　明王冕撰。文淵閣著録。（卷一百六十二，欽定四庫全書本）

《欽定日下舊聞考》二則　于敏中

城市

補都人呼飛放泊爲南海子，積水潭爲西海子。按海子之名見于唐季，王鎔爲鎮帥，有海子園，嘗館李匡威于此。北人凡水之積者，輒目爲海，若寶坻之七里海，昌平北之四海冶是也。元時運船直至積水潭，王元章詩：『燕山三月風和柔，海子酒船如畫樓。』想見舟楫之盛。自徐武寧改築北平城後，運河海子截而爲二，城内積土

日高，雖有舟楫橋梁，不能度矣。《咏歸録》。（卷五十三）

雜綴

補會稽王冕北上燕薊，縱觀居庸古北之勝，主秘書卿達兼善家，寫梅花張座間，題詩云：『疏花個個團冰雪，羌笛吹他不下來。』見者皆齰舌。《稗史集傳》（卷一百六十，欽定四庫全書本）

《十百齋書畫録》一則　金瑗

王元章古幹清標圖　藏經籤

東皇無意再禁持，先放春風第一枝。野店夕陽看脉脉，斷橋流水自依依。杏花欲綻難同夢，燕子飛來已後時。昨到孤山尋處士，暗香疏影動人思。其一

萬樹梅花萬頃湖，江南除却世間無。止存泉石分疆界，盡捲樓臺入畫圖。響屧廊傾聲漸瀝，采香徑杳迹模糊。獨留一片光明錦，長伴空王當給孤。

洪武丁巳春三月作，贈鄧止庵還朝。元章王冕。

右圖紙本，高八寸二分，寬一尺五寸四分。（故宫珍本叢刊第四百六十一册影

印乾隆年鈔本，海南出版社二〇〇一年）

《乾隆諸暨縣志》一則　沈椿齡等修、樓卜瀍等

儒林　人物五　元　王冕

宋濂《王冕傳》（略），有少量批注。

……未幾，汝潁兵起，一如冕言。皇帝取婺州，將攻趙，物色得冕。萬曆《紹興府志》：太祖取婺州，遣胡大海攻紹興，屯兵九里，居人彷徨奔避，冕獨不動，兵執之，則曰：『我能爲若師出奇計。』乃與俱見大海，告以攻城之策，太祖聞其人，召與語，頗合。寘幕府，授咨議參軍，一夕病卒。《樵書》云：明兵攻城，舁至軍前，直言而死。冕狀貌魁偉，美鬚髯，磊落有大志，不得少試以死，君子惜之。

謹按：王冕萬曆《紹興府志》列『儒林』，《浙江通志》載續高士傳，列『隱逸』。《續宏簡録》《元史》列『文翰』，《明史》列『文苑』，今録宋濂傳，仍擬列『儒林』，據萬曆《紹興府志》，冕字元章，據《續高士傳》，冕字元肅，據《續宏簡録》《元史》，字元章，號煮石山農。（卷二十五，成文出版社有限公司一九八三年影印清乾隆

三十八年刊本）

《吴越所見書畫録》四則　陸時化

元王元章墨梅立軸紙本，高二尺零四分，闊二尺九寸八分零，上詩斗闊同，高七寸五分，下詩斗闊同，高七寸三分零

乙未春正月閏會稽王元章爲仲剛寫于識趣。（印『會稽佳山水』『方外司馬』）

拳髯老衲眼如漆，麈尾横揮弄詭譎。相逢未肯話作家，却把蓮花驗權實。瑠璃瓶中水明净，不動如如見真性。豈謂小兒無所知，踞看游黿上蓮柄。聖人教化充微茫，難以境色較短長。依因引智萬法攝，坐令醜數來歸降。我視浮生皆夢幻，空笑春風百花亂。互須模寫爲之言，祇合尋常畫圖看。關西王冕。（印『王冕私印』『□翁』『王元章』『姬生子孫』）

每憶山農王處士，見花長作故人看。縞衣綽約春來瘦，風節嚴凝雪後寒。臨安錢宰。（印『伯均父印』『國子博士』）

會稽寫梅妙天下，前代名公總其亞。醉拈霜兔掃長稍，一紙千金索高價。往年嘗

客燕帝京，權門貴戚來傾城。巧求重購苦難致，富貴于我鴻毛輕。有時大叫縱豪爽，奇氣颯如風火生。山莊野寺畫都遍，一日四海皆知名。垂老歸來越山曲，爛漫千株栽繞屋。積雪平檐坐獨看，收得寒香三萬斛。百年去逐咸平仙，忍將落墨人間傳。風流有子喜不泯，衹今合置諸公前。天台王俊華。題上詩斗。（印『玩草齋』『王氏俊華』『赤城霞氣』）

凍雪初晴曉光瑩，嚴寒欺酒風才定。江郊歲晚萬木僵，律氣雖回春未應。梅花此際發蓓蕾，絳蒂融香滿幽徑。瘦枝斜倚走老蛟，不異吴天垂斗柄。又疑瑶臺姑射仙，縞素衣裳試妝艶。桂宫月出照清影，分明正仙軒轅鏡。夜寒愁絶未歸去，却喜多情有和靖。葳蕤紙帳隔塵迹，冰玉孤標倍貞静。吴山風景即孤山，玩賞吟詩樂情性。豈徒結子致調羹，三弄短琴先遣興。題下詩斗。南州徐庸。（印『味易齋』『徐氏用理』『繫志翰墨』『桂髓栖印』）（卷四）

明陸明本贈沈石田梅長卷紙本，七接，高七寸四分，長二丈零五寸八分

明本名復，筆墨與王元章無异，余兄銘旂藏一絹本立軸，題『春塢籠烟』四字，書法亦精。《佩文齋畫譜》及他畫皆僅載其名，惜不能考其文行，與石田爲友，决非庸

流。此卷千枝萬幹，花姿百變，諸名人題于本身花幹之隙，余每對此卷如往鄧尉香雪海中。（印『梅莊』『吴江陸明本氏』）

（下略。）（卷四）

元王元章墨梅立軸絹本，高四尺四寸七分，闊二尺四寸

千花萬蕊，老幹横生，真仙筆也。隱九里山，至明，物色，授咨議參軍。樹在秀峰書院。山農圖。（卷五）

明周仲鳴墓門梅立軸紙本，高三尺三寸四分，闊一尺二寸六分。

宋李衡，字彦平，號樂庵，江都人，登進士，授吴江主簿，歷官至秘閣修撰，有清操，能建白。孝宗朝請老，居昆山，結茅别墅，惟二蒼頭，書萬卷，《宋史》有傳。其墓上有古梅，明正德時周仲鳴以水墨圖之。仲鳴名號，字仲鳴，一字德元，號草庭，昆山人，寫梅超絶，王元章之後一人，見《書家傳》。方鵬《昆山志》：『樂庵年七十九，臨没，沐浴冠櫛，翛然而逝，周必大曰：「殆孔門聞道者歟」。』

（下略。）（卷五，清乾隆懷烟閣刻本）

《全浙詩話》六則　陶元藻

唐章八元（節録）

又按，蘭亭不知肇自何年，疑爲秦漢時所設，張陽湖謂：『秦法十里一亭。亭者，猶今鋪也，故有亭長、亭侯、蘭亭、柯亭、楊亭、嵊亭，皆此類。右軍稱會稽之蘭亭，猶云山陰之某里某鋪，後人遂以蘭亭爲右軍游宴之亭榭，非其本矣。』其言近是，然當日右軍群賢修禊之蘭亭，究在何處？據《水經注》云：『湖南有天柱山，湖口有亭，號曰蘭亭。』孫綽序云：『長湖萬頃。』右軍序云：『清流激湍，映帶左右。』長湖者，鑒湖之别名也。今之人入蘭亭者，一由婁公埠，一由木栅，兩路俱可，然皆去湖甚遠，即所謂流湍在入蘭亭之路緣山溪澗，離亭亦有里計，且止一邊，無所爲左右并映帶之狀。聞晋太守王廙之移亭于水中，司空何無忌移亭于山椒。元末王冕詩云：『舊時觴咏行樂地，今日魚鼓瞿曇家。』明文徵明記亦指亭在天章寺前，則又移亭在山麓寺前矣。今蘭亭在平田中，離寺約半里許，非特右軍舊址杳不可問，王廙之、何無忌兩遷之處，渺不可求，即與王冕、文徵明作詩與記時，亦恐有變遷矣。（卷四）

元　趙孟頫（節録）

又按，子昂以宋王孫仕元，遂罹清議。生平喜畫馬，故流傳頗多，而後人題者亦衆。黄司訓云：『塞馬肥時苜蓿枯，雞官早已着貂狐。可憐松雪當年筆，不識檀溪寫的盧。』沈石田云：『隅目晶熒耳竹披，江南流落乘黄姿。千金千里無人識，笑看蕃人買去騎。』李西涯云：『宋家龍種墮燕山，猶在秋風十二闌。千載畫圖非舊價，任他評品落人間。』皆寓惋惜諷刺之意。又吴興公子玉堂仙畫出王維勝輞川：『兩岸青山多少地，可無一畝種瓜田。』則題其《江山萬里圖》之句也，語尤沈刻，不知爲何人所作。子昂有《幽禽竹石圖》，爲諸暨王元章所作者，余嘗于蕭山蔡氏處見之，筆墨秀雅，風致絶佳，其中題跋亦皆寓感傷之意，句云：『錦石傾欹玉樹荒，雪兒無語立斜陽。百年花鳥春風夢，不是錢塘是汴梁。』下署『三村肖』三字。又『錢唐江上故山村，古木幽禽記墨痕。同是故宫禾黍意，聽人鑒定趙王孫。』下署『午翁』二字。又『玉樹凋傷衆草黄，女媧殘石并荒凉。蒼龍已化蕭蕭竹，猶認幽禽作鳳凰。』下署『元實』二字。又『漢唐池館已荒凉，野鳥忘機對夕陽。説與王孫徒感慨，近來青草没人長。』下署『會稽王冕元章』六字，又跋云：『嘗記曩時松雪翁爲王元章作幽禽

竹石，甚爲合作，屈指三十年，今復見之，恍如夢覺。』下有『至正五年十月望日大痴道人識』十三字。（卷二十三）

元 王冕

冕字元章，諸暨人。有《竹齋集》。

《七頌堂識小録》：王元章梅花一卷，前曰：『印水梅影』，後自題云：『我家洗硯池頭樹，個個花開淡墨痕。不要人誇好顔色，衹留清氣在柴門。』

《國雅》：才贍思新，善繪梅竹，得意處輒題，往往奇拔，尤長于七言，如：『雲合紫駝開虎帳，天連青草入龍沙。』『海氣或生山背雨，江潮不到石頭城。』『千峰回影陷落日，萬壑欲盡松風聲。』抽思雖奇，摛才未秀。

《元詩選》：元章嘗游燕都，工于畫梅，以胭脂作没骨體。燕京貴人争求畫，乃以一幅張壁間，題詩其上曰：『疏花個個團冰玉，羌笛吹他不下來。』或以爲刺時，欲執之。冕覺亟歸，隱于會稽之九里山，自號煮石山農。

《柳亭詩話》：諸暨王元章，隱于九里山，自號煮石山農，工于畫，以胭脂作没骨梅花，人共傳之。寫懷詩云：『草肥燕地馬，花老蜀山鵑。冷淡無歸計，蒼苔滿石田。』即題梅花書屋也。

《潤亭漫鈔》：至元中，楊璉真伽恢復佛寺三十餘所，時弃道爲僧者七八百人，皆挂冠于上永福寺帝師殿梁間，飛來峰石壁皆鐫佛像，會稽王元章冕詩云：『白石皆成佛，蒼頭半是僧。』

按，冕少時牧牛，潛入人學舍，聽誦書輒然，默記而歸，牛已不知所在，父怒撻之，已而復如初，其母曰：兒痴如此，曷不聽其所爲。因去依僧寺以居。及長，屢應進士舉，不中。買舟渡大江，入淮楚，歷覽名山川，或遇奇才俠客談古豪杰事，即呼酒共飲，慷慨悲吟，人斥爲狂。北游大都，歸越，大言天下將亂，時海内無事，或斥冕爲妄，冕曰：『妄人非我，誰當爲妄哉。』乃携妻子隱于九里山。未幾，汝潁兵起，果如冕言。又嘗遇大雪，赤足登潛岳峰，四顧大叫，及入城，戴大帽如簁，穿曳地袍，翩翩而行，嘲笑溢路，或以怪民呼之，冕蓋素蓄大志，抱負隱然，在劉基、宋濂之間。及見明太祖，不能用，遂怏怏而卒。然自少至老，兼痴狂怪妄之名，而能自免于禍，亦奇人也。

嘗自題畫梅云：『清高只有老梅樹，照水花開個個真。』句亦樸拙可誦。（卷二十四）

明 錢宰（節録）

《吴越所見書畫録》：元王元章墨梅立軸，乙未春正月閏爲仲剛寫于識趣。臨安錢宰伯均題詩云：『每憶山農王處士，見花長作故人看。縞衣綽約春來瘦，風節嚴凝雪後看。』又天台王俊華題詩云：『會稽寫梅妙天下，前代名公總其亞。醉拈霜免掃長梢，一紙千金索高價。往年嘗客燕帝京，權門貴戚來傾城。巧求重購苦難致，富貴于我鴻毛輕。有時大叫縱豪爽，奇氣颯如風火生。山莊野寺畫都遍，一日四海皆知名。垂老歸來越山曲，爛漫千株栽繞屋。積雪平檐坐獨看，收得寒香三萬斛。百年去逐咸平仙，忍將落墨人間傳。風流有子喜不泯，衹今合置諸公前。』（卷二十七）

明 陶宗儀（節録）

《珊瑚網》：管夫人畫懸崖朱竹，爲陶九成藏，會稽王冕題詩云：『瀟灑三君子，是伊親弟兄。所期持大節，莫負歲寒盟。』跋云：赤城陶君故家子也，余寓西湖之東，九成時來會，談論竟日，退有不忍捨者。其仲季皆清爽，真芝蘭玉樹，晋之王謝家也，遂題而歸之。又宗儀自題李薊邱《秋清野思》云：『一代衣冠李薊邱，筫當落筆似湖

州。題詩諸老并淪没，風雨江南幾暮秋。』（卷二十七）

明 張杰（節録）

《吴越所見書畫録》：明陸明本贈沈石田墨梅長卷，明本名復，筆墨與王元章無异，自號梅莊，吴江人。此卷千枝萬幹，花姿百變，諸名人題于本身花幹之隙，余每對此卷，如往鄧尉香雪海中。（卷三十，清嘉慶元年怡雲閣刻本）

《小倉山房詩集》一則　袁枚

題童二樹畫梅

童先生居若耶，一隻小艇劃春緑，一枝仙筆畫梅花。畫成梅花不我貽，遠寄瑶華索我詩。我未見畫難咏畫，高山流水空相思。吾家難弟香亭至，口説先生真奇士。孤冷人同梅樹清，芬芳人得梅花氣。似此清才世寡雙，自然落筆生風霜。杜陵既是詩中聖，王冕合號梅花王。愧我孤山久未到，朝朝種梅被梅笑。如此千枝萬枝花，不請先生一寫照。（卷二十四，清乾隆刻增修本）

《隨園詩話》一則　袁枚

王元章《西湖》詩云：『湖邊欲買三間屋，問遍人家不要詩。』近有以詩干人而索值者，余戲書此以示之。（補遺卷八，人民文学出版社一九六二年）

《畫梅題記》五則　朱方藹

題畫爲張鏡壑作

丹楓隕葉菊萎霜，燒痕遍地草不芳。東風昨夜忽入律，寒梅蕊吐珠光芒。顆顆勻圓盡吹裂。望中如聚瑶臺雪，十里渾同不夜天。横斜影透玲瓏月，南枝北枝逞丰韵。江鄉花事頭番信，眼前好景且逍遥。莫管年華催兩鬢，呼童布席開春缸。樹底滿酌酒百觴，煮石清狂有成例。拍案大叫梅花王。乘醉閑眠石床冷，夢入銅坑杳難醒。醒來研墨畫此花，如買鄧尉山頭田二頃。

鏡壑出示文休承畫梅扇，上有雅宜山人次王元章韵題詩一章，余亦效顰爲之。

畫梅

愛梅須高人，非人梅則辱。千古數逋仙，吟賞孤山麓。畫梅須高人，非人梅則俗。會稽煮石農，妙筆繪寒玉。我亦愛梅人，梅花繞茅屋。開時輒閉門，熱客無由目。巡檐看三更，或傍梅花宿。晨起寫其真，滌研課童僕。花瓣貌匀圓，苔枝圖屈曲。不求形似間，但取神韵足。落梅風急後，終日對横幅。非敢附高人，聊以繼前躅。

題畫

花借隃麋標絶色，幹爲古鐵軼群材。何人得具開春手，不減元章放筆來。

宋人畫梅，大都疏枝淺蕊，至元煮石山農，始易以繁花，千叢萬簇，倍覺風神綽約，珠胎隱現，爲此花别開生面，明時陳憲章常師其意。吾友汪巢林、金吉金繼之，益盡離奇天矯之態，尋常畫手，拘守繩墨者，往往笑之。然二君高古之性情，即于筆墨間寓之也。蕭千岩咏梅詩云：『湘妃危立瘦蛟背，缺月冷挂珊瑚枝。』造語奇崛，畫梅亦須得此種神趣。

題畫

吾鄉高江村少詹家，有王冕紅梅小立軸，汪求是主人家，有辛貢粉梅長卷，皆元時高流妙筆，余用二老之法，畫于一幅間。朱朱白白，恍然置身在水邊林下也。冷香可挹，伊誰聞之。

題畫與金甥少權

開遍南枝與北枝，廣庭正值月來時。影成水墨元章畫，香動昏黄和靖詩。此夕一尊須共醉，他年兩地便相思。時浚谷將入都。遲留忘却天風冷，點點飛花撲酒卮。

憶昔乙丑歲春正，撰一妹壻，招同浚谷三兄，夜飲穆如堂梅花樹下，余曾賦七言律一章，迄今憶三十四年矣。兩君俱歸道山，此樂渺不復得。戊戌除月，南榮寫此，因録舊作以貽少權，使知當日花前一番觴咏也。（商務印書館叢書集成初編）

《欽定四庫全書考證》一則　王太岳

《竹齋集》明王冕撰

《漫興》：撤幕愁歸燕，頽垣警睡龙。刊本『龙』訛『龍』，據韵改。

《衛生畫山水》：山城野店不逢人，碧波翠嶂淋漓動。刊本『店』訛『居』，據杜詩改。（卷八十六，欽定四庫全書本）

《筆史》一則　梁同書

筆匠　温生

王冕元章有《謝友惠温生筆詩》。（《頻羅庵遺集》卷十六，清嘉慶二十二年陸貞一刻本）

《欽定四庫全書總目》四則　紀昀等

《稗傳》一卷浙江巡撫采進本

元徐顯撰。顯仕履無可考。觀其稱王艮爲鄉里，又稱居平江東城，則當爲紹興人，而寓于姑蘇者也。是編紀元末王艮、柯九思、陳謙、葛乾孫、潘純、陸友、王冕、王漸、楊椿、王德元、徐文中事，後載沈烈婦等十三人，叙述頗爲詳備。中多及丙申二月平江城陷事，指張士誠軍爲外兵。而載己亥紹興被兵事，于明人則直斥爲寇。疑作此書時，張氏尚存，故其詞如此。其叙柯九思之卒在至正癸亥，按至正紀年無癸亥，而九思之卒實在乙巳，蓋此書傳寫誤也。（卷六十一史部十七）

《逸民史》二十二卷內府藏本

明陳繼儒編。繼儒有《邵康節外紀》，已著録。是書雜采自周至元史傳郡志隱逸之士爲二十卷。其末二卷以《元史》隱逸不詳，搜取志銘之類輯爲《元史隱逸補》。然是書所載，如張良、兩龔之類，皆策名登朝，未嘗隱處者。若吾邱衍、王冕之類，皆淹蹇不遇，并非高逸者，皆濫入之，未免擇之不精焉。（卷六十二史部十八）

《南湖集》二卷浙江鮑士恭家藏本

元貢性之撰。性之字友初。《歸田詩話》作有初，未詳孰是也。宣城人。尚書師泰之族子。元季以胄子除簿尉，後補閩省理官。洪武初，徵録師泰後人，大臣以性之薦。性之避居山陰，更名悦。其從弟仕于朝者，迎歸金陵、宣城，俱不往，躬耕自給以終其身。其集名曰『南湖』，雖仍以宣城祖居爲目，實則没于浙東，終始未歸也。集中《題畫馬詩》云：『記得曾陪仙仗立，五雲深處隔花看。』《題葡萄詩》云：『憶騎官馬過灤陽，馬乳纍纍壓架香。』蓋惓惓不忘故國。又《題墨菊》詩曰：『柴桑生事日蕭然，解印歸來只自憐。醉眼不知秋色改，看花渾似隔輕烟。』《題陶靖節像》曰：『解印歸來尚黑頭，風塵吹滿故園秋。一生心事無人識，剛道逢迎愧督郵。』其不事二姓之意，尤灼然可見。貢欽作是集《序》曰：『會稽王元章善畫梅，得其畫者無貢南湖題詩則不貴重。』故集中多咏梅詩。嘗題絶句云：『王郎胸次亦清奇，盡寫孤山雪後枝。老我江南無俗事，爲渠日日賦新詩。』又云：『王郎日日寫梅花，寫遍杭州百萬家。向我題詩如索債，詩成贏得世人誇。』其他題畫之作尤多。蓋人品既高，故得其題詞則縑素爲之增價，有不全繫乎詩者。《歸田詩話》稱其《吴山游女》及《送戴伯貞之廣西》兩篇，未足以盡性之也。（卷一百六十八集部二十一）

《竹齋集》三卷、《續集》一卷、《附録》一卷兩淮鹽政采進本

明王冕撰。冕字仲章，《續高士傳》作字元肅，諸暨人。本農家子，家貧，依沙門以居。夜潛坐佛膝上，映火讀書。後受業于安陽韓性，遂傳其學。然行多詭激，頗近于狂。著作郎李孝光、秘書卿泰哈布哈皆嘗薦丁朝。知元室將亂，辭不就。明太祖下婺州，聞其名，物色得之，授咨議參軍，未幾卒。宋濂爲作傳，載《潛溪集》中，叙其始末甚備。《明史·文苑傳》亦同。《續高士傳》以爲太祖欲授以參軍，一夕卒，《浙江通志》據以列入《隱逸傳》。舊本亦題爲元人，非其實矣。詩集三卷，其子周所輯，劉基序之。《續集》詩及雜文一卷，又《附録》吕升所爲王周行狀，則冕女孫

之子駱居敬所輯。冕天才縱逸，其詩多排奡遒往之氣，不可拘以常格。然高視闊步，落落獨行，無楊維楨等詭俊纖仄之習，在元明之間要爲作者。集中無絶句，惟《畫梅》乃以絶句題之。《續集》所收，皆自題畫梅詩。史稱其隱居九里山時，種梅千株，自號梅花屋主，尤善畫梅，求者踵至，以幅長短爲得米之差云。（卷一百六十九集部二十二，欽定四庫全書本）

《湖海詩傳》一則　王昶

汪由敦，字師敏，號謹堂，休寧人。雍正二年進士，官至吏部尚書，謚文端，有《松泉詩文集》。

《晴嵐閣學貽水仙碧桃走筆爲謝》：『釀花居士遺送花，白瑑冰雪紅蒸霞。亞枝含笑人面嘆，倚石側彈雲冠斜。濃妝淺暈各异態，神仙風骨無争差。信風才到老梅蕊，绿意未回新柳芽。斡旋直借補天手，鬥艷竟出東皇家。凌波娟娟步羅襪，和露灼灼調鉛華。風輕自著紙屏護，寒重更倩重簾遮。薌林矜賞破枯寂，静海觸緒翻愁嗟。梁、厲二公各有報詩，梁鰥居，厲有子，婦之感情見乎詞，其意云爾。我生幸不乏意趣，燈前笑語争喧嘩。兒童少見强解事，漑以新水培新沙。燈棚廟市不計數，珍重詎比辱拜嘉。屏間墨戲適寫照，筆妙隱躍飛龍蛇。屏間雙清圖小幀，亦釀花居士所臨趙子固、王元章兩家筆。看花對畫坐忘倦，頓令陋室春光奢。從來草木同嗅味，莫笑瓊樹依蒹葭。』（《湖海詩傳》卷三，清嘉慶刻本，録自《松泉集》卷十二）

《静退齋集》一則　戴文燈

昌化石歌寄謝昌化明府史（節録）

古今翰墨重私印，秦漢以上金玉留。軍中或聞撥蠟鑄，刓敝非可傳千秋。後來文人寶奇古，青黄碧绿窮雕鎪。硨磲白含玳瑁甲，紩帢紅浸珊瑚钩。自從花乳琢王冕，石質細潤精華流。文房羅致非一族，一空稷下羊求休。青田之山最突出，瓜瓤嫩绿光如油。（卷五，清乾隆刻本）

《潛研堂詩集》一則　錢大昕

冬至後六日，錢籜石少詹招同查儉堂太守、紀心齋侍御、程魚門舍人、畢秋颿侍講、曹竹虛編修小飲，分韻得日字

三百有六旬，赴壑蛇行疾。吾儕耽文酒，爲樂時勿失。朝聞折簡招，快若癟厺虱。隆冬相暖熱，作會慕真率。後至不我拒，密坐可促膝。酒行蕉葉三，客偕竹林七。捫腹方便便，舉醻尚逸逸。主人顧妉客，言啓畫禪室。橫斜萬玉圖，煮石山農筆。席間出王元章《萬玉圖》長卷傳觀。一一皆生動，疑有暗香出。華光與補之，誰能漫甲乙。忽憶香雪海，玉梅萬株密。此時踏雪尋，清逸興無匹。見彈思炙鴞，欲語失笑咥。近游天所許，懷歸我已必。銷寒判今宵，友梅願异日。（卷八，清嘉慶十一年刻本）

《茶餘客話》一則　阮葵生

王冕始用花乳石

元末，諸暨人王冕自稱煮石山農，始用花乳石刻私印。（卷十九，中華書局一九五九年）（書中另一則《傳國璽》，與王士禛《居易録》卷二十二大致相同，唯《居

易録》稍詳。）

《白華前稿》一則　吴省欽

會稽王元章墨梅

枯梅一椿春一團，冰花個個生春寒。朔風吹雪大如掌，絮衾夢擁江南山。玉堂仙人致蕭暇，牛鳴距我垂雙環。讀畫畫義日親展，惜花花市時從觀。拂衣徑欲遂歸計，水邊竹外臨柴關。梅花道人逝雲水，草庵那不縈心顔。目成之要歷年所，神物入手天無慳。惟王參軍最狂誕，騎牛擊劍招譏彈。辭官肯游狐兔窟，健句獨比鶚鵬摶。尤于畫梅寄標格，胭脂没骨摹吴紈。金張許史供一唾，聲價要自傾長安。吁嗟此圖更奇特，鐵皮瑶蕊光斕斒。獰龍蟠雲吐靈氣，無首無尾神中完。横枝詰屈影湛湛，繁英歷亂香漫漫。吹將鐵笛斷相續，栖來翠羽啼初殘。似晴非晴雨非雨，滉瀁元氣渾無端。得毋玉妃昨淪謫，姿制一一翩姗姗。月掩瑶臺夜遼落，光摇銀海春闌珊。昔賢涉筆事游戲，亂頭粗服殊等閑。梅君全相妙仿佛，摩挲三嘆驚艷頑。吁嗟乎哉，梅花王不可班，梅花屋不可還。『拍手大叫梅花王』王句。王又有自題梅花屋詩。寂寥冬心滿襟抱，釀成清供邀古懽，

不然騎驢誓將去，細嚼萬朵忘朝餐。（卷三十，清乾隆刻本）

《陶説》一則 朱琰

官哥青冬窑瓷印

《考槃餘事》：『印章有哥窑、官窑、青冬窑者，製作巧，鈕色之妙，不可盡述。按秦以前金玉爲印，其後乃鑄銅，最講鈕色，至元末會稽王冕以花乳石代之，而鐙明鐙光，質温色雅，筆意得盡，最相宜也。昌化壽山相繼而起，爲品多矣。陶印亦瑩潤可喜。竊恐工于冶，未必工于篆，即覓工篆者爲之。入火後未必能絲髮不走，莫若仿古銅章鈕色，燒成用鋼刀鍥之，更帶生趣。』（卷五，清知不足齋叢書本）

卷九　清五

張辰《王冕傳》跋　郭毓

張辰字彦暉，孝子張萬和後也。經術深茂。明初諸儒應聘而起，吾暨則陳嘉謨、張辰、陳韶入參史局，出樹師模，彬彬盛矣，列《縣志·文苑傳》，并見《府志》。據此文，辰與元章先生友善，先生没，爲作傳。其後宋景濂《傳》、《列朝小傳》、朱氏《曝書亭集》所載《傳》，皆藍本于此，而以所傳聞者點綴附益之，互有异同，然要當以此文爲實録。今列于前，則受咨議參軍之誣，不辯自明。并存宋、朱二《傳》，使明者覽之，知諸公濫觴所自，而宋《傳》尤失實，竹垞先生之論，爲稍持其平也。春林郭毓識。（《竹齋詩集》，清嘉慶王氏安雅堂本）

《竹齋集》序　郭毓

乾隆壬寅之秋，予客杭，寓居姚園寺巷姚氏之雙清軒，與鮑子以文相往來。一日，讀元人詩而鮑子適至，因語之曰：『吾鄉楊鐵崖、王山農二公，詩文甲于元代，而集鮮完本，君家饒秘笈，盍以其全者示我乎？』鮑子曰：『具有之，王一而楊七，皆足本也，子欲見之，夫何吝？』予躍然起曰：『此事懷之久矣，君果以足本相假，當謀之邑中，合衆力爲重梓焉。』鮑子許諾，且從而縱恿之。是夕酒酣，予濡筆作徵刻啓稿一通，凡數百言，方欲舉行，爲友人牽率入闈，事遂寢。越十有六年，爲嘉慶丁巳，與王君柱公晤言及之，君大喜曰：『不才亦懷之數年，鮑氏本近已借録，藏篋中，正欲待先生爲提唱耳。』即持啓稿去，鍥而傳布之，然同人應之者尚少。逾年自客所歸，有告者曰：『柱公刻《竹齋集》將竣事。』予心喜之而未遽信也。今七月之二十有二日，既人定矣，有叩門送書者自城中來。啓視之，則煥然《竹齋》新刻也，爲之狂喜。時秋暑方盛，篝燈而疾讀之，不自知蚊蟻之刺膚與沾汗之流足也。柱公書來，屬予覆校。爲考定僞繆數十字，題四詩于卷以復之。近又力督爲序，予告以山農先生之爲人與其詩，有劉文成公序，知之深，論之當，予何人，敢復贅爲。辭不獲命，姑追述其刻書之緣起如此。噫，是役也，雖發端于予，而勞勞奔走，力與願違。今得山農後裔剞劂告備，誠爲可幸矣。然而萍蓬流轉之身，無風廞唱和之實，斯幸也，適足以爲愧也。柱公方切切焉爲鐵崖七集呼將伯，吾知自今以往，人皆感柱公之用心，慕表章前哲之盛舉，山鳴而鐘應，磁引而鐵隨，必能刻期集事。予又將轉愧而爲幸，且得藉手以告成事于鮑子，其爲幸更何如也。嘉慶四年己未八月中秋日同里後學郭毓書。（《竹齋詩集》邵武徐氏刊本，叢書集成續編）

《竹齋集》序　朱彭

嘗讀詩至元之季世，得二人焉，一曰席帽山人王逢，一曰煮石山農王冕。是二人者，其姓氏同，其遭時不偶，遁迹山野，卒至播遷，淪落以死，亦無不同。至其爲詩，則又各抒性靈，感時紀事，以陶寫其磊落抑塞之氣，而不爲元時習尚所囿，皆豪杰之士也。余嘗客澄江，過逢之黄山故里，訪其遺詩，得《梧溪集》而誦之。及歸，而求王冕所著《竹齋集》，不可得。後聞越中駱氏家有藏本，倩友人訪之，亦不見寄，竊嘆古人著作或抑于一時，必歷久而始傳，或傳矣而未廣，必更閱百餘年而始克廣其傳，此蓋有數焉。今駱氏既有藏本，其精神意氣之所注，鬱積而不可遏，則必有好古之士，爲之抉幽剔隱，出其書而傳播之。譬之金玉，沈埋土中，雖千百年而必發，又安見《竹齋》一集之終于淪没乎。諸暨王君柱公，好古者也，因購書僑居于杭。一日，過余抱山堂，手一編請曰：『此予家遠祖《竹齋集》也，訪求數載，今得駱氏本于鮑氏知不足齋，然中多魯魚亥豕之訛，幸爲我勘校編次之，且乞一言弁其首，將付之梓人，以傳世焉。』余欣然應命曰：『此吾二十年前所遍覓而不可得者，不謂今始得之，且得之于元章之後裔。』噫，奇矣。以此見古今人雖不相及，而詩文之傳，每曠世相感。元章之殁，去今四五百年矣，其詩篇散佚，初賴駱氏之收輯，後得顧俠君之選存，此皆相感于不自知者，况居其里同其族如王君者乎，宜其倦倦于心而必思表見于世也。余嘉王君好古，不没其先世之遺文，而并望其覓《梧溪集》而刊之，合爲元季王氏兩布衣詩，是則余之願也夫。嘉慶三年歲次戊午十月朔日錢塘朱彭書于鐵崖之抱山堂。（《竹齋詩集》邵武徐氏刊本，叢書集成續編）

王柱公重刊《竹齋集》 馮至

竹齋舊集幻蕉桐，芝草尋根得柱公。紙帳寒生更漏寂，藜光映起墨梅紅。

大海軍前大義明，人閑祇説越狂生。蘭孫檢出張辰稿，合與齊華黼例旌。

金石家聲大數傳，葵軒止止緒綿綿。孤忠尚有王三善，若個窮搜殉義篇。王三善附《人物志·傳日炯傳》。

丹黄塗抹夕陽斜，牽綴東維意轉睽。黍谷從來春不到，前修冷落十餘家。（《國朝三修諸暨縣志》卷五十三，宣統元年刻本）

《小木子詩三刻》一則　朱休度

原先生梅花燈爲題各賦燈詞七首（選一）

大令書褱不可見，元章畫帳人寶之。如此妙繪裝褫得，便寫燈詞作跋宜。曾見王元章畫梅花布帳二幅，裱一闊軸甚精，秋塍將擷燈幅裝册，故云。（《壺山自吟稿附録》，清嘉慶刻彙印本）

《復初齋詩集》三則　翁方綱

元李紫篔菖蒲歌并序

元檇李吴子才卷内一作『子在』菖蒲庵、濠梁紫篔生李升爲圖并詩，卷後題者十有七人，當元末兵燹之餘，而其子景長惓惓于是圖，題者自至正丙申迨洪武戊申，以十年之條歘追卌載之徲夷，于其子之得守是卷，三致意焉。安邑宋芝山見之骨董肆中，將爲有力者得之，芝山持來嘆息，欲予記其事，俾昔人留連餘韵存于予集中，意可感也。前年予于蘇齋作坡翁生日，新安朱蒼湄舍人以登州石菖蒲來供，曾乞芝山畫于坡像卷後，菖蒲于吾二人信有緣邪。因并屬芝山摹此幀大意，而録昔人佚事以并傳，且俾同人載咏之。乾隆壬寅春二月十九日。

玉山芝雲糁金粟，石發珠英净如沐。芭蕉吹過石闌干，菖蒲影散山窗绿。屋三十年詩十年，白雲窗寫紫篔篇。九節山中不知老，三生石上更論緣。兩世延陵香一卷，印摹長字看王冕。菖蒲根如煮石栽，菖蒲葉似雲濤篆。四百載遇芝山生，摩挲燕市不勝情。看梅寫竹渾閑事，携李濠梁宛舊盟。清晨走索蘇齋記，西來衣袂餘山翠。山中又長菖蒲花，研石一泓滄海意。連年爲我畫菖蒲，蘇齋息壤記得無。衹添對榻懷人句，不是横江裂笛圖。（卷二十四枝軒集）

題邵二雲所藏童二樹寫生册四首童名鈺，號樹道人（選一）

墨梅底用追王冕，泉譜還聞辨顧烜。容易殘縑自裒輯，一枝巢影寫凉暄。（卷

三十二晋觀稿）

王元章墨梅

此即元章草書法，紫氣干將光出匣。瘦蛟卧脊勢盤空，冷逼溪雲吐山脅。會稽王家草破正，空濛烟雨傳江峽。洗硯池頭花乳石，篆意横斜寓穿插。向來未共葯房論，友石齋來仿行押。松風亭下夢羅浮，翠羽千峰動鱗甲。（卷六十九石畫軒草，清刻本）

《復初齋外集》三則　翁方綱

惲南田臨王元章梅卷二首

我夢會稽王冕篆，鐵絲個個映寒濤。又非花乳求休去，瘦倚横雲一笛高。

蓬萊倒挂绿啁啾，影落甌香澹不收。烟霧横斜無著處，滿窗明月即羅浮。（卷八）

王元章墨梅，次元章自題韵乙未年春正月朔寫于草堂

誰言寒花慣雪霜，筆占陽律先群芳。誰言繁花易摹寫，心如造化初抽芒。鐵笛一聲岩谷裂，識是山陰太古雪。石農之石淰淰雲，竹齋之竹濛濛月。没骨胭脂少丰韵，淡墨光中自傳信。篆跗隸萼章草須，長帽青蓑绿眉鬢。逃禪莫説村梅楊，會稽漫憶

曲水觴。悟得句圈剔瓣法，方知筆筆皆鍾王。牧牛村邊夢已冷，洗研池頭酒初醒。誰知農屋梅百株，即是鑒湖波萬頃。（卷十九）

再次元章自題韵四首

山翁築屋伴梅居，苦節貞心梅不如。外史還同邊上夢，林逋肯著茂陵書。元章與楊廉夫同號會稽外史，而廉夫自號邊上梅，又號梅花夢也。

借梅寫兀傲，每恨不逢時。中有太和氣，尋常未易知。

諸賢吴下譜聲徽，何者真吾杜德機。挂向覃溪寶蘇室，夜深縷縷白雲飛。題者十二人：薛章憲、徐霖、王韋、祝允明、顧璘、謝承舉、陸深、都穆、唐寅、文徵明、王寵、陳沂。

楊吴倪沈各疏密，畢竟誰爲生面開。綽約縞衣春瘦起，嚴凝風節雪寒迴。驚雷抉石噴珠沫，素壁蟠蛟閃燭臺。悟澈墨痕無一筆，玉琴忽趁月明來。元人題畫梅寄懷元章詩云：『每憶西湖王處士，見花常作故人看。縞衣綽約春來瘦，風節嚴凝雪後寒。』（卷十九，民國嘉業堂叢書本）

《復初齋文集》一則　翁方綱

跋鄭所南《墨蘭》

鄭所南《墨蘭》卷，紙本。蘭一叢，生氣迥出，奇作也。自題：『丙午正月十五日作。』下押『所南翁』三字紅文方印。按所南宋遺老，入元不仕，客吴下，寄食城南報國寺以終，自稱景定詩人，有《咸淳集》《中興集》《宋遺氏録》。稱其畫蘭，自更祚後不畫土根者是也。此卷自題丙午，不著年號，所南生卒歲月無所考，然陸行直跋所南《墨竹》云：『予自童稚至壯時得承颜接辭，而先生去世幾二十載。』陸跋亦不著年世，而予考陸行直生于德祐元年乙亥，逮元成宗改元之丙午，陸年三十二歲，則其時所南尚在也。是此卷自題丙午爲元成宗改元（此年號二字是家父諱。）之十年丙午無疑矣。此卷内王冕題有：『晚年學佛，白首南冠』語。又有吴人陳昱題詩云：『家學相承寳祐年，東籬幾度菊花天。紫莖绿葉留殘墨，更覺秋光分外妍。』考鄭所南題《井中心史》云：『德祐五年乙卯三山菊山後人所南鄭思肖。』憶翁蓋所南之父名，起號菊山，以陳昱詩證之，知其承過庭之訓，在宋末寳祐時，而其詩稱景定、咸淳者，特自叙宋代遺民之詞，而其隱居吴下，則入元已久矣。即或一卷而所南平生始末可以

略得其概，豈僅作翰墨展玩而已。（卷三十三，清李彦章校刻本）

《石洲詩話》三則　翁方綱

元時諸畫家詩，如雲林、大痴、仲珪，集中多屬題畫之作。雲林最有清韵，而尚不能剔去金粉。至王元章，則純是十指清氣霏拂而成，如冷泉漱石，自成湍激，亦復不能中律。（卷五）

柯敬仲詩本不深，而綿邈處，時有醖釀，殆從畫家清境來，非可以書生章句求也。較之王元章，則有極淺處，較之倪元鎮，則有極深處。想爾時入侍奎章，與虞伯生接近，筆札自當別有所得耳。元時書畫家之詩，以此人爲第一。（卷五）

鄭杲齋東《題徽廟馬麟梅》一首，《題江貫道平遠圖》諸絶句，皆佳。元人自柯敬仲、王元章、倪元鎮、黄子久、吴仲珪，每用小詩自題其畫，極多佳製。此外，諸家題畫絶句之佳者，指不勝屈。蓋元人題畫，長篇雖多，未免限于李長吉之詞句，罕能變轉。而絶句境地差小，則清思妙語，層見叠出，易于發露本領。如就元人題畫

小詩，選其尤者，彙鈔一編，以繼唐人之後，發揚風人六義之旨，庶有冀乎。（卷五，清粤雅堂叢書本）

《詞苑萃編》一則　馮金伯

《蛻岩樂府》有題畫詞二首，極佳。其一《摸魚兒　題熊伯宣藏梅花卷子》：『記西湖，水邊曾見，查牙老樹如此。冰痕冷沁苔枝雪，的皪數花才試。天也似，愛玉質清高，不入閑紅紫。孤山處士，總賦得招魂，烟荒雨暗，寂寞抱香死。春風筆，休憶深宮舊事，添人多恨多思。墨池雪嶺三生夢，喚起縞衣仙子。仍獨自，伴瘦影黄昏，和月窺窗紙。聲聲字字，寫不盡江南，閑愁萬斛，訴與绿衣使。』其一《疏影　王元章墨梅圖》：『山陰賦客，怪幾番睡起，窗影生白。縹緲仙姝，飛下瑶臺，淡竚東風颜色。惟有龍微霜恰護朦朧月，更漠漠、暝烟低隔。恨翠禽、啼處驚殘，一夜夢雲無迹。煤解染，數枝入畫裏，如印溪碧。老樹枯苔，玉暈冰圈，滿幅寒香狼藉。墨池雪嶺春長好，悄不管、小樓横笛。怕有人、誤認真花，欲點曉來妝額。』詞暎。（卷六，清嘉慶刻本）

《墨梅名人録》一則　童翼駒

王冕，諸暨人，舉進士不第，竟弃去。買舟下東吴，渡大江，入淮楚，歷覽名山大川，北游燕都。既歸越，携妻孥隱于九里山。善畫梅，不減揚補之。求者肩背相望，以繒帛長短，爲得米之差，人譏之，曰：『吾藉是以養口體，豈好爲人家作畫師哉？』見宋濂《潛溪集》。

《元詩小傳》云：冕字元章，號煮石山農，工畫梅，又以胭脂作没骨體。此紅梅之始。燕京貴人争求之，嘗以一幅張壁間，題詩其上，曰：『疏花個個團冰玉，羌笛吹他不下來。』或以爲刺時，欲執之，冕覺，歸隱會稽之九里山，命其居曰竹齋，題其舟曰浮萍軒。宋濂作《王冕傳》言：『太祖取婺州，將攻越，物色得冕，寘幕府，授以咨議參軍，一夕以病死。』秀水朱彝尊曰：『冕爲元季逸民，自宋文憲傳出，世皆以參軍目之，冕亦何嘗一日參軍事哉。』讀徐顯《稗史集傳》：『冕蓋不降其志以死者也。』

（商務印書館叢書集成初編）

《篆刻針度》一則　陳克恕

石印

石質古不以爲印，唐宋私印始用之，不經久故不傳。唐武德七年，陜州獲石璽一鈕，文與傳國璽同，不知作者爲誰。元末會稽王元章冕始用花乳石，至明文何諸公，竟尚凍石，其文潤澤有光，别有一種筆意丰神，即金玉難優劣之也。凍石色樣不一，以明亮光潤爲主，第飾觀而不耐久。遼凍色如熟白果，其質硬而且燥，兼之難刻，不足取。壽山石有五色，然性軟而鬆。吾郡昌化石，性膩多釘，不適刀法，惟硃砂斑雞血紅爲佳，近亦難得。青田石不剛不柔，雖不足玩，揀其佳者亦妙。風門石文質俱佳，高出于壽山青田之上。至于桃花石、楚石、藍田石、萊石俱不足取。（卷一，清乾隆刻本）

《風希堂文集》一則　戴殿泗

欽賜國子監學正可庵楊君墓志銘（節録）

欽賜國子監學正可庵楊君既卒之十三年，其子杕始奉行略，求爲之志，其墓時窀穸已蕆事矣，爰追爲之志，而銘之志曰：君諱垂，字統甫，又字載春，號可庵，亦號五泄山樵，越之諸暨人……所居近五泄山，恒以山樵自號，嘗謂五泄山有鐵厓坪，是楊廉夫所嘗居址也。昔王元章、陳老蓮皆有五泄山全圖，而皆不可得見，則神溯久之，其嗜奇獨往皆此類也。卒後篋中有《周易補義》一部，《分編左傳》一部，《密雲課徒草》百餘篇，《醉春吟稿》二卷。生雍正癸卯七月初九日，卒乾隆庚戌十一月初八日，年六十八……（卷四，清道光八年九靈山房刻本）

《壹齋集》二則　黄鉞

季司學摹印，詩以示之

摹印雖小道，秦書八體一。此别有師承，不從六書出。固者執偏旁，謂失造字實。點畫依説文，往往邊幅溢。當年馬伏波，思救成臯失。紛紛白下羊，錯亂不可律。即今譜史傳，譌替十居七。一二千古人，組綬閑遺逸。文字略如今，合古所難必。不聞于爾時，召正事訶叱。古有印正。乃知撥蠟人，豈必有經術。自從石印興，文士始親暱。王冕實權輿，文彭漸工密。下至何震。與胡，正言，更僕數難悉。婀娜趨宋元，變易不遑恤。如臨古法書，漢印鍾王匹。如摹古名畫，漢印顧陸筆。緣梯必循梲，得泉忽忘繘。我年十五六，心志頗專壹。但解工者佳，古拙目深疾。近今四五年，如物乍髹漆。光采所發輝，公然見形質。十或得二三，狂喜輒連日。君今何勇鋭，新硎方礪畢。究日夜追摹，欲造古人室。漢魏與宋元，是中分作述。可涽彼注兹，毋捨甲取乙。一藝苟得成，千秋名不汩。努力君志堅，吁嗟予手拮。（卷三）

凍豆腐

屑豆凝漿日幾何，咄嗟而辦費磨礱。誰爲砥礪生圭角，别與黎祁脱臼窠。沸入湲湯冰雪净，借來滋味菜羹多。漫疑花乳原堪煮，説與元章本异科。元王冕始以花乳石刻爲印章，自號煮石山農。（卷十八，清咸豐九年許文深刻本）

《元季伏莽志》二則　周昂

盜臣傳　張士誠（節録）

……至正二十一年正月，諸暨守將院判謝再興叛，歸張氏。參軍李希白、知州欒秉德奔于江浙。八月胡大海率兵攻紹興，總管張英恃勇輕進，至城下，遇伏，被執，死之。大海圍城久不下，乃還。吕珍守紹興，嘗以牛革囊兵，宵襲明師，明師戰不利。有紹興人王冕不肯附珍，詣明軍營，獻策，攻之亦不克。珍作《保越録》，誇守城之功。（卷六）

吕珍

……（至正）二十一年八月胡大海領兵攻紹興，總管張恃勇輕進，至城下，珍獲之，尋死。大海圍城以久不下，引兵還。珍有才略，善戰，嘗以牛革囊兵，宵濟以襲明師，每戰令戰士及城中人爲歌高噪，以詬大海。紹興人王冕不肯附珍，詣大海獻策，攻之，然亦弗克。珍作《保越録》，誇守城之功，既降，乃泯之。（卷六，稿本）

《存素堂文集》一則　法式善

例授奉直大夫禮部主事吴君墓表（節録）

君諱蔚光，字搢甫，一字執虚，自號竹橋。世居休寧……晚年蒔花、藝竹、瀹茗、滌硯，不藉手于童僕。春秋佳日，杖履優游，喜以圖書琴鼎自隨，至亭樹潔净，手親播拂。購王冕梅花長卷，以梅花一卷名其讀書小樓……（卷四，清嘉慶十二年刻本）

《淵雅堂全集》一則　王芑孫

吴錫康晋元屬題印譜（節録）

……有唐此道頗不振，白家詩裏但取耀手丹砂紅。會稽王冕最晚出，創法自號煮石農。沿元迄明三百載，中間能者大抵弄石，幾欲鑿破萬朵青芙蓉，當時好醜自不一，卓爾大雅未有其人……（編年詩稿卷一，清嘉慶刻本）

《校禮堂詩集》一則　凌廷堪

題汪處士印譜

先秦繆篆易以石，此法始自王元章。多君筆如莫邪利，能使字作珊瑚光。壽承雪漁非駿足，李斯史游真雁行。他日摩崖需鉅手，不容更作善刀藏。（卷六，清道光六年刻本）

《履園叢話》三則　錢泳

有元一代畫家全講氣韵，不名一格，實能超出唐宋人刻畫之習。黄、王、倪、吴無論矣，生平所見者，山水則朱澤民、高房山、盛子昭、方方壺、曹雲西諸家，花卉人物則王若水、王元章、錢玉潭、孟玉澗諸家，蘭竹則鄭所南、李仲芳、蘇昌齡、顧定之、李息齋及其子遵道諸家，如過眼雲烟，不能悉記，皆所謂以氣韵勝人者也。（卷十）

作僞書畫者，自古有之，如唐之程修己僞王右軍，宋之米元章僞褚河南，不過以此游戲，未必以此射利也。國初蘇州專諸巷有欽姓者，父子兄弟，俱善作僞書畫，近來所傳之宋元人，如宋徽宗、周文矩、李公麟、郭忠恕、董元、李成、郭熙、徐崇嗣、趙令穰、范寬、燕文貴、趙伯駒、趙孟堅、馬和之、蘇漢臣、劉松年、馬遠、夏珪、趙孟頫、錢選、蘇大年、王冕、高克恭、黄公望、王蒙、倪瓚、吴鎮諸家，小條短幅，巨册長卷，大半皆出其手，世謂之『欽家款』。余少時尚見一欽姓者，在虎丘買書畫，貪苦异常，此其苗裔也。從此遂開風氣，作僞日多。就余所見，若沈氏雙生子老宏、老啓、吴廷立、鄭老會之流，有真迹一經其眼，數日後必有一幅，字則雙钩廓填，畫則模仿酷肖，雖專門書畫者，一時難辨，以此獲巨利而愚弄人。不三十年，人既絶没，家資蕩盡，至今子孫不知流落何處，可嘆也。《尚書》曰：『作德心逸日休，作僞心

勞日拙。』此之謂歟？（卷十一下）

史鳴鶴字松喬，江都人。畫梅，宗王元章一派，千枝萬蕊，着手成春，大小幅俱臻絶妙。與山陰童二如截然兩途，童以蒼老勝，史以韵致勝，亦各人出筆也。余嘗有詩贈之云：『仲縑寫得一枝春，玉立冰姿越有神。酒醒夢回明月夜，欲呼小宋是前身。宋器之有《梅花喜神譜》，自稱曰小宋。』嘗介余刻《梅譜》一卷，旋爲祖龍取去。（卷十一下，清道光十八年述德堂刻本）

《賞雨茅屋詩集》二則　曾燠

爲葉雲谷題王元章梅花絶句

山農煮石君友石，雲谷齋名友石。惟有此花宜石腸。何不移家剡溪去，溪頭烟景勝螺岡。廣州螺岡多梅花。（卷十）

題蘭雪所藏王元章畫梅

先生卜築九里山，蘭雪有《九里梅花村舍圖》。欲坐萬樹梅花間。惜無山農煮石者，木屐蓑衣相往還。江南自與梅花别，北風吹得頭如雪。長安市上肩聳山，唫興猶思剡溪月。閑中忽得山農畫，懸向空齋亟下拜。拜梅今已四十平。年，一把茆須何日蓋。蘭雪向有《拜梅圖》。拍手大叫梅花王，元章句。我與君同冰雪腸。花身倘是君所化，有酒酹君三百觴。豐臺唐花苦不香，點綴桃杏紛滿堂。豈惟無香亦無態，疏影横斜不如畫。寫生賴有先生詩，詩與此畫皆清奇。（卷十九，清嘉慶刻增修本）

《繪事瑣言》一則　迮朗

石印

石質，古不以爲印，唐宋私印用之不經久，故不傳。唐武德七年，陝西獲石璽一紐，文與傳國璽同，不知作者爲誰。元末會稽王元章始用花乳石，至明文何諸公，竟尚凍石，其文潤澤有光，别有一種筆意，丰神即金玉難優劣之也。石之所出不一，要在取材者選而用之可也。（卷七，清嘉慶刻本）

《天真閣集》三則　孫原湘

畫梅（選一）

元章妙手不肯傳，無人解畫羅浮仙。偶然興到一點筆，花壽又增三百年。（卷

十六）

蔣文肅墨梅卷子

梅有真性情，宜放不宜束。梅有真骨幹，宜直不宜曲。宜野不宜城，宜山不宜屋。愈瘦愈精神，愈疏愈馥郁。世人愛梅花，多昧真面目。取勢必偃仰，選枝務蜷局。豈知人工爲，已失天趣足。奈何畫工畫，多拘俗眼俗。蔣公妙寫生，胸有萬冰玉。古法隨心通，春意信手觸。倔强致横生，不使一筆熟。變化枝交加，不使一筆複。筆外更有筆，奇趣溢方幅。畫中不似畫，生香可盈掬。初讀自記語，了了在心腹。點筆細臨橅，十不得五六。寄聲畫主人，催題無欲速。願乞一月留，不厭百回讀。把臂王元章，却走陳道復。欲學揚補之，先從蔣西谷。文肅自號。（卷十六）

舟中寫梅一枝與諸子聯句

探梅先寫梅，孫原湘。一枝清且瘦。拂拂纖疑香來，林寶。盈盈似春逗。遥傳高士神，吴震。獨得藐姑秀。不學王元章，孫文樾。頗近楊元咎。筆少不可添，原湘。手妍恰相湊。蕭疏態轉濃，寶。灑脱力自透。所惜紙幅短，震。已覺墨意彀。崛强由天然，文樾。横斜合水就。即花悟文章，原湘。于法仿篆籀。銅阬萬樹開，寶。玉蕊千林茂。冒雨挂帆行，震。挑燈聽簷漏。寫生消長夜，文樾。入畫比春壽。宛從頭上折，原湘。時向鼻端嗅。蹁躚寢縞衣，馨。徒倚想翠裏。忽驚水光寒，震。尚訝月色舊。漏泄造化機，文樾。寫一矧敢又。原湘。（卷二十三，清嘉慶五年刻增修本）

《庭立紀聞》一則　梁學昌

《史記·封禪書》：南山秦中祠二世皇帝，其後匡衡奏罷之……常山董卓廟，南譙郡渦陽縣曹操祠。《魏書·地形志》：陳監丞旅有毀夷陵操廟詩。劉中山詩有『曹操祠猶在，濡須塢未平』之句。《一統志》謂無爲州、和州俱有之。元王冕《竹齋集》有頌申屠駉毀夷陵曹操詞詩。（卷二，清嘉慶刻本）

《閩中書畫録》一則　黄錫蕃

王人佐，畫梅枝葉點綴，多師王冕筆，稍近俗耳。《閩畫記》（卷五，民國三十二年合衆圖書館叢書本）

《尚絅堂集》一則　劉嗣綰

沈小霞梅花硯

沈鍊，號青霞，劾嚴嵩，以謫死。鍊子襄，字小霞，以蔭洊至郡守。硯背鎸梅花一樹，款曰：『萬曆丁丑十月之望爲五槐内史寫于梅雪齋。』

王元章後誰梅花，年年煮石山農家。石工琢硯畫工畫，小霞先世承青霞。一疏相嵩怒，即日謫戍逾龍沙。矯詔論死得死所，襄也幾受清流嗟。冰山倒後表奇骨，時擢郡守依靈槎。官齋無事弄文翰，文田一角栖生涯。心腸鐵石寫生出，放筆直幹來横斜。飄飄數點忽飛去，化爲蝴蝶尋南華。揣摩石理得畫理，枯腸不獨生槎枒。五槐内史竟誰氏，篆影仿佛依煎茶。寒窗剛值玉梅映，黄昏水月紛周遮。石兮可餐香可嚼，開函一笑聊塗鴉。（卷四十七，清道光大樹園刻本）

《黄丕烈藏書題跋集》一則　黄丕烈

《竹齋詩集》一卷（鈔本）

中秋朔後五日，偶過經義齋書坊，見有鈔本《竹齋詩集》，殘闕不全，雜諸亂書堆中。主人初不以示余，余一見而异之，异其爲王元章之集也。王元章係元人，善畫梅，素聞其姓名，實不知其有詩集，今始知之。且余蓄元人集頗富，從未見此集，因急收之歸。命内侄丁竹梧手爲補綴，加以裝池。本書尚全，唯首尾有闕，當續求别本足之。元章人本狂生，故詩句多豪放不羈，言之甚暢，非拘拘于繩墨間。想畫梅亦復如是，惜未能一見其真迹也。壬申八月八日定更時復翁記。（《蕘圃藏書題識再續録》卷三，上海古籍出版社二〇一三年）

《文選樓藏書記》一則　阮元

《竹齋集》三卷，續集一卷，元王冕著，諸暨人，抄本。（卷六，清越縵堂抄本）

《石渠隨筆》二則　阮元

趙孟堅書梅竹三詩，行書。子固詩翰皆遠不及鷗波，惟以品節高遠，故人意中若欲使駕鷗波而上之。此三詩不甚佳，書亦不過爾爾，至其言畫理，有足采者。昔聞畫史述：『珠暈一圓工點椒』爲王元章畫梅詩，今觀此乃出子固，因録之，以遺畫梅竹者商榷之。（卷三）

元五家合壁卷，第二幅王冕畫梅花一枝，題云：『吾家洗硯池頭樹，個個花開淡墨痕。不要人誇好颜色，祇留清氣滿乾坤。』第三幅朱德潤畫松崖下二人浮艇，題云：『醜石半蹲山下虎，長松倒卧水中龍。試應眼力知多少，數到雲峰第幾重。』（卷四，欽定四庫全書本）

《定香亭筆談》一則　阮元

題錢恬齋昌齡所藏王元章萬玉圖

嬾迂十萬圖，夷門詫奇絶。就中霏古香，萬樹橫溪雪。雪消溪流清，月落霜華綴。照見冰玉姿，點點同心結。創奇煮石農，但寫聲騷屑。空色窮形相，麋丸著靈潔。疏密間橫斜，規連復矩泄。一枝十丈强，一瓣波三折。滿幅蕩春光，餘景不一設。我昔蘊槎枒，畫理商老鐵。奚岡。腕底苦不運，說者輒宛舌。回谿草堂開，茶瓜供小愒。先澤富貽留，行行標鑒別。茲圖五百年，豈受六丁掣。收藏歷三世，縑素未磨滅。奇奥究造化，題句破禪悅。開拓萬古胸，過眼白雲曳。圓類珠走盤，勁擬筋入節。萬玉誰瑕疵，瑤階寸肪截。始知宗伯畫，擇石先生。胚胎授神莂。文孫幼穎悟，含飴聆緒說。

弄筆塵俗捐，清芬久掇擷。小鶴丁子復。真詩豪，發唱走煩熱。戛玉必萬響，我遇氣先竭。主人繼其聲，雜沓促報決。書來誇飛仙，那許悶寒劣。羅浮夢綿邈，西溪篴幽咽。何如招吟筇，鄧尉探芳冽。衝烟踏瓊瑤，臨風振蓑薛。相遇無極翁，共扣長生訣。（卷一，清嘉慶五年揚州阮氏琅嬛仙館刻本）

《兩浙輶軒録》一則　阮元

姚文翰。字完初，諸暨諸生，著《未信草》五卷、《苧塘居詩稿》十卷。姚清泰曰：先君孝友廉静，力行惟恐不足，因自號曰愧庵，乾隆壬子卒，知交以『庶幾無愧』四字題于靈次。

《夜游十里梅園歌園在諸暨楓鎮之北》：『梅園十里清且幽，凍雲凝結横不流。楓橋才過數里遠，衣袂暗覺香風浮。鶯聲啼破春初暖，凍解冰澌橋欲斷。短笠横跨禿尾驢，一步一躓行緩緩。須臾突過紫陽宫，千樹萬樹難爲容。嶺分南北氣候别，半含半放開不同。瓊枝碧樹紛相糾，海藏倒翻珠千鍾。清香一氣通蒼昊，塵垢滌盡生平胸。龐眉老叟向予説，夜來尤覺光玲瓏。我聞此言心清越，凌空直自排天闕。金篦快括天目翳，頃刻擎出天心月。天色陰晦，更深始霽。璘璘擲下萬琉璃，遥山殘雪皆欲活。身貯冰壺人不知，幾倩瓊瑤換子骨。長夜沈沈動清嘯，老鶴驚飛雲外叫。我欲控之朝玉京，手撚鐵笛歌水調。歌水調，震山谷，口角涎沫成珠玉，拍手大笑趙師雄。羅浮祗圖一夢熟，我聞愛梅舊有王元章，九里山前一草堂。雪中赤脚驅白犢，曾否常年似我狂。』（卷三十一，清嘉慶刻本）

《續疑年録》一則　吴修

王元章，七十三冕

生後至元元年乙亥，卒明永樂五年丁亥。（卷二，清嘉慶刻本）

《船山詩草》一則　張問陶

胡城東唐刻船山小印見贈，作歌謝之

胡君鐫石石不死，一片靈光聚十指。得心應手有神力，不怕酸風射眸子。淺鏤深刻疑鬼工，精妙直過王山農。黄金一贏鐫一字，紅泥的的真能事。世人求不得，我亦不敢求。忽向空中貽佩印，使我高懸肘後如封侯。其下蟠朱文，其上作獅鈕。朱文宛轉署船山，獅鈕鬣髫直芻狗。君不見，百年人世同枯朽，漫説無傳傳亦偶。刻銘書相斯，沉碑誇峴首。千秋萬歲名，悠悠一杯酒。金石之功累良友，狂來欲叱精靈守。吁嗟乎，狂來空叱精靈守，又知此印他年落誰手。（卷十，中華書局一九八六年）

《台州札記》一則　洪頤煊

陳立善

《書畫譜》：『陳立善，黄岩人，至正中爲慶元路照磨，工墨梅，與會稽王冕齊名。子處亨，號方山，墨梅妙得其傳。』（卷十一，清鈔本）

卷十　清六

《香蘇山館詩集》四則　吴嵩梁

王元章梅花硯歌爲季馴作

九里山中花萬樹，天與山人養貞素。自携佳硯寫横枝，墨雲狼籍花深處。五百年來香透骨，琅函乍啓松烟濕。美人一笑暮天寒，中有唫魂呼欲出。我愛制硯工頗深，花影玲瓏拂硯陰。平生煮石山農手，曠代西湖處士心。空山月落啼么鳳，老筆疏花俱耐凍。伊吕功名一卷書，誰知才大難爲用。此硯相隨不計年，此花開後海成田。零縑剩楮千金價，何况琅玕姓字鐫。君家藏硯有高樓，得此應居最上頭。花時洗硯春冰滑，漠漠寒香共水流。（《古體詩鈔》卷三）

自題所藏王元章梅花真迹直幅

畫梅自古多高士，聊借寒花寫吾意。疏花冷蕊亦丰神，終讓繁枝有奇氣。煮石山農天下才，獻策曾上黄金臺。經世苦心無用處，入市佯狂亦可哀。平生畫梅多巨幅，虬枝鐵幹交蟠曲。細尋一一有根源，不是狂花無檢束。酒酣放筆寫春風，十指縱横妙不窮。憑將萬點燕支雪，亂灑荒山破屋中。頭着高檐帽，身被緑蓑衣。手持木劍向誰斫，車駕白牛迎母歸。九里山中結茅地，花開花落無人記。自嗟身世若浮萍，投老鑒湖恣游戲。一生畫梅知幾多，求之不得當奈何。當其得意揮毫日，村店寺樓皆滿壁。身後一紙千金值，只許高人能辨識。真迹懸來屏障間，紅羅玉照無顔色。吴生有梅癖，看花常縱游。桐江種花卅萬樹，移宅來居九里洲。爲愛公家山九里，願藏此幅共千秋。（《古體詩鈔》卷十三）

次韻謝曾賓谷丈題王元章梅花

探梅公愛青芝山，來往銅坑元墓間。結茅有願不能遂，夢中一櫂風吹還。十年我與桐君别，臨水柴門掩花雪。三十萬樹香徹天，拄杖何人踏明月。冰綃六尺空齋挂，展圖重下梅顛拜。前有花光後補之，盛名都被山農蓋。當時傲骨輕侯王，百折難回鐵石腸。仙筆忽從天上落，對花恨不飛千觴。平生一瓣南豐香，詩人幾輩容升堂。富貴浮雲多幻態，一笑且將身入畫。此畫奇絶得公詩，奇外誰能更出奇。《古體詩鈔》卷十四）

謝守拙道人畫梅

道人畫梅有奇筆，妙處直逼王元章。畫成不肯持贈我，却笑梅隱真疏狂。老夫之狂狂欲死，愛梅愛畫淪骨髓。豪奪居然效米顛，巡檐一笑吾歸矣。道人畫梅千萬枝，自詫平生無此奇。别成巨幅换原畫，孤根卧水花離披。一妙兼收苦難得，持向梅妻問奇策。换畫不許酬以詩，萬斛寒香澆醉墨。道人得詩喜破慳，林下嬋娟并載還。偕隱願移洲九里，乞君重畫富春山。（《古體詩鈔》卷十五，清木犀軒刻本）

《胡氏書畫考三種》一則　胡敬

余省

摹王冕梅花一卷。款乾隆壬申春王臣余省奉敕恭摹王冕筆意。（《國朝院畫録》卷上，清嘉慶刻本）

《重論文齋筆録》一則　王端履

余舊藏王元章冕墨梅卷，草草數筆，老幹横斜，疏花暗澹，自題云：『雪凍羅浮路，苔封瑪瑙坡。無根花自好，想是得春多。山農王元章。』幀首『江南春色』四篆字，係魏文靖公手書，款署『南齋』而不名。引首有『南齋』一印，末有『南齋迂叟』『吏部尚書之章』兩印，又題詩于後云：『慣寫冰霜質，山農何可當。仆孤今日重，深感故家藏。大庾蒼崖頂，逋仙老屋傍。一枝開傲雪，誰敢敵奇芳。』又跋云：『此梅蓋元王山農先生之筆，爲今之罕有者，龕峰沈廷用持以請題，故書。天順癸未十月初吉天官致仕九十翁蕭山魏驥識。』引首有『南齋』『天官歸老』二印，末有『仲房』『南齋迂叟』『吏部尚書之章』三印。其餘題者爲陶元素、葉冕、賀確、蓬壺道人不署名、朱廷訓、韓垏、朱純、沈環，詩繁不具録。又有一詩，署名草書半蝕不可辯，其印章則『惷夫』『天官亞卿』二方，暇日當細考之也。

端履案：南齋係山農于元，豈元章未嘗入明耶，天順去明初不遠，當確有所據也。

又案：此卷爲吾邑漁池沈氏舊藏，道光癸巳予爲沈氏題歷代神主，姻家獻夫太學琛出以贈余，今獻夫已亡，展閲之餘，不勝物是人非之慨。（卷二，清道光二十六年授宜堂刻本）

《嶺南群雅》一則　劉彬華

張錦芳，字粲夫，一字藥房，順德人，乾隆己酉進士，官編修，著有《逃虚閣詩集》。

《題王元章墨梅自題云：『瑪瑙坡前梅爛開，巢居閣下好春回。四更月落霜林静，湖上琴聲載鶴來。』印云：『會稽佳山水』》：『清仁長者迹絶倫，筆妙獨許山農親。移家晚傍鑒湖水。艤櫂尚踏孤山雲。咸平處士魄已冷，巢居閣下花含顰。却將洗硯池頭墨，淡與冰雪摹精神。一枝横斜玉作塵，兩枝并擢苔鱗皴。幽香冷艷看不定，疑有落月凉紛紛。翛然載鶴來湖濱，無復騎牛驚市人。寫花不獨貌花影，自貌避俗花前身。有時調脂作没骨，坐令權貴趨風頻。世人但賞顔色好，未若此圖尤逼真。印材想像花乳石，篆籀紋映花枝新。佳山佳水足神往，携此試探羅浮春。』（初集一，清嘉慶十八年玉壺山房刻本）

《頣道堂集》四則　陳文述

楊子佩白鳳樓印譜叙（節録）

郎瑛《七修類稿》曰：圖書古人皆以銅鑄，至元末會稽王冕以花乳石刻之，今天下盡崇處州燈明石，温潤可愛。陸卿子《考槃餘事》云：青田石中有瑩潔如玉，照之燦若燈輝，謂之燈光石。取其質雅易刻而筆意得盡，蓋即今之青田凍石也。其時蜜蠟未出，金陵人類以凍石作花枝小蟲爲婦人飾。文壽承國博在南監日，途遇貨石老髯，與人詬價，悉售以歸。先是國博所爲印皆牙章，至是乃悉刻石。何雪漁主臣繼之，金一甫、胡正言、梁大年、千秋弟兄、方直之、沙門慧壽即萬壽祺也、張稚恭文，及先程穆倩諸人繼之，于是凍石之名艷傳四方，遂爲文房秘寶，摹印家奉爲不秘之祖，亦物之顯晦有時不能終閟耶。（《頤道堂文鈔》卷七）

題錢九英女士畫梅并贈蒯司馬鐵崖

女士香樹宫傅女孫也。傅太夫人南樓老人善畫，曾達御覽，故詩中及之。

樊村齋中一幅梅，墨花暈紙浮蒼苔。羅浮峰顛花首臺，千枝萬枝霜中開。初疑王元章，又似揚補之。百花頭上得春早，乃是檇李女史之所爲。冰雪爲姿鐵爲梗，美人寫花如寫影。玉堂晴雪滃繁香，不羡空山一枝冷。香車昔度庾嶺西，郎君乘障官五溪。孔雀啼香榕葉绿，绿窗寫罷烏絲題。此圖歸寫楓江上，萬玉横斜互相嚮。仿佛仙人萼绿華，銖衣翠袖凌風颸。純皇在御升平初，君家太傅恩禮殊。節母丹青達皇覽，玉殿染翰醮金壺。六宮傳觀百僚羨，片紙珍逾瑛璠璵。南樓翰墨世罕見，善本往往歸石渠。幾葉女孫猶擅此，淵源六法知非誣。願君多寫還自惜，錦贉閟以澄心幮，他年宣索績寶笈，佳話重記鴛鴦湖。（《頤道堂詩選》卷十）

内弟龔嬾仙有歸隱西湖之意，松壺子爲作湖田醉牧卷子，爲題此詩

嬾仙非仙得仙意，卧酒吞花有真味。歸夢不離湖上山，更思十畝湖陰田。短笛横吹破春绿，不解爲農解爲牧。荷鍤倒騎烏牸牛，醉牧之樂同醉侯。高冠大袖神揚揚，前身合是王元章。卜肆垂簾影松翠，今生且作徐用晦。嬾仙善卜。牧非牧兮聊避人，醉非醉兮全吾真。華胥之國桃源春，是爲真逸爲天民。蘋雨荷風湖上宅，茶灶筆床胡上客。我亦湖山跌宕人，萬花小隱三生石。（《頤道堂詩選》卷十七）

畫屏懷古詩

余幼耽元静，長厭塵氛，徒以匏繫之，累客京師者八年，羈宦江左者又十五易寒暑。今年八月二十七日，犬馬之齒五十矣。乃葺古來中心嚮慕之士，乞松壺七鄰繪諸屏幛，雖不能至，心嚮往之，亦圖畫僑札意也，各繫以詩。

吾愛王元章，畫梅得梅趣。倒騎烏牸牛，吹笛松陰去。極目雲門山，烟浹不知處。

（《頤道堂詩選》卷十七，清刻本）

《大觀録》四則　吴榮光

趙文敏古木幽禽圖

澹黄絹本，高五尺，闊二尺，仇山村諸題在本身，子昂款在左下角，地坡甚厚，全用董巨墨皴法，樹高可三尺，狀如草書。湖石嵌空，根株半掩，樹皮濃墨勾捽，稍寫嫩枝，著大葉四五瓣，墨勾頳漬，甚風韵。斜幹槎枒，立幽禽二，一側首注視，一奮吭仰顧竹枝，取勢横斜，刺棘兩三莖，纖條乍茁，生趣靈動。

古木幽禽。子昂。（印『趙氏子昂』）

錦石傾欹玉樹荒，雪兒無語戀斜陽。百年花草春風夢，不是錢塘是汴梁。山村翁。

錢唐江上過山村，古木幽禽記墨痕。聞是故宫禾黍意，聽人鑒定趙王孫。

玉樹凋傷衆草黄，女媧殘石并荒凉。蒼龍已化蕭蕭竹，猶認幽禽作鳳凰。午翁

漢唐池館已荒凉，野鳥忘機對夕陽。説與王孫徒感慨，近來青草没人長。元章題

嘗記曩時松雪翁爲王元章作幽禽竹石，甚爲合作，屈指三十年，今復見之，恍

如夢覺。上有山村題咏，尤是佳句，使人三嘆。至正五年十月望日大痴道人識。（卷十六）

趙文敏蘭管夫人竹合作卷（節録）

白元箋本，高九寸，二幅，每幅長二尺二寸。松雪畫蕙二幹，葉十許莖，墨濃澹相間，行筆若草書，波撇多姿。旁大小拳石作飛白法，下襯坡草，子昂款題石上。夫人寫竹一竿，焦筆乾畫四節濃墨剔葉，左落『仲姬戲筆』款。蕙畝湘筠合而成卷，前後幅圖記絫列。元明題凡十七家，夫風流佳耦，古今代有，然如公與夫人之雙栖紅翠，對寫烟霞，曠世而下，令人想見，神仙静侶，何可多得。余惟夫人雖擅書畫，名第真迹傳世絶少，書止簡中峰一札，畫則僅此卷與三竹圖耳。顧神龍朱草，以不數見爲鮮貴，多乎哉。

……

春餘故國草連天，夢落湘江夜雨懸。不説王孫舊時事，玉堂揮翰亦凄然。

日暮風回翠袖輕，筆華摇動不勝情。水精宫裏春寒薄，却憶飛鸞在上京。會稽生

王冕（印『王元章』『文王孫』）（卷十六）

王元章雙清圖長卷

公名冕，字元章，號煮石山農，會稽人，具文武才略。明洪武初，授咨議參軍。書法遒逸，善墨梅，人呼爲浙派。白元紙本，高一尺三寸，長二丈有零。元章自題在尾紙，梅繁甚鮮，横斜清迥之致，獨劉誠意題七言古一篇，詩既超邁，書法更古宕可喜，畫以詩傳，于此卷征之，尤信。

至正七年四月八日寓蕭然山戴氏畫樓，是日風雨大作，客興悒鬱，適與直携長紙索予寫梅。拂紙揮毫，便覺蕭爽如明月雪霽，放舟洞庭林屋之下，精神飛動，不知人世之紛紜何如也。遂縱情爲作，推篷横看，勒竹以副命，曰雙清圖云。王冕識

道人紅顔映鬒雪，心與梅花共清潔。夢魂化作梅花神，貌得梅花最奇絶。高軒落筆當晴曦，北風吹樹寒雲垂。九霄露結珠玉蕊，野水影動龍蛇枝。勞生苦被煩熱惱，見此令人暢懷抱。虚道其間無散木，祇有梅花三萬樹。王初平，在金華，山中白羊許借我，與爾并駕凌飛霞。劉基爲與直書。（卷十八）

王元章墨竹

元章才情豪放，意氣磊落，其詩流膾人口，喜畫梅竹，不過游戲三昧，殊少高妙。

此竹紙本，寫贈陶九成者，雖攆龍參拔之勢，拙于繪理。然詩跋自有友朋勖勉之意，以識名士風概。

元章梅竹，余所見幾百幅，于寫生家所謂：烘暈勾染，狀梅之精神氣韻，剔葉破墨，寫竹之風晴老嫩者，無有也。録中存此二種，一爲劉青田，詩跋精妙，一爲畫贈陶九成，九成名宗儀，天台人，居華亭，著《輟耕録》《書史會要》，博雅君子也。觀者謂畫以人傳、以詩傳也可，謂予爲三家結一重翰墨緣也可。再識。

瀟灑三君子，是伊親弟兄。所期持大節，莫負歲寒盟。

赤城陶君，故家子也，余寓西湖之東，九成時來會，談論竟日，退有不忍捨者。其仲季皆清爽，真芝蘭玉樹，不下晋人王謝家也，遂書而歸之。己丑歲夏五月二十二日會稽王冕寫。（卷十八，民國九年武進李氏聖譯廔本）

《幼學堂詩文稿》一則　沈欽韓

叠前韵（二首選一）

剪得冰痕破月痕，嫣然瓊樹酒徒存。阿誰賺得南湖句。元貢欽爲貢性之《南湖集》序云：

『時會稽王元章善畫梅，得其畫者，謂無貢南湖詩則不貴重，故集中多咏梅詩。』南湖嘗題云：『爲渠日日賦詩新。』更插繁花媚遠村。（《幼學堂詩稿》卷十三，清嘉慶十八年刻道光八年增修本）

《退庵詩存》一則　梁章鉅

古瓦研齋所藏歷代書畫雜詩（選一）

煮石畫梅不易得，篋中兩卷皆生新。嵚崎歷落想懷抱，九里山中冰雪晨。王元章《墨梅卷》一絹本，一紙本，皆有自題句，絹本後有祝枝山題詩，作大草，極有氣勢，王烟客跋亦精。（卷二十二，清道光刻本）

《溪山卧游録》一則　盛大士

粵東文士能詩者兼工畫：黄小舟侍御玉衡、張南山司馬維屏及黄香石明經，皆深于畫學者。小舟寫梅得王元章遺意，香石著述甚富，曾讀其浮山小志，如置身于烟霞泉石間，嘘吸吐納俱有仙氣，古藤書屋中餞予南歸，作《天際歸舟圖》，筆意曠逸。南山畫余未之見，然人皆言其所作與時泒不同，性酷好松，嘗云畫松要于不經

意中見極經意處。（卷四，清道光刻本）

《藴愫閣詩集》一則　盛大士

海虞客舍柬吴儀部竹橋先生蔚光

懸車中歲謝纓簪，歸卧空山事苦吟。與古爲徒無僞行，憐才如命有真心。盡除薄俗交游習，不墜騷壇正始音。一卷梅花樓上月，清光引我照虚襟。先生購得王元章梅花長卷，築樓貯之，名梅花一卷樓，邀諸同人觴咏其上。（卷二，清道光元年刻本）

《琴隱園詩集》二則　湯貽汾

題朱秋舫刺史所藏王元章墨梅

自有神仙共此憑，金壺倒出玉壺冰。多應煮石和梅嚼，五百年來熟不曾。

君是逋仙老比鄰，與梅原有舊緣因。多君揮手千林雪，大抵前身是此人。（卷三十一）

二樵山館圖爲王二樵題（選一）

碧浪湖邊山館開，山人日日畫寒梅。可憐人與梅同瘦，白石何曾煮熟來。君畫梅法王元章。（卷三十五，清同治十三年曹士虎刻本）

《丹魁堂詩集》一則　季芝昌

題朱人鳳印譜（節録）

……相尚唐宋制漸异，何人刻石歧中歧，山農王冕别擅妙，花乳磨琢藻采摛。屏弃水晶及犀象，獨于頑鈍傳神奇。青田發掘斫雲髓，昌化穿鑿剜松脂。芙蓉岩畔佛印供，壽山洞裏周客嗤。處州燈明更瑩潤，較勝窑穴青冬姿……（卷一，清同治刻本）

《六舟集》二則　釋達受

寶素室金石書畫編年録

道光八年戊子　三十八歲

是年，得王元章梅花卷，枝幹勁于瘦鐵，著花尚守《喜神譜》矩鑊，前題長古一首，云：『癸巳冬十月五日，會稽山農王元章寫于麗澤齋。』蓋在至正之十三年也。後有杜桓、鄒逸麟、金俊明等題句。此卷曾爲笪江上侍御所藏，爲弁其首『暗香疏影』四字。

跋元王冕款梅花圖卷

此煮石山農真迹，與余所藏畫梅卷同一用筆，後有趙仲穆等題。是卷題二段，皆爲元人，惜未詳其籍貫也。丙辰春二月上旬，寓武林學署之定香薢苫，蘭坡先生出此共賞，嘆爲希世之珍，眼福無量。同觀者武原陳粟園。南屏退隱道者六舟達受謹志。（浙江古籍出版社二〇一五年）

《䜄䜋亭集》一則　祁寯藻

雨中遇九里洲望梅花

元章妙墨留題在，梅隱中書蘭雪自號。願竟虛。何意布帆烟雨裏，萬花開處我來初。

曾于吴蘭雪丈座上見王冕《九里洲梅花圖》。（卷二十六，清咸豐刻本）

《匏廬詩話》二則　沈濤

陳眉公《書畫史》有王元章自題飛白竹絶句云：『瀟灑三君子，是伊親弟兄。所期持大節，莫負歲寒盟。』今《竹齋集》不載。（卷中）

海鹽吴思亭上舍修句云：『近山老樹凍猶緑，出水晚烟低不飛。』其兄榕園應和亦有句云：『雲壓炊烟低墮水，樹移帆影遠浮天。』真不愧伯仲之間。思亭精鑒别，收藏甚富，嘗載古人法書名畫遨游江湖間。余在高郵道中，贈之詩云：『子京天籟今無閣，君更浮萍别構軒。載得船游吴楚越，摸將絹辨宋明元。頻年湖海兼忘漫，一舸烟波獨避喧。莫認滄江貫虹月，夜深甓社浪珠翻。』『浮萍軒』，王元章船名。（卷中，清望雲仙館刻本）

《鐵琴銅劍樓藏書目録》一則　瞿鏞

《竹齋詩集》三卷（舊鈔本）

元王冕撰，曾孫婿駱大年輯。前有劉基序，韓性《竹齋記》，張辰、宋濂《王先生傳》，後附山陰吕升所作冕子山樵周《行狀》及魏驥、白圭、駱居安諸跋。卷末有名集義者題記云：『余得此書于表弟葉栐，栐父名潮，字半帆，工花鳥，余家有其畫，乃以之相易。舊鈔間有訛字，暇日當校正之。』卷首有『璜川吴氏收藏圖書』朱記。（卷二十二，常熟瞿氏罟里家塾刊本）

《青梅詞》（百首選一） 郭鳳沼

十里梅園淺水邊，山農日日有詩篇。自古博嶺至楓橋三十里地，名十里梅園，居人以梅爲業，元煮石山農王元章梅花屋即在其中。行人策衛天章去，一路疏花小雪天。（《國朝三修諸暨縣志》卷五十三，宣統元年刻本，又見《諸暨詩英》卷九，民國二十五年徐道政印本）

《明通鑒》一則 夏燮

前紀二 太祖

（元至正十九年，一三五九年，春，正月）庚申，樞院胡大海攻諸暨州，守將先期宵遁。萬户沈勝以城降，既而復叛，大海擊敗之，生禽四千餘人。改諸暨曰諸全州。

是月，樂平儒士許瑗謁太祖于婺州。瑗以元末兩舉于鄉，皆第一，會試不第，至是見太祖曰：『方今元祚垂盡，四方鼎沸，足下欲掃平僭亂，安定黎民，非延攬英雄，難以成功。』太祖曰：『予有英雄，有如飢渴，方廣攬群策，救民塗炭，共成康濟之功。』瑗曰：『如此，天下不難定也。』太祖喜，留參軍事。已，復授瑗爲太平知府。

時又有諸暨人王冕者，辟地陷九里山，嘗仿周官著書一卷，曰：『持此遇明主，伊吕事業不難致也。』太祖下婺州，物色得之，置幕府，授咨議參軍。冕自謂得行其志，未幾，病卒。（《明通鑑前編》卷二，中華書局一九八〇年）

詩巢七君子詩并序（選一）　葉敬

越中卧龍山麓有古詩巢，其祀賀、秦、方、陸、楊、徐六子也。以詩，不僅以詩也。諸公制行正奇非一軌，皆卓然有以不朽，而元章王公者，實與楊公生同時，居同里，詩詞殆不亞楊。至談兵擊劍，俶詭佯狂，又若爲天池生，導其先路。迄乎孝陵定鼎，授咨議參軍，卒不降其志以死。九原可作，且當與白衣乞歸者把臂入林，顧不得與于斯列，何耶？暇日論定，作爲七君子詩，告諸同志，俾得續祀，識者必韙余言焉。

王冕

元章乃逸民，兵機夙諳練。平時談喪亂，養拙謝推薦。寧受畫師譏，肯陪參軍宴。著書仿周禮，惜哉無由見。（《諸暨詩英》卷八，民國二十五年徐道政印本）

《清實録》一則

道光七年丁亥春正月。

戊寅。上御重華宫，茶宴廷臣及内廷翰林，命和御製題王冕上林春早圖詩韵。

給奉天白旗堡、小黑山二處上年歉收各旗户并站丁等一月口糧。

貸直隸寧河寶坻、豐潤、玉田、開、元城、大名、南樂、清豐、廣平十州縣上年歉收農民口糧有差。

展賑江蘇高郵、興化、東臺、寶應、江都、甘泉、山陽、阜寧、清河、安東、鹽城、上元、江寧、江浦、海、沭陽、泰十七州縣及凖安、大河二衛上年被水軍民。并加賞邳、宿遷、沛、蕭、沭陽五州縣災民一月口糧。給安徽五河、泗二州縣并屯坐各衛上年被水軍民一月口糧。

緩徵山東濮、范、蘭山、郯城、高唐、魚臺六州縣并東昌、德州、臨清三衛上年被災村莊上忙額賦及各項銀米。（《道光朝實録》卷一百十三，中華書局一九八五年）

《千金裘》一則　蔣義彬

草木蔬果

松兄。王冕詩：青松是兄梅是弟。（卷二十六物部，清道光五年務本堂刻本）

《歷代畫史彙傳》十則　彭蘊璨

元陳立善，黄岩人，至正中爲慶元路照磨，墨梅與王冕齊名。《篁墩集》。（卷十三）

明袁子初，字叔言，號雪齋，上虞人。流落江西，寫梅得王元章法。《紹興府志》。（卷十六）

明孫隆，字從吉，號都痴，毗陵人，開國忠湣侯孫。天順中爲新安知府，梅花得王冕筆法，禽魚草蟲得徐熙趣，自成一家，號没骨圖。《無聲詩史》《圖繪寶鑒續纂》《珊瑚網》《東里續集》。（卷十六）

元高敬齋，佚其名，王冕弟子，畫亦有名。《虞山畫志》。（卷二十）

明王冕字元章，號煮石山農，諸暨人。善寫竹石，畫梅不減楊無咎，自成一家。幼貧，父使牧羊，潛入學聽諸生誦書，暮乃返，忘其牛，父撻之，已而復然，母曰：『如此，曷不聽其所爲。』冕因去依佛寺，夜坐佛膝上，映長明燈讀書。會稽韓性异之，録爲弟子，遂稱通儒。性殁，門人事冕如事性。通《春秋》諸傳及《漢書》。嘗舉進士，不第，即焚所爲文，益讀兵法，有當世大略。游燕都，秘書郎卿泰不花擬以官職進，力辭。歸，每大言天下將亂，携妻孥隱九里山，以畫梅幅之長短爲得米之差。嘗仿《周官》著書一卷，曰：『吾未即死，持此遇明主，伊吕事業不難致也。』時稱狂生，後遇胡大海，獻攻紹興之策，稱旨，署爲咨議將軍。能詩。至元乙亥生，永樂丁亥卒，年七十有三，著《竹齋詩集》。《明史本傳》《紹興府志》《圖繪寶鑒》《無聲詩史》《潛溪集》。

（卷二十八）

明王人佐，字良材，號梅泉，將樂人。善竹石蘭草，師王冕，畫梅名盛海内，片紙如珍。生平氣度瀟爽，喜吟咏，著《倦游草》。《將樂縣志》《圖繪寶鑑續纂》《閩畫記》《甌甌洞稿》。（卷二十八）

明劉世儒，字繼相，號雪湖，山陰人。師王冕，墨梅克臻其妙，作《梅譜》四卷。《明史·藝文志》《山陰縣志》《無聲詩史》《圖繪寶鑑續纂》。（卷三十五）

明周號，字德元，號草庭，昆山人。有司兩以賢良薦，不就。王冕後寫梅一人而已。工篆隸，性高，元草創郡志，彈琴賦詩以終老。《蘇州府志》《昆新合志》（卷三十六）

明林宏顯，號洞陽山人，長樂人。梅石效揚補之、王元章，筆力蒼古，世稱洞陽梅。《閩畫記》。（卷三十九）

國朝葉支大，初名滋大，字仲恢，滿林弟，畫梅學王元章。《墨香居畫識》《松江畫徵》。（卷六十一，清道光刻本）

《見聞續筆》一則　齊學裘

先大夫雙溪草堂書畫録總目

家字匣王元章梅花卷王石谷大松卷。（卷十九，清光緒二年刻本）

《劫餘詩選》一則　齊學裘

甲戌正月十五日，探梅養志園，于堉漢卿置酒遠山草堂，同坐龔少卿、馬慎卿、于六鷗、少湘鶴伯，作詩一章，用韓文川雨中遣懷詩韵

入春將一月，探梅逢伴侶。把酒養志園，枝頭聞鳥語。啁啾如索詩，覓句渾忘苦。落日側金盆，歸途喜無阻。第一離恨天，要倩媧皇補，（時方都轉赴省未回轅，故及之）白石可療飢，且學山農煮。王元章善畫梅，號煮石山農。（卷十四，清同治八年天空海闊之居刻增修本）

《復莊詩問》二則　姚燮

論古畫梅家得二十四章（選一）

多事樓頭吹羌笛，横流滿海已無家。可憐故國啼鵑血，灑作愁紅萬點花。書煮石山農事。（卷二）

畫梅畢各繫以詩得四章（選一）

咬筆更作枯瘦幹，氣有貫注不嫌斷。秾桃冶李何足奴，如此天真方爛漫。珊珊玉頦姑射妝，了無羞澀來堂堂。人間不有王元章，使爾入世愁凋傷。（卷三十三，清大梅山館集本）

《摹印述》一則　陳澧

古有子母印，空其中而藏一小印也。古印皆用銅，王元章始用花乳石，今私印皆刻石，鑄銅者少矣。（《叢書集成續編》）

《龍壁山房詩草》二則　王拯

癸亥二月五日效朱子續斜川之會于松筠庵，同孔綉山閣長、陳筱舫侍御廷經、尹湜軒孝廉繼美、吴和甫侍郎、林穎叔京兆、趙元卿給諫、王霞舉祠部、楊湘筠民部集諫草堂，拜手摹淵明像，重和陶韵百歲倏竟半，吾生安歸休。既無乘風翮，胡不餐霞游。鶩策倦思林，相携嵇阮流。願言釋夸毗，浩蕩如白鷗。昔有龍比士，忠肝塗此邱。行違各時趣，俯仰同一儔。我味思煩毫，一尊重舉酬。壁間太古春，能似籬下不。是日壁間懸新得王冕畫梅十二巨幀。載媿紫陽躅，遯時成百憂。咸豐癸丑將去京，師笠得遯之初爻。賢哉中觴樂，笠漬匪我求。（卷十三）

自題所得王元章畫梅十二巨幀

吾先鏡湖濱，梅里本鄉曲。卧龍千歲姿，道長目未矚。記從置膝年，泚筆見華绿。言傳元章法，偷弃愛尤酷。回頭四十載，零落悲風燭，偶逢粥飯僧。點染出冰玉，時時竊弄筆。餘習自童塾，春來游草市。歲例銅街逐，眼明欻蚴蟉。雲氣生躑蠋，東風毋破蟄。鱗鬣宛踡跼，空山太古餘。霰雪滿層谷，奇芬萬蓓蕾。一一照嚴旭，何年此龍賓。變化天池浴，不然玉京樓。飛來黛黃鵠，人生一藝游。天意若珍屬，乾坤有清氣。不受塵埃梏，呼來胡將軍。何物危太樸，鄉鄰有童叟。作技手生瘃，豈無籬落情，遠夢孤山足。平生藐姑射，寤寐神常觸。高人車白牛，淋漓此仙躅。精誠感予晛，張壁如有告。歲寒我當歸，丙舍泰山麓。安知桃李華，日日黃精斸。（卷十四，清同治

桂林楊博文堂刻本）

《夢園書畫録》二則　方濬頤

元王元章梅花真迹立幅

紙本，宋尺高五尺六寸，闊二尺一寸。墨梅一株，古幹倒垂，柔枝著花，神秀獨絶。畫梅一派自邊余花光逃禪而後，所以推煮石山農爲最也。下鈐南海伍氏印五，潘季彤珍藏印記三，韓印榮光一。綾邊上標『元王元章梅花真迹韓榮光珍藏神品』。

朔風蕭蕭脱繁木，石溜潺潺出空谷。荒村野店少人行，猶有寒梅照寒渌。玉質粲粲無纖埃，春風不來華自開。平生清苦能自守，焉肯改色趨尊罍。我與梅花頗同調，相見相忘時索笑。冰霜歲晚愈精神，不比繁華易凋耗。長安多少騎馬郎，尋芳競集桃李場。東家買酒西家嘗，引得世間蜂蝶忙。乙未年秋七月望會稽農王冕元章寫。

人間何處無卉木，誰挽陽春到陰谷。粲然見此如玉人，膏沐湖光飲山渌。嚮來紅紫俱塵埃，歲寒獨有南枝開。茅齋凍硯素相得，清賞不在黄金罍。不識孤高真格調，俗人可怪亦可笑。知心最是隴頭人，長向江南寄音耗。吾宗才華冠諸郎，落筆往往推專場。山林清苦昔備嘗，一生衹爲口花忙。至正己亥上元日彦口臺郎見示元章墨梅就，次韵以題左方。山陰一瓢軒王元裕。（《夢園書畫録》卷七，吴榮光《辛丑銷夏録》卷四）

金冬心仿王元章墨梅卷

紙本，今尺高九寸，闊七尺六寸，古梅虬枝映玉，繁花敷榮，曲折横斜，極有天趣，題款俱横寫。

老梅愈老見精神，水店山樓若有人。清到十分寒滿把，始知明月是前身。昔耶居士金農并題。（卷二十三，清光緒刻本）

《論印絶句》二則　葛元煦

海寧查岐昌藥師

撥蠟銷金記漢章，象犀礫瑙漸更張。後來好事山農叟，遽破求休稷下良。漢官私印俱用撥蠟鑄，至元末會稽煮石山農王冕，始易以花乳石。

休寧吴騫槎客

一拳忍爲山靈割，五字誰思士數完。鳥迹至今悲杜老，爰書自昔定徐官。《七修類稿》：圖書古人皆以銅鑄，至王冕以花蕊石刻之，今天下盡崇處州燈明石。漢《禮儀志》：武帝時，據土數五，故五字爲印文，如不足五者，以之字足之。杜詩：倉頡鳥迹既茫昧，大小二篆生八分。徐官《古今印史》：刻之印章者，古文第一，籀文爲二，小篆第三，後世多用小篆，而遺倉史，大不敬也。（上海書店影印叢書集成續編第八十七册）

《摹印傳燈》二則　葉爾寬

印章流源（節録）

……然大率皆金玉，明時王冕方以石爲印章，蓋銅鐵性堅，非工匠不能爲之，石性軟，便于奏刀故也。其時始有花乳石、燈光石，國朝初始有青田及晶翠牙角壽山，嘉道時始尚田黄，而印章備矣，時人又有以瑪瑙爲印，雖屬惡劣，然亦聊備一格可耳。（卷上）

論刻

篆刻家寧刻硬毋刻軟，石中之最好刻者，凍石也，最難刻者，廣東之绿粉石也。

江皜臣曰：堅者易取勢，吾切玉後恒覺石若宿腐，如書惡縑素，輒膠纏筆端，不能縱送也。古印以銅鐵金玉取其性堅故也，如水晶、車渠、兕角、象牙皆以其堅，自王冕以花乳石作印，而攻堅者鮮矣。（卷上，叢書集成續編）

卷十一　清七

《茶香室叢鈔》一則　俞樾

王冕事傳聞之异

元徐勉之《保越録》云：『郡人王冕，字元章，負氣偃蹇，居九里山中。敵軍至，民皆避兵入城，冕獨不入。敵軍執而欲殺之，自言善韜略兵機，得以不死。敵將謝同僉等資之，偕行至婺州，見敵主，獻所自定官制書，陳説攻取方略，敵主大悦，即授以重任，命赴軍前督衆攻取紹興。復治攻城之具，又定决水之策，畫圖本以示諸將。』又云：『敵軍欲阻昌安門，絶我糧道，乃用王冕之計，自繞門山潛逾河至石堰，結寨大常山石佛寺，一日而成。』

按《明史·王冕傳》：『携妻孥隱九里山，嘗仿《周官》著書一卷，曰：持此遇明主，伊吕事業不難致也。太祖下婺州，物色得之，置幕府，授咨議參軍，一夕病卒。』然則其居九里山自是實事，又嘗仿《周禮》著書，則所謂自定官制亦非無因，惟此録所云軍前督衆，治具決水事，他書紀王元章事皆不言有此。傅節子跋云：『意者冕爲明兵邀致，越人遂疑其甘心從敵，文致其罪。』斯言得之矣。（《茶香室三鈔》卷九，清光緒二十五年刻春在堂全書本）

《春在堂雜文》二則　俞樾

酈黄芝《諸暨詩存》序

宋孔延之知越州，蒐輯古來詩文之有關于會稽者八百餘篇，爲《會稽掇英總集》，亦云富矣。然但取其有關于會稽，而不必皆會稽人所作，是所以備掌故，而非以存其詩且存其人也。諸暨爲越州所屬一大縣，其地有五泄山，俗有小雁蕩之名，宅幽而勢阻，是多懷材藏穎之士。余考自明以來，其最著者，莫如王元章，《明史·文苑》有傳，史固稱其爲諸暨人也。《藝文志》載有王冕《竹齋詩集》三卷，而至今殊尠傳本。然則諸家之詩，其散佚而不可考者固已多矣。嗟乎，此酈君黄芝所以有《諸暨詩存》之輯也。其書自唐宋以至國朝，得如干人，凡詩如干首，而詞亦附焉。余取而覽之，如宋之姚令威、明之駱纘亭，固世所共知者，其餘姓名則所識者不及十之六七，余固譾陋，然其名迹之晦，亦可見矣。苟非酈君編輯是集，存其詩以存其人，不皆湮滅而無傳哉。以此推之，則知㒵朽蟫蠹之中，其不可得而采獲者當不止此矣。幸而得入此編者，不可不流佈于世，以永其傳也。酈君之子方之茂才，克承先志，稍稍補益，録爲十卷，而問序于余，余因勸方之集資以刻之，异時名公鉅卿有爲《掇英集》者，必有取乎此，毋使千載下，過苧蘿材者，徒流連于浣紗之艷迹也。（四編卷五）

翁稚驅《平望詩拾》序（節録）

今歲之春，有以《諸暨詩存》求序者，蓋裒集諸暨一邑自宋元以來諸人之詩也，然余謂諸暨詩人，在明代當以王元章爲冠，而其所著《竹齋集》無一篇之存焉，信乎網羅放失之難也。未幾，而王子夢薇又以翁君稚驅所輯《平望詩拾》十五卷問序于余。平望爲吴江、震澤兩縣一大鎮，余每歲自蘇還浙，必過其地。（四編卷五，清光緒二十五年刻春在堂全書本）

《桐陰論畫》二則　秦祖永

金俊明逸品

金孝章俊明，寒香鐵幹，位置精嚴。明季畫梅諸家，均師法王元章，略無通變，

孝章獨斟酌于花光、補之之間，别成雅構。疏花細蕊，丰致翩翩，真是詩人胸次，秀韵天成。（卷上）

張照逸品

張得天照，所寫墨梅，疏花細蕊，極其雅秀。余昔藏一小幀，係仿王元章者。横斜疏影，備極閑逸之致，用墨乾濕得宜，發枝布幹亦頗灑脱，絶無作家習氣，真文人筆墨，雅秀絶塵。得天，華亭人，康熙四十八年己丑進士，性地高明，深通釋氏教。所作詩左嗑右觸，皆禪語也。書法颜米，爲藝林稱重。康熙三十年辛未生，乾隆十年乙丑卒，年五十有五。（卷下，清同治三年刻朱墨套印本）

《寒松閣談藝瑣録》二則　張鳴珂

李明齋賢喆，北平人，僑寓章門，性落拓，工畫梅，師王元章萬玉圖，又能作古松巨幛，松針叢密，淺深濃淡，層次井然，是真能墨分五色也。（卷四）

姚小復夔，鎮海人，諸生，梅伯先生之子。梅伯詩文書畫照耀一時，予曾一見于上海旅邸，猶能仿佛其丰采也。小復亦善畫梅，疏影横斜，繁花密綴，師王元章萬

玉圖而參以家法者也。（卷五，清宣統上海聚珍信宋印書局本）

《歷代名人生卒録》一則　錢保塘

王冕，字元章，至正二十年正月卒，年七十三。（卷六，民國海寧錢氏清風室刊本）

《松夢寮詩稿》一則　丁丙

題王元章梅花小幅爲鄭抉雲琦作

滕趙邱徐去千霜，溷以凡禽儷俗芳。花光怒掃點濃墨，泥塗已覺森光芒。崛起逃禪如石裂，圈瓣安須鬥冰雪。牧女小兒竊法之，佛滕觀書燈映月。九里山居花事韵，亂機先覺人誰信。寫根若反灤陽骨，踏雪空搔潛岳鬢。狂生帽大同酒缸，短繒長幅易百觴。調羹事業不難致，果輸貞性朝真王。王郎仙去花魂冷，鄭虔解事噓之醒。壁合孤山一樹春，影照鑒湖八百頃。（卷六，清光緒刻本）

《愛日吟廬書畫録》一則 葛金烺

元王冕墨梅軸紙本，高四尺九寸五分，闊二尺四寸五分

新春點點上枝頭，屈曲横斜挂玉球。影護紗窗香滿榻，共扶清夢入羅浮。元章。印二：王冕氏（白文方印）隱南元章（白文方印）

煮石山農寫梅得揚補之法，元以後無此筆也。明陳夢隱亦僅得其形似耳。先祖少宗伯藏有其《墨梅》布帳幅及絹本《萬玉圖》長卷，平生極其珍賞。此幅爲桐山先生所寶，運筆瘦硬奇崛，且係紙本，墨氣猶沈實精湛，真希世之寶也。嘉慶甲子仲冬錢善揚觀于八甎精舍謹題。印一：順甫（朱白文方印）

煮石山農寫梅真迹，余于几山錢子寶澤堂獲觀《萬玉圖》及《墨梅》布帳，又于吴門周氏得觀紙本横卷，皆珍寶也。然錢氏所寶絹本破損，精神稍减。周氏横卷僅尺幅，且少題句，未若此幅之完善精湛爲甲觀。嘉慶辛未嘉平月訪桐山尊兄，出此相賞，爲平生幸覯，至其寫法之妙，几山已有題識，不復贅。松門戴光曾。（無印）

嘉慶辛未冬日秀水文鼎拜觀于清儀閣印三：文鼎之印（白文方印）後山（朱文方印）學匡父印（白文方印）

壬申正月廿又七日海寧蘇士樞、陳均同觀于竹田深處。（印一）陳均（朱文方印）

嘉慶甲戌冬至前一日，安邑宋葆淳觀于清儀閣。印二：宋帥初（白文方印）宋葆淳印（白文方印）

收藏印記：海寧陳鱣觀（朱文長方印）錢天樹印（白文方印）

張尗未題外簽曰：元煮石山農墨梅，紙本，神品，舊藏玉峰胡氏，今歸桐山兄小梅花屋，希世珍也。嘉慶甲子十月裝畢屬廷濟題其簽。

按，是幀以焦墨作梅本，槎枒奇古，滿紙以淡墨水烘染，而繁枝密萼，更顯其白，上幅居中，濃墨作一圓月，尤爲奇特。林和靖『暗香疏影月黄昏』仿佛似之，真逸品也。其自題詩，『羅浮』之『羅』已剥蝕矣。印非漫漶，而左邊已剥蝕其半矣。嚮爲新篁里張尗未先生清儀閣中之物，光緒戊寅祥伯托子宣歸余。（卷一，清宣統二年葛氏刻本）

《愛日吟廬書畫續録》一則　葛嗣浵

清潘是稷蔡若思花卉合册紙本，凡六幀，潘四幀，每幀高六寸六分，闊九寸八分。蔡二幀，每幀

高六寸八分，闊九寸七分

第四幀古幹白梅，上染月色爲襯。

花如解語應須道，家是江南友是蘭。癸亥小春剪燭補册四頁于緼真閣之西齋，時漏下三刻矣，南田居士摹王元章暗香疏影。印二：西疇草衣（白文方印）傳之其人（朱文方印）。引首印一：不同同（朱文橢圓印）（卷六，民國二年葛氏刻本）

《兩浙輶軒續録》一則　潘衍桐

陳維埈字卓岩，諸暨諸生，欽賜翰林院檢討，著《南村詩録》。戴東珊曰：卓岩詩濃淡因時，言情如酢，其五言如『山翠當樓近，湖烟著樹多。芳草猶憐客，桃花最近人。碧樹低窺牖，閑雲淡入樓』，七言如『夜雨梨花寒食路，春風楊柳故園心。一簾細雨黄花酒，半夜西風落葉聲』，皆婉約可思。

《九里山訪王元章先生隱居》：『煮石風流不復存，數家茅屋尚成村。連山竹色寒侵面，入畫梅花淡到門。狂客原難拘世法，布衣未肯受新恩。百年寂寞留詩卷，酹酒空招處士魂。』（卷十三，清光緒刻本）

《雲自在龕隨筆》一則　繆荃孫

退谷園居在前門琉璃廠之南，有研山堂、萬卷樓。于西山水源頭有歲寒堂，入冬則居之。其中揚補之畫竹、趙子固水仙、王元章墨梅、吴仲圭《松泉圖》，以八十之老，婆娑其間，名曰『歲寒五友』。有《庚子銷夏記》八卷。其小引云：『庚子四月之朔，天氣漸炎。晨起，坐東籬書屋，注易數行，閉目少坐，令此中湛然無一物。再隨意讀陶、韋、李、杜、韓、歐、王、曾諸家文，及重訂所著《夢餘録》《人物志》諸書。倦則取古柴窑小枕偃卧南窗下。自烹所蓄茶，連啜數小盃。或入書閣，整頓架上書。或坐藤下，撫摩雙石。或登小臺，望郊壇烟樹。倘徉少許，復入書舍，取法書名畫一二種，反復詳玩，盡領其致，然後仍置原處。閉扉屏息而坐。家居已久，人鮮過者，然亦不欲晤人。老人畏熱，或免蒸灼之苦矣。退谷逸叟記。』其風趣亦可想見。（卷五，人民出版社二〇一三年）

《國朝三修諸暨縣志》十一則　陳遹聲、蔣鴻藻等

山水志六

濮頭山水出濮頭山南，流注櫟溪。又東流經橋亭。村在橋南，村側舊有萬壽庵，久廢。康熙四十六年僧德禧重建。東流北折，沿郝山。元王冕七世祖文焕捨小溪山宅爲寺，子孫散處。冕曾祖遷居郝山，則郝山爲冕生長故里也。

……

楓橋江匯櫟橋港北流，出上木橋，又北流經金九貢，出下木橋，又北流至塞江口，一名縮江口，隄北爲新瀝湖。東泌湖港自東來注之。九里山一名煮石山，在縣東五十里，屬東安鄉。元山農先生王冕自郝山下隱居此山，自號煮石山農，舊以爲在山陰九里者，誤也。宏治《府志》謂在餘姚九里山，更誤，詳見後。王冕《九里山中》詩：『九里先生兩鬢皤，今年貧勝去年多。敝衣無絮愁風勁，破屋牽蘿奈雨何。數畝豆苗當夏死，一畦蘆穄入秋瘥。相知相見無多論，笑看山前白鳥過。』『九里溪頭曉雨晴，松風瑟瑟水泠泠。絕無過客問奇字，祇有閑雲到野亭。每笑盛名傳坎壈，豈陳虚語説零丁。老年恰喜精神爽，合得仙人相鶴經。』又《歸來》詩：『湖海飄零久，歸來依舊貧。顧無青眼友，喜有白頭親。籬菊留餘色，庭梅放早春。溪翁早相訪，杯酒接殷勤。』東泌湖之源出焉，北流過山塘阪，受馬嶺水。馬嶺水出嶺，西

南流過樓家墻下，又西南流經硃砂隖，有硃砂塘，俗傳塘出硃砂。又西南流，受潘家隖水。潘家隖水出小馬嶺北麓，北流經潘家隖，又北流，西折入馬嶺水。又西流經雞山庵，嘉慶間潘節婦包氏建。南折經營盤，明胡大海屯兵處。地近九里。宋濂《王元章傳》謂屯兵九里，即今之營盤也，故明兵得入王冕宅，順道輿至天章寺，後人誤以爲冕隱居山陰九里，則非順道矣。

……

又北流經菱蕩，又北流會檀溪。臘嶺一名蘭嶺，在縣東北七十里，屬東安鄉。嶺北爲山陰蘭亭，詩人王冕墓在也。其南麓檀溪之源出焉，西流繞馬面山北麓，又西流過下章，受西山頭水。

……

又西流受大宣水。青菜山灣，大宣水之源出焉，東流，北折至大宣村。元淮東道副使王艮故里，亦名水南村，艮父王理舊居。理自號水南先生。案王冕《竹齋集》有《次韻荅王敬助》詩，有《寓意次敬助韻》詩，又有《與水南王德強》詩，分見坊宅志及雜志，則當時水南人物似不止王理一人也。（卷十）

人物志 列傳二 元

王冕，字元章，一字元肅，《續高士傳》。號竹齋，生于長寧鄉郝山下。《補纂》。幼貧，父命牧牛，放壟上，潛入學，聽村童誦書，亡其牛，父怒撻之。朱彝尊傳。已而復然，母曰：『兒痴如此，曷不聽其所爲。』冕因去依僧寺，夜坐佛膝，映長明燈讀書。會稽韓性見而异之，録爲弟子，遂稱通儒。性卒，門人事冕如事性。《明史·文苑傳》。冕通《春秋》，嘗一試進士舉，不第，焚所爲文。讀古兵法，恒着高檐帽，衣緑蓑衣，躡長齒屐，擊木劍，騎牛行市中，人疾其狂。朱彝尊傳。同里王艮特重之，登堂拜其母。王後爲浙江行省檢校，冕往謁，衣履不完，足指踐地，艮遺之革履一兩，諷使就吏。冕笑而不言，置其履而去。張辰傳。時冕父已卒，歸迎母至越城就養。著作郎李孝光欲薦爲府吏，冕罵曰：『吾有田可耕，有書可讀，肯抱牘庭下，備奴使哉。』居小樓，客至，僮入報，命之登乃登。部使者行郡，坐馬上求見，拒之去，百武即倚樓長嘯。壁庋釜執爨養母，教授弟子。朱彝尊傳。婺人戚祖象，字世傳，師事冕，安于義命，亦杜門不出。《紹興府志·名宦傳》。高郵申屠公駉任紹興推官，過錢塘，問交于王艮，艮曰：『里有王元章者，其志行不俗，君欲與語，非就見不可。』駉至，即遣吏自通，君曰：『吾不識申屠君。』謝不見，駉乃造其廬，執禮甚恭，冕始見之。朱彝尊傳。退白府尹，具幣請冕，爲之强起，入黌舍教授。歲餘，會他僚佐失禮，貽駉書辭去。張辰傳。母思還故鄉，冕買白牛，駕母車，自被古冠服隨車後。鄉里小兒遮道訕笑，冕亦笑。居歲餘，買舟下東吳，渡大江，入淮楚，歷覽名山大川。或遇奇才俠客，談古豪杰事，即呼酒共飲，慷慨悲吟。遂北至燕，館秘書卿泰不華家，薦以館職，冕曰：『公愚人哉，不十年，此中狐兔游矣，何仕爲？』宋濂傳。翰林學士危素，冕不識也，居鐘樓街。一日素騎過冕，冕揖之坐，不問名姓，忽曰：『公非住鐘樓街者耶？』曰：『然。』冕便不與語，素出。或問客爲誰，笑曰：『此必危太僕也。吾嘗誦其文，有詭氣，今睹其人，固然。』冕善詩，通篆籀。朱彝尊傳。始用花乳石刻私印，青田、稷下里、羊求休所産，盡入磨礱。朱彝尊《衍齋印譜》冕尤長畫梅，以胭脂作没骨體，燕京貴人争求畫。朱彝尊傳。且欲薦之，乃畫梅一幅張壁間，題曰：『冰花個個團如玉，羌笛吹他不下來。』張辰傳。又擬應制詩曰：『獵獵北風吹倒人，乾坤無處不生塵。胡兒凍死長城下，始信江南别有春。』郎瑛《七修類稿》。見者皆齚舌，不敢與語。至正八年戊子南歸張辰傳，會其友武林盧生死灤陽，唯兩幼女一童留燕，伥無所依。冕知之，走灤陽，匱生骸，挈二女歸其家。既歸，謂友張辰曰：『黄河北流，天下且大亂。』乃携妻孥隱九里山，種豆三畝，粟倍之，梅千樹，桃杏居其半，芋一區，薤韭各百本，引水爲池，種魚千餘頭，結草廬三椽，自題爲梅花屋。嘗仿《周禮》著書一卷，坐卧自隨，秘不令人見。更深人寂，輒挑燈朗諷，既而撫卷曰：『吾未即死，持此以遇明主，伊吕事業不難致也。』當風日佳時，操觚賦詩，千百言不休。人至不爲賓主禮，清談竟日不倦。畫梅不减揚補之，求者肩背相望，以繒幅長短爲得米之差。宋濂傳。自號煮石山農，名其居曰竹齋，題舟曰浮萍軒。《元詩選》。注方病晝卧，適明師至，大呼曰：『我王元章也。』重其名，與至天章寺，大帥胡大海延冕上坐，拜請策，冕曰：『今四海鼎沸，爾不能安生民，而恣行虜掠，亡無日矣。果能爲義，誰敢不服。如爲不義，誰則非敵。我越秉義之國，不可以犯，吾寧教汝與吾父兄子弟相賊殺乎。不聽，速殺我，我不更與若言也。』大海再拜，願受教。冕終不言，明日疾，遂不起。《樵書》言明兵攻城，舁至軍前，直言而死。數日卒，大海具禮殮葬于山陰蘭亭之側，題曰：『王先生之墓』。張辰傳。徐勉之《保越録》：至正十九年二月己巳，明兵攻越州，王冕居九里山，民避兵入城，冕獨安居。被執欲殺之，自言明韜略，明將謝僉同等資之行，偕至婺州，見明主，獻所自定官制，陳説取元方略，明主説，命赴軍前，畫策取紹興，遂治攻城之具，定決取之策。自繞門山潛逾河至堰，結寨石佛寺，以絶我昌安門糧道，畫圖以示諸將。辛未，明師用冕計云云。山陰傳以禮跋其書曰：勉之所紀軍前督衆治具決水，均非實録。宋濂、張辰、朱彝尊三傳皆無之，意者冕爲明師輿去，越人遂疑其甘心從敵，因致其辭，未可知也。朱彝尊傳後論曰：『元季多逸民，冕其一也。宋文獻傳出，世皆以參軍目之，冕亦何嘗一日參軍事哉。因爲傳上之史館，冀編纂者擇焉。』『其意蓋欲正宋傳之誤，乃《明史·文苑傳》仍以宋傳爲藍本，何耶。士生滄海間，不幸有重名，愛憎之口，傳聞异辭如王元章何限，要在秉筆者愛護矜惜之而已。』案傳跋是也，而意有所未盡。張辰與冕同邑同時，且友人也，較宋、朱見聞爲確，自當以張傳爲憑。冕爲明師輿去，自九里至山陰天章寺，數日即歿，不但未嘗一日參軍事，并未嘗一見明祖，更何暇爲其畫策取紹興。冕所居爲諸暨之九里，非山陰之九里，明師即駐山下，至今所駐師處猶名營盤，辨見《山水志》。其地逾山即山陰，去蘭亭甚近，當時爲明師輿去，自九里至天章寺，數日即卒，并未至越城外，更何暇遠至婺州，竹垞知宋傳之誤，作傳以上史館，當時必有執宋傳以尼之者。竹垞争之不得，故存其所著傳于集中以見异。惟冕死之日距洪武改元時已兩載，冕不仕明，《明史》何必爲冕立傳，此則竹垞所未計及者。若萬曆《府志》則因宋傳而誤也。冕家世系出關西王景略，至冕十世祖德元仕宋，歷官清遠軍節度使，卒謚威定，威定子琪，官閬州觀察使，琳官統制，始遷諸暨，葬長寧鄉小溪山。冕子周，字師文，號山樵，幼穎悟，讀書過目成誦，詩冲淡有遠致，畫梅得家法。至正丙午，東南騷動，侍父移家九里山，相與種蒔梅竹，灌園自給，隱居終身。王冕《示師文》詩：『爾父既清苦，爾身何可言。且宜修道德，不必問田園。花落江城晚，烟横野渡昏。此時光景异，祇合住山村。』陳士奎字起章，文名與冕埒，嘗偕冕造上虞魏壽延筠深軒，與永嘉李孝光、天台朱右諸名士相酬唱，編其詩爲《敦交集》。《毛西河集》）。（張岱《三不朽圖贊》：王元章冕隱居九里山，種梅千樹，名其廬曰『梅花書屋』，明太祖聘至軍前，一夕亡去，不知所之。贊曰：元章隱居，九里山麓，種梅千株，寒香入骨。梅子熟時，挂錢盈屋，日食數叉，木奴果腹。每遇雪天，世界白玉，我去欲仙，乘鸞駕鹿。及見高皇，如對樵牧，一旦云亡，蜕遺松菊。謹案贊謂太祖聘至軍前，亦因宋潛溪傳而誤也。（卷二十八）

人物志　列傳三明

張辰，字彦暉，唐孝子萬和後也。與王冕同里，友善。至正戊午，冕南歸，謂張辰曰：『黄河北流，天下且大亂，君抱濟世才，盍出而澄清之。』辰頷而不答。洪武初，以薦召與陳嘉謨、陳韶同參史局，一時紀載多出其手。紹興知府唐鐸辟爲郡學訓導，著有《草廬集》。（卷二十九）

坊宅志第二　長寧鄉

宋統制王琳、潼川太守王文炳故宅在五十都小溪嶺北，後捨爲慈光寺。

郝山村在櫟橋江東岸，自潼川太守王文炳捨小溪山宅，子孫散處，山農先生曾祖遷居郝山下，山農生長于斯，晚年始隱居九里山，今山下居民亦姓王，然非先生本文矣。郭毓《郝山行》：『我家門前小山阯，煮石山農産于此。去今四百五十年，其人則遠詩不死。風雅能追李杜源，雄奇直入韓蘇壘。大江南北人所宗，鄉里誰知敬桑梓。者香王君向予謀，數年蒐訪重琱鋟。遺編蠹簡勤補葺，鮮新紙墨清雙眸。我爲覆校魯魚字。落葉掃浄桐風秋。誣傳欲削金華宋，大序補刊青田劉。今朝重過郝山下，山農故宅無片瓦。牛宮豕圈繞民居，野廟神叢傳古社。蒼松天矯老龍形，疑是當年手種者。高歌白石飯牛詩，霹靂一聲衆山啞。』

紫石山房在郭店，詩人郭毓書室，今廢。

王元章故宅，在九里山麓，元高士王冕自五十都郝山村隱居于此。案張辰《王冕傳》：『明師至九里，冕方卧病，重其名，輿至山陰天章寺。』今東安鄉營盤去九里一里許，爲明胡大海駐師處，由營盤至九里，由九里至天章寺，爲明師攻郡城順道，若冕居郡城南之九里，則非順道矣，前説多誤。王冕《村居》《山中雜興》，詩略。

梅花屋，王冕著書之廬，今廢。王冕《梅花屋》詩：『荒苔叢篠路縈回，繞澗新栽百樹梅。花落不隨流水去，鶴歸長帶白雲來。買山自得居山趣，處世渾無濟世才。昨夜月明天似水，嘯歌引上讀書臺。』

竹齋，王冕讀書之齋，今廢。韓性《竹齋記》：『暨陽王元章以竹名齋，請記，出畫卷示余，蒼巘斷橋，中雜草木，屋十數楹，清風凛然，如接畏友，元章其真如竹矣。君家内史修禊蘭亭，修竹之名播天下，竹以人重也。子猷事業不多見，徒以愛竹之故，世之言竹者，必徵子猷，人以竹重也。元章孤高放曠，墅之竹，將由元章而重矣。人患無志耳，有志而無成，吾不信也。』

心遠軒，在九里山中，王冕築，今廢。王冕《心遠軒》詩：『淵明賦歸去，寓意在田園。結廬雜人境，喜無車馬喧。秋風菊采采，春風柳娟娟。人迹日已疏，世事日已遷。高卧北窗下，夢寐羲皇前。瀟灑萬慮空，豈但琴無弦。上人絶遐想，所適乃自然。端居中淡寂，不在地静偏。緬懷千載風，所以名吾軒。』

耕讀軒，王冕築，今廢。王冕《耕讀軒》詩：『路逢誰家子，背手牽黄犢。犁鋤負在肩，牛角書一束。輟耕且吟誦，惜陰坐喬木。南山豆苗肥，東皋雨新足。凉氣滿郊墟，書聲出茅屋。古來賢達人，起身自耕讀。買臣負薪歌，倪寬帶經讀。寄語少年徒，行當踵前躅。』（卷四十二）

《竹齋集》三卷續集一卷附録一卷

元王冕撰，冕字元章，竹齋其號也，事迹詳列傳。明焦竑《國史經籍志》所著録，僅二卷。常熟瞿氏鐵琴銅劍樓所藏舊鈔本作三卷，無續集、附録，前有劉基序、韓性《竹齋記》，張辰、宋濂《王先生傳》，後有白圭、魏驥、駱居敬跋，末有名集義者題記，不著其姓，卷首有璜川吴氏收藏圖記。嘉定錢大昕《補元史藝文志》所收三卷本，當即是書也。杭州振綺堂汪氏有明鈔本，不著卷數，許氏有精鈔一册，大抵皆從楓橋駱氏所刻傳鈔，而各有删節。《四庫全書提要》所收則駱刻原書也。案冕歿後，稿多散失，其子王周山樵氏輯其存稿，藏于家，周之孫女王永貞抱此稿以歸楓橋駱氏，命其子駱居安、居敬再蒐輯雜文，合校付刊，而永貞手爲點勘，後附明吕升所撰王周行狀，卷首題曰『曾孫壻駱大年輯』，大年名稔，永貞壻也。永貞既與諸子校刊此集，而歸善于稔也。刻竣命居安具膻醴告于竹齋之墓，而居敬爲之跋，集中所載無絶句，續集所載畫梅詩則皆七言絶句也。《四庫提要》謂冕天才縱逸，當元明之間，要爲作者，洵確論也。而以永貞爲冕孫女，似尚未見《山樵行狀》及此集卷首所題『曾孫壻駱大年輯』一行也。嘉慶丁巳，冕裔孫王柱公據同邑郭春林所得鮑氏知不足齋舊藏本覆刻，越歲而工竣，雖亦分作四卷，而以駱刻續集畫梅詩附于第四卷之末，無雜文、行狀。前存劉基序，非足本也。又有嘉慶戊午錢唐朱彭序，嘉慶己未郭毓春林序，朱序謂元季詩人惟《竹齋集》與席帽山人王逢《梧溪集》能不爲時習所囿，可謂豪杰之士，亦是確論，郭序稱鮑以文言此爲足本，似當日王刻有所删節也。光緒丁酉邵武徐幹覆刻則王本也。（卷四十九）

王元章畫梅在山陰蜀阜寺壁，康熙間爲俗僧所堊，以周念山畫石補之。《行吾春軒集》。（卷五十九）

郡城倉帝祠，故龍山書院也，實郡廨西園遺址。楊鐵厓先生仿放翁書巢爲吟社，號詩巢。後人即其地祀之，而上溯有唐訖明，奉賀監、方雄飛、秦公緒、陸務觀、徐青藤與鐵厓六君子。會稽宗聖垣推廣祀位，分爲三楹，中楹上列祀六君子，次列附祀黄太冲以下二十二人，左楹上列祀西園十子，次列祀吟會諸子二十四人。右楹列越風所載先輩題名三百九十八人，補增五人。吾邑葉去病先生謂中楹上列當并祀王元章，爲七君子。案自唐以後，如嚴維、吴融輩，失載者多，不獨元章一人也。山陰陳錦文又補已祀而歲月莫稽者二十七人，未祀者十一人，擬題名右楹者十八人，詳見錦所著《龍山詩巢祀位記》。缺誤既多，去取亦所未允。中楹附祀吾邑有陳月泉、郭春林二人。月泉名芝圖，原名法乾，誤作德乾。春林名毓，別字又春，誤一人爲二人。中楹附祀與右楹題名錯出。吟會吾邑一人，越風題名吾邑十五人，又山陰籍駱復旦一人，仁和籍湯聘一人，聘隸仁和，遂誤爲湯聘仁。新增五人中吾邑姚春林一人，姚名偁，椿林其字也，住姚公步，非楓橋人。若吾邑之葉去病敬、余小頗坤、駱東溪衛城、壽眉生僑詩文皆卓然名家，其他如酈黄芝滋德之古詩，周篤甫惺然之詩餘，俱有師承，而皆不與補祀、附祀之列，其去取可知矣。至屠孟昭倬、姚梅伯燮之爲諸暨人，則纂是書者固未之知也。郭肇《雜記》。（卷五十九）

王山農先生祖父兒子俱善畫梅，子即山樵先生，祖父名不傳于世，僧溥洽贈先生詩曰：『王郎寫梅如寫神，天機到手驚絶倫，自言臨池得家法，開縑散作江南春。』錢宰詩：『傳家有子花作譜，放手直欲先春風。』據此二詩則王氏之家學淵源由來久矣。《漚簃詩話》。（卷六十）

王山農以小詞約蘇養直赴溪堂。夜雪，蘇報云：『今某已裝酒上船，來日若晴，須有月，若溪堂聞人横笛聲，即我至矣，所謂月滿前村莫掩溪門，恐尚有扁舟乘興人也。』陳繼儒《辟寒》。（卷六十）

葉去病廣文謂郡城詩巢當并祀王元章，因作詩巢七君子詩曰：『季真夷曠人，風期軼魏晋。縱情酣麥蘖，清談却鄙吝。狂乞道士衔，遂弃集賢印。世無李太白，入眼吾知僅。公緒昔避亂，南安山窟中。滴露注老子，颼飗聽松風。氣洽友斯巒，靈妥交乃終。餘事出偏師，屹屹長城攻。元英隱鑒湖，散拙弃塵滃。一第實命慳，三拜俾世重。赫矣弟子榮，鄙哉公卿寵。毋以貌取人，斯言吾聞孔。南渡陸務觀，斯文實宗主。忤時异蘇軾，愛君侔杜甫。栖遲梁益閑，魂夢中原土。垂死望中興，千秋涕如雨。元季楊廉夫，行超識亦洞。作吏砥清操，論史定正統。老婦羞嫁裳，白衣謝清俸。放浪吴淞間，慷慨梅花弄。元章乃逸民，兵機夙諳練。平時談喪亂，養拙謝推薦。寧受畫師譏，肯陪參軍宴。著書仿周禮，惜哉無由見。兩間有奇氣，文長偶中之。談兵踞幕府，玩世混市兒。憤極軀命輕，落筆風霆馳。一篇白鹿表，空有永陵知。』《漚簃詩話》。

（卷六十）

駱東溪衛城詩名重都下，而鄉里轉少知者。中年以窮愁客死京邸，余小頗觀察爲之刻《東溪集》六卷，詩多蒼凉激越之作。故鄉無其書，祇記《蘭亭訪王元章墓》七言二絶而已，詩曰：『保越録言多子虚，參軍拜職事何如。草廬家傳今猶在，那有攻城上策書。』『小長蘆傳足名家，修史如何又舛差。欲證墓碑無覓處，山風吹落野梅花。』讀書得間，無愧詩史，東溪學識于此窺一斑矣。《漚簃詩話》。（卷六十，宣統元年刻本）

《安般簃集》一則　袁昶

題陽明洞天圖 元人黄子久畫

陽明子未生以前，先有陽明之洞天。道山延閣五萬卷，蟄室祕笈三千年。山嶔奇以戴土，水蕩憍而成淵，雲蓊翳而消半。松夭矯以童顛，石壁立以熊經，窗疏明以洞穿，猿鳥離群而相和，鼃魚游泳以天全。樵牧散放有閑意，花欒芬芭無俗妍。前乎此者子久誠不知有陽明，後乎此者陽明亦無心遇子久。龍場噫氣茁風雷，天泉佳游抉障蔀。石闌點筆富春叟，粉墨俄空世何有。楊東里蔣蘿村，絹尾有士奇之印，蔣氏長印。不知流傳幾朝昏。相皮誰辨將刓印，信手依稀淡墨皴。元以前多用銅章，至明初王元章出新意，篆刻始用花乳石。此卷内黄公望二朱文印已刓泐，審係銅鑄者。石蘿拂黛半昏黯，綉池脱落題簽存。此是良知真實義，雲山韶濩見根源。嗟我得畫亦偶然，三復摩娑《傳習》編。河汾爪觜廢中説，蜀嚴瘖聾輟太玄。丹篆三爻夢吞後，元氣一畫未分前。嗚呼，真儒不以洞天重，竹花偶爾巢朱鳳。洞天亦豈藉人傳，欲吐青邱九雲夢。飛橋一道偃長虹，神物千年蟠玉甕。竹林石筍亘連綿，貝闕金堂森欲動。人間何地無靈境，一綫天光起功用。（《安般簃詩續鈔》癸卷，清光緒袁氏小漚巢刻本）

卷十二 清八

《希古堂集》一則 譚宗浚

述畫賦有序（節録）

昔唐竇臮有《述書賦》，其自序云：刊訛誤于形聲，定目存于指掌，可謂富矣。然畫亦藝事之一，昔人所以審名物，知遠近也，而綿邈千載，題咏罕及，不其异歟。余屢疏往籍，鳩□橐篇，不揣固陋，妄爲斯作，至其優劣得失，則皆纂集前人之説，而不敢妄下已意，蓋仿竇氏之體而不盡尚其例云。詞曰：

……元章孤寂，畫梅特精，横斜逸幹，點綴繁英，如寒鐵之屈錯，仍勁氣之棱棱。

王冕，字元章，諸暨人。（乙集卷一，清光緒刻本）

《明史考證攟逸》一則 王頌蔚

王冕傳

授咨議參軍，一夕病卒。

按：是時胡大海攻紹興，屯兵九里山，延冕問策，冕曰：『越人秉義，若爲義，誰敢不服，若爲非義，誰則非敵。』明日遂不起。初未嘗爲咨議參軍也。朱彝尊以冕爲元季逸民，辯其未嘗一日參軍事，見《元詩選》小傳，與此互异。（卷三十一，民國嘉業堂叢書本）

《新元史》一則　柯劭忞

文苑下

王冕，字元章，號煮石山農，諸暨田家子也。年八歲，父命牧牛隴上。竊入學舍，聽諸生誦書，聽已輒默記。暮歸亡牛，父撻之已，復如故。安陽韓性聞而异之，因録爲弟子。通《春秋》諸傳，一試不第，即焚所爲文。常着高檐帽，披緑蓑衣，履長齒木屐，或騎黄牛，持《漢書》朗誦，人皆目爲狂。北游燕，有欲薦以官職者，冕曰：『不滿十年，此中狐兔穴矣，何以禄爲？』即遁，歸隱九里山，結茅三間，自題爲梅花屋。仿《周禮》著書一卷，坐卧自隨。賦詩千百言立就，善畫梅，題詩其上，人争寶之。明太祖聞其名，召爲參軍，未就而卒。（卷二百三十八列傳一百三十五，民國

九年天津退耕堂刻本）

《明詩紀事》三則　陳田

王冕

冕字元章，一字元肅，諸暨人。明初授咨議參軍，未幾，卒。有《竹齋集》三卷。《四庫總目》：王冕天才縱逸，其詩多排奡遒勁之氣，不可拘以常格，然高視闊步，落落獨行，無楊維楨等詭俊纖仄之習，在元明之間要爲作者。

宋濂《學士集》：元章當天大雪，赤足上潛岳峰，四顧大呼曰：『遍天地間皆白玉合成，使人心膽澄澈，便欲仙去。』及入城，戴大帽如簁，穿曳地袍，翩翩行，兩袂軒翥，嘩笑溢市中。應進士舉不中，弃去。買舟下東吴，渡大江，入淮楚，歷覽名山川。或遇奇才俠客，呼酒共飲，慷慨悲吟，人斥爲狂奴。北游燕都，館秘書卿泰不花家，欲薦以館職，元章曰：『公誠愚人哉，不滿十年，此中狐兔游矣，何以禄仕爲？』即日南轅。既歸越，復大言天下將亂。時海内無事，或斥爲妄。元章曰：『妄人非我，誰當爲妄哉？』携妻孥隱于九里山。種豆三畝，粟倍之。樹梅花千，桃杏居其半。芋一區，薤韭各百本。引水爲池，種魚千餘頭。結茅廬三間，自題爲梅花屋。嘗仿《周禮》著書一卷，曰：『吾未即死，持此以遇明主，伊吕事業不難致也。』當風日佳時，操觚賦詩，千百不休，皆鵬騫海怒，讀者毛髮爲聳。善畫梅，不減揚補之，求者肩背相望，以繒幅短長爲得米之差。未幾，汝潁兵起，一一如冕言。皇帝取婺州，將攻越，物色得元章，授以咨議參軍，一夕病死。元章狀貌魁偉，美須髯，磊落有大志，不得少試以死，君子惜之。

劉基《文成集》：原章詩直而不絞，質而不俚，豪而不誕，奇而不怪，博而不濫，有忠君愛民之情、去惡拔邪之志，懇懇悃悃見于詞意之表，非徒作也。

朗瑛《七修類稿》：王冕，字元章，號山農，身長多髯，少明經不偶，即焚書。讀古兵法，戴高帽，披绿蓑，着長齒屐，擊木劍，行歌于市，人以爲狂，士之負材氣者，争與之游。嘗游京城，名貴側目。平生嗜畫梅，畫成未嘗無詩也，有詩云：『我家洗硯池頭樹，個個花開淡墨痕。不要人誇好颜色，祇留清氣滿乾坤。』或以是詩刺時，欲執之，一夕遁。後太祖物色得冕，因與糲飯蔬羹，山農且談且食，上喜曰：『可與共大事。』授咨議參軍，一夕暴卒。應制作絶云：『獵獵北風吹倒人，乾坤無處不生塵。胡兒凍死長城下，始信江南別有春。』今《竹齋集》中未刻。昨見蒲庵禪師復見心題其梅花一歌，亦奇特也，因舉其概同録，歌云：『會稽王冕高頰顴，愛梅自號梅花仙，豪來寫遍羅浮雪千樹，脱巾大叫成花顛。有時百金閑買東山屐，有時一壺獨酌西湖船，暮校梅花譜，朝誦梅花篇，水邊籬落見孤韵，恍然悟得華光禪。我昔識公蓬萊古城下，卧雲草閣秋瀟灑，短衣迎客懶梳頭，祇把梅花索高價。不數揚補之，每評湯叔雅，筆精妙奪造化神，坐使良工盡驚詫，平生放浪禮法疏，開口每欲談孫吴，一時騎牛入燕市，瞋目怪殺黄髯胡，地老天荒公已死，留得清名傳畫史。南宫侍郎鐵石腸，愛公梅花入骨髓，示我萬玉圖，繁花爛無比，香度禹陵風，影落鏡湖水，開圖看花良可吁，咸平樹老無遺株，詩魂有些招不返，高風誰起孤山逋。』

《國雅》：『王參軍元章，才贍思新，善繪梅竹，得意處輒題，往往奇拔。尤長于七言，如：『雲合紫駝開虎帳，天連青草入龍沙。』『海氣或生山背雨，江潮不到石頭城。』『千峰回影陷落日，萬壑欲盡松風聲。』抽思雖奇，摛詞未秀。

《詩藪》：王元章，世但知其梅，王孟端世但知其竹，前哲以藝爲諱，良不虚也。

支允堅《梅花渡异林勝國》：王元章，豪俠士也。其詞跌宕不羈，可想見其爲人。

如『五更驟雨隨風過，滿眼落花如雪飛。』『可愛華山陳處士，風流文采却貪眠。』『恒温豈解知王猛，徐庶從來識孔明。』『野蒿得雨長過樹，海燕隔花輕笑人。』『可喜一湖楊柳色，不禁三月杜鵑聲。』『青苔蝕盡床頭劍，白日消磨鏡裏霜。』皆爲時事而發。至『花落不隨流水去，鶴飛長帶白雲來。』『獨鶴遠從天際下，老夫如在畫中行。』『秋風繞屋樹聲雜，夜雨落山溪水多。』『萬里山河秋杳杳，一天風雨夜蕭蕭。』亦佳句不可没也。

顧嗣立《元詩選》：元章嘗游燕都，工于畫梅，以胭脂作没骨體。燕京貴人争求畫，乃以一幅張壁間，題詩其上，曰：『疏花個個團冰玉，羌笛吹他不下來。』或以爲刺時，欲執之，冕覺，亟歸。隱于會稽之九里山，自號煮石山農。

汪日起《潤亭漫鈔》：至元中，楊璉真伽恢復佛寺三十餘所，時弃道爲僧者七八百人，皆挂冠于上永福寺帝師殿梁間，飛來峰石壁皆鎸佛像，會稽王元章冕詩云：『白石皆成佛，蒼頭半是僧。』

田按：顧俠君據朱竹垞所作《元章傳》云元章爲元逸民，未嘗一日參軍事，且引徐顯《稗史集傳》爲證，録入元詩。《四庫提要》云：明太祖下婺州，聞冕名，物色得之，授咨議參軍，未幾，卒。宋濂爲作傳載《潛溪集》中，叙其始末甚備，舊本題爲元人，非其實矣。余謂稗史傳聞异詞，《提要》據宋景濂傳以爲信，識卓矣。元章詩雄快豪宕，七古尤爲獨絶，稱其爲人。（甲簽卷十八）

《題申屠子迪篆刻卷》詩後注

田按，子迪名駉，東平人，御史致遠子。子迪爲紹興理官，問交于王止善艮，止善曰：『吾里人有王元章，志行不求于俗，欲與語，非就見不可。』子迪卒即遣吏以自通，元章曰：『我不識申屠公。』謝不與見。子迪奇其爲人，進謁禮益恭，且白于大尹宋子章，具書幣製冠服，俱造其廬以請。元章爲之强起入學舍講授。元章此詩所謂『篆刻卷』者，子迪重刻嶧山秦碑二石置于紹興學官，今世所謂申屠本也。又詩所謂『申屠墨莊有傳授』，致遠嘗聚書萬卷，名曰墨莊，見《元史》本傳。（甲簽卷十八）

陶宗儀《南村雜賦》（四首）詩後注

田按，九成《南村圖》，王叔明、倪雲林皆有畫本著録于郁逢慶《書畫題跋記》、汪砢玉《珊瑚網》，余又檢梁章鉅《退庵題跋》，有黃大痴爲九成作《南村草堂圖軸》，張丑《清河書畫舫》有吴仲圭爲九成作《野竹居圖卷》，後有詩跋十餘人，始錢維善，訖王冕，則元四家皆爲九成作圖矣。九成博雅好事，故爲名流引重如此。余録九成《南村雜賦》附著南村畫，本于此，以爲志勝地者作南村故實焉。（甲簽卷二十三，清陳氏聽詩齋刻本）

《半塘定稿》一則　王鵬運

瑞鶴仙　古微移居上斜街，鄰顧俠君小秀野草堂，即查查浦故居也。賦詞徵和，因憶咸同間，吾宗龍壁翁居此，時適得王元章墨梅十二巨幀，遂榜其西齋曰十二洞天梅花書屋，事見《龍壁山房庚申集》，藉廣古微所未備，并以諗後之志東京夢華者，俾有考焉

翠深天尺五，認秀野風流，銀灣斜處。閑鷗淡容與。是百年見慣，騷壇旗鼓。春風胥宇，想生香梅花萬樹。正南窗煥入横枝，約略洞天雲古。凝佇，朋簪韵事，拄笏高情，承平簪組，藤交陰嫵。誰共覓，舊題句。勸先生莫忘，玉壺觴我，準備新詩賞雨。怕窺檐一角西山，笑人自苦。（卷一，清光緒朱祖謀刻本）

《保越録》跋　傅節子

録中所載，多有散見他書者，如張正蒙暨妻韓氏女池奴越奴先後死難事，載《元史》及《山陰縣志》。郁文景妻徐氏蔡彦謙妻楊氏投井事，載《紹興府志》及《縣志》。惟《縣志》『文景』作『景文』。徐本道暨妻潘氏抗節事，載明元二史及《府志》，惟以『本道』爲『允讓』。其間名氏，或小有异同，而大致無誤。至王冕事迹，則各家之説不一，核以此書，又皆不甚吻合。元張辰作《冕傳》，稱：『歲己亥，君方晝卧，適外寇入，君大呼我王元章也，寇大驚，素重其名，舆至天章寺，大帥置君上坐，再拜請事，君曰：今四海鼎沸，爾不能進安生民，而恣行虜掠，亡無日矣。果能爲義，誰敢不服。如爲不義，誰則非敵。我越秉義之國，不可以犯。吾寧教汝與吾父兄子弟相賊殺乎。如不聽我，速殺我，我更不與若言也。大帥再拜願受教。君終不言，明日疾，遂不起。數日而卒，帥具棺殮，葬于山陰蘭亭之側。』明宋濂撰傳，則云：『皇帝取婺州，將攻越，物色得冕，寘幕府，授以咨議參軍，一夕以病死。』國朝朱彝尊撰傳，則云：『太祖既取婺州，遣胡大海攻紹興，屯兵九里山，居人奔竄，冕不爲動，兵執之，與俱見大海，大海延問策，冕曰：越人秉義，不可以犯，若爲義，誰敢不服，若爲非義，誰則非敵。大祖聞其名，授以咨議參軍，而冕死矣。』三説固參錯互異，然如録中所云軍前督衆治具決水事，則皆無之。勉之所紀，似非實録。意者冕爲明兵邀致，越人遂疑其甘心從敵，因文致其辭，未可知也。朱氏傳後又曰：『元季多逸民，冕其一也。自宋文憲傳出，世皆以參軍目之，冕亦何嘗一日參軍事哉。因别爲傳，上之史館，冀編纂者擇焉。』其意蓋欲正宋傳之誣，乃《明史·文苑傳》仍以宋傳爲藍本，何耶。士生滄海間，不幸有重名，愛惡之口，傳聞异辭，如元章者何限，要在秉筆者，掩其失而著其善，愛護矜惜之而已。因校是録，慨然識之。丁卯立秋，節子長恩閣記。（《保越録》，商務印書館『叢書集成初編』）

《晚晴簃詩彙》二則　徐世昌

吴之振，字孟舉，號橙齋，又號黄葉村農，浙江石門人，官中書科中書，有《黄葉村莊集》。

《同用晦東莊看梅》：『隔歲心情似死灰，梅花堆裏蹔眉開。吹將王冕横枝下，煉得林逋斷句回。已分色香難品第，不煩桃李作重臺。落英和雪團成片，研入春醪飲

一杯。』（卷卅九）

許賡皞，字秋史，甌寧人，有《平遠堂遺詩》。

《南湖草衣歌贈汪子》：『男兒腰懸印如斗，何如當前一杯酒。屋堆黃金斗量珠，何如醉讀兩漢周秦書。周秦之書不易睹，存者岐陽與詛楚。偃師殷盤十四字，其餘贗本難僕數。汪子奇氣不可羈，典衣南北收殘碑。從大小篆溯蝌蚪，能變古法生新奇。古人刀筆每并用，後世但解持毛錐。遺弃刀法不復講，遂令字體形神離。圖章近古得古意，冥坐似悟造字義。咿嚘夜聽鬼神哭，變化瑣及蟲鳥細。漢唐以來銀與銅，或金或玉誇精工。有元王冕易以石，穿鑿坑谷争磨礱。明時工此文壽承，後來繼者程穆倩。中間顧子元方與徐生貞木，絶技尤憐矢死鄭殖。子也嗜好同酸鹹，繫屬前後如斿縿。六合直欲鑿混沌，萬象何以供鎸鑱。靈芝潤聚金碧氣，神劍夜發蛟龍函。古如明堂列彝鼎，快若滄海馳風帆。方今妖氛幻蛟蜃，萬室逃亡吁可憫。殺聲慘澹日欲昏，客路飄零窮且忍。會須待子刊磨崖，南湖雖好莫歸隱。嗚呼，南湖雖好歸何日，且復醉歌出金石。』（卷一百四十，民國退耕堂刻本）

《純常子枝語》一則　文廷式

元王冕元章曰：『子房志在報韓，孔明志在興漢，志雖正，而心則狹。生民者其唯伊周乎。』唐柳子厚曰：『伊尹之大，莫大于五就桀。』二説皆不刊之論。（卷二十一，昭陽協洽刊本）

《石遺室詩話》一則　陳衍

琴南號畏廬，多才藝，能畫能詩，能駢體文，能長短句，能譯外國小説百十種。自謂古文辭爲最，沈酣于班孟堅、韓退之者三十年。所作兼有柏梘、梓湖之長，而世人第以小説家目之，且有深詆之者。余常爲辯護，謂曾滌生所分陽剛陰柔之美，雖不過言其大概，未必真畫鴻溝。然畏廬于陰柔一道下過苦功，少時詩亦多作，近體爲吴梅村，古體爲張船山、張亨甫。識蘇堪後悉弃去，除題畫外，不問津此道者殆二十餘年。庚戌、辛亥，同人有詩社之集，乃復稍稍爲之，雅步媚行，力戒甚囂塵上矣。今先録題畫者數首，已與吴仲圭、王山農、沈石田諸人相仿佛，高者可追文與可、米元章。（卷三，人民文學出版社二〇〇四年）

《元詩紀事》一則　陳衍

王冕，字元章，諸暨人，自號煮石山農，有《竹齋集》。

《菽園雜記》：所居與一神廟切近，爨下缺薪，則斧神像爨之。一鄰家事神惟謹，遇冕毁神像，輒刻木補之，如是者三四。然冕家人歲無恙，補像者妻孥沾患，時時有之。一日召巫降神，詰神云：『冕屢毁神，神不之咎；吾輒爲新之，神何不祐耶？』巫者倉卒無以對，乃作怒曰：『汝不置像，彼何從而爨耶？』自是其人不復補像，而廟遂廢，至今以爲笑談。

《玉壺冰》：買舟下東吴，度大江，入楚淮，歷覽名山川，或遇奇才俠客，談古豪杰事，即呼酒共飲，慷慨悲吟，人目爲狂奴。

《宋學士集》：北游燕都，館泰不花家，泰不花薦以館職，冕曰：『公誠愚人哉，不滿十年，此中狐兔游矣。』

《霏雪録》：游大都，時臨川危素爲翰林學士，居鐘樓街。山農嘗見其文而不相識，一日危騎而過山農所，與之坐而不問其姓名，徐曰：『君非鐘樓街住耶？』危曰：『然。』更不出他語而罷。人問之，山農曰：『吾觀其文有譎氣，目其人，舉止亦然，料知必危太樸也。』

《山栖志》：隱九里山，種豆三畝，粟倍之，樹梅花千，桃杏居其半，芋一區，薤韭各百本，引水爲池，種魚千餘頭，結茅廬三間，自題爲梅花屋。（卷十，清光緒本）

《元書》二則　曾廉

隱逸傳第六十六上（節録）

……顧瑛、張介福、戴道顯、蔣大德之倫，氣震草竊，楊維楨、李祁、舒頔、貢性之、丁鶴年之流，皆不臣异代，王冕、戴良至以死拒不易其操，則亦獲下士之效矣。吾懼乎世人不察乎此，猶執范升之議，而猥謂隱士徒私竊虚名爲無用乎……（卷九十一）

隱逸傳第六十六下

王冕，字元章，紹興諸暨人也。本田家子，八歲父命牧牛隴上，潛入塾，聽村童讀書，暮亡其牛，父怒撻之。他日，依僧寺坐佛膝上，映其燈讀書。安陽韓性异而教之，遂通《春秋》。嘗一試進士舉，不第，即焚所爲文。讀古文兵法，着高檐帽，衣绿蓑衣，躡長齒屐，擊木劍，或騎牛行市中，人疾其狂。同里王艮雅重之，爲拜其母，艮爲江浙檢校，冕曳敝履往謁，艮遺之草履，諷使就吏禄，冕置其履而去。迎其母至會稽，駕以白牛車，冕被古冠服隨車後。所居倚土壁，庋釜執爨養母。居歲餘，北游燕都，泰不花薦以館職，冕曰：『君愚人，不滿十年，此中狐兔游矣，何以禄爲？』冕工畫梅，以燕支作没骨體，燕中貴人争求之，乃以一幅張壁間，題詩其上，曰：『疏花個個團冰玉，羌笛吹他不下來。』或以爲刺時，欲執之，冕覺之，亟歸。隱會稽九里山，種豆三畝，粟倍之，薤韭各百本，芋一區，梅花千樹，構茅屋其中，自號煮石山農，命其居曰竹齋，題其舟曰浮萍軒，自放鑒湖之曲。賦詩輒千百言，鵬騫海怒，讀者爲聳。明兵取婺州，進攻紹興，至九里山，其將胡大海知冕在，延問策，冕曰：『越人秉義，不可以犯，若爲義，誰敢不服，若爲非義，誰則非敵。』明日疾，遂不起。或曰明欲官以咨議參軍，冕不受，因發憤死也。（卷九十一，清宣統三年刻本）

《天咫偶聞》一則　震鈞

余舊亦有此好，京塵十載，暇輒從事搜羅，所見殆數百種，記之左方，以當雲烟過眼……王元章《没骨紅梅》一巨幅，絹本，純以淡墨寫幹，不加一點，以脂漬梅花，中間借白地作烟横鎖之。章法極奇，無款，止一印章，旁有明人題詩。（卷六，清光緒甘棠精舍刻本）

《壬寅銷夏録》二則　端方

吴仲圭松泉圖卷（立軸改）

孫北海少宰博物大雅，請告後，構亭于西山隆教寺側，遠俯秋林，周回泉水，名曰退翁亭，著書其中。此來又得其所藏王元章墨梅卷與向藏鄭所南竹枝、揚補之雪梅、趙子固水仙并松泉圖，潔一小室，明窗净几，冬則擁爐相對，名曰歲寒齋，終此獨旦之年，他日垂死，命兩子仍以二卷歸之總憲，亦林間佳話也。江村獨旦翁高士奇并書。

明王元章墨梅長卷

收藏有『竹橋』朱文胡盧印，『蔚光珍賞』白文方印，『海虞吴氏擁書樓圖史』朱文方印

煮石山農梅花墨寶篆書。同治九年十一月趙次侯屬楊沂孫題首。

畫幅絹本，高一尺三分，寬一丈八尺三寸，老梅一樹，萬玉紛披。

凍壓瑶臺月影虎，玉妃謫墮夢模糊。無人可論江南事，小引春風上圖畫。煮石山農王冕并題。（『王冕』白文印，『元章』朱文印。）

題跋：嘉慶壬戌仲春，范來宗、蔣元城、潘奕雋、奕藻同觀于寫十三經室。（『潘奕雋印』白文印，『守愚』朱文印）

同治丁卯遵祁獲觀并補鈐先印，時卷藏次侯刺史處。四月二十四記。

此卷爲同邑王企川所藏，乾隆丁酉携至京師，一日余與數人坐雨于王述庵先生寓邸，在懶眠衚衕之北口，而企川賃水月禪林，遣人取觀，且約與黄仲則題詩其尾，時企川寶惜如命，不肯留存一宿。述庵先生心欲以五鎰易之，無由得也。企川既没，其家斥賣圖畫殆盡，卷適歸于余手，可知翰墨亦有前因。余去年得宋琢半邊岩石硯，又得古銅盉一，故以古金石名齋，今獲得此物，不覺欣慨交集，遂名所庋之閣爲梅花一卷樓。王冕實元逸民，《明史》有傳，而《曝書亭集》擬傳尤詳。喜用胭脂作没骨體，卷中風格則竹垞老人品爲亂插繁花嚮晴昊是已。聊識數語并繫詩曰：京邸披圖廿一年，已經過眼似雲烟。梅花知我相思甚，來結今生未了緣。嘉慶三年戊午四月

湖田外史吴蔚光。（『吴蔚光印』朱白文印，『舊史氏』白文印，『良辰美景賞心樂事』朱文印）

嘉慶三年夏五月至日松阿野老邵齊熊觀，孫廣融、曾孫淵耀同觀。時不佞年七十有五，曾孫年十一歲。（『臣齊熊印』白文印，『松阿居士』白文印）

戊午中夏之月鮑偉、席世昌同觀于隱几山房。（『江夏』白文印）

煮石山農墨梅，昔在瑶華道人樂閑安福齋中得見小卷，道人寶惜在松雪翁、如隱居士諸家之上，蓋重其品也。世墀乞借臨摹凡數閱月，而一種清芬之氣時覺沁人心脾。憶與道人别來五稔，思見山農小品不可得，乃于海虞獲觀此巨製，又在道人所寶之上矣。山農牖我良多，是亦津梁之一助也。嘉慶三年六月上澣黄世墀謹跋。（『黄世墀印』白文印，『拍心』朱文印）

是年七月二十日，東園十二桂齊放竹橋先生携以來，去疾与言素園如泗歸梅坡朝煦同觀，松阿及其曾孫同再觀。（『戊申人』白文印）

萬木僵死梅獨存，勁氣直達元之門。白雪四起化銀海，一匹束絹飄天紳。繁花直幹參差曉，壹氣孔神心自了，元章拍手梅華王，繞盡長江憂悄悄。江水江花萬里思，

送江放海海風吹。就尋江水發源處，落月正挂西南枝。題煮石山農梅花長卷。園公蘇去疾。（『去疾』白文印）

煮石山農萬玉圖卷，予曾見于薘石宗伯都門寓齋，閲今卅餘年，猶往來于心也。嘉慶戊午十月五日乙未，竹橋先生訪予吴門寓館，携此卷出示，氣韵生動，與萬玉卷可稱雙絶，而予以衰年眊昏，重見至寶，真与元章有宿世緣耶。竹汀居士錢大昕時年七十有一。次子東塾同觀。（『錢大昕印』白文印，『竹汀』朱文印）

嘉慶戊午十二月山陰平恕觀。（『平恕之印』白文印）

嘉慶己未仲冬四日，引疾里居，竹橋同年過訪，出此卷，得觀。青浦陸伯焜。（『陸伯焜印』白文印，『璞堂』朱文印，『十二樓前侍從臣』朱文印）

古歙胡寯年携壻太倉陸學欽仝觀于竹橋太史之素修堂，時庚申仲冬月下澣。

嘉慶辛未孟夏張允垂觀。

嘉慶五年十月昆山徐雲路觀。（『雲路之印』白文印）

嘉慶戊午冬十月胡鳴謙觀。

太倉蕭掄常熟浦署文同觀于素修堂，時屠維協洽辜月之既望，積雨初晴，展玩

數四，如身坐羅浮二山間㱫。（『蕭掄之印』白文印，『子山』朱文印）

屠維協洽辜月張禮、王肇熙、錢侗、墨華禪衲覺銘同觀。（『肇熙之印』白文印）

嘉慶三年十月王家相觀。（『家相』朱文印）

憶于鐘魚禪版間展閲是卷，忽忽二十餘年，而其家遂已失守。昔李伯時捕魚圖先藏姚公綬處，後歸真實居士馮太史夢楨，故李檀園深幸其得所，今竹橋先生得之，亦當爲是卷慶也。煮石山農畫梅，余見于董東山司空、錢蘀石少宗伯兩家，然以是卷爲獨絶。梅華樓成，應有玉虹貫月明，春風雪中携柳波，雲舫余舟名瑶華道人所題小泊尚湖，敬造層樓，焚香酌醴，再共吟賞之。嘉慶四年仲冬定香居士王昶題，時七十有六，老眼生花，不能工也。（『王昶』白文印，『述庵』朱文印，『努力愛春華』朱文印）

梅花屋裏梅花人，借梅花形自寫真。平奇濃淡無不可，除却梅花惟有我。清高是梅意，拂衣歸隱門深閉。奇古是梅情，長屐高帽伶仃行。倔强是梅骨，叱吒能使大將屈。縱横是梅才，軍門畫策天顔開。興到淋漓墨一斗，掃去渾忘筆在手。胸中自有萬梅花。此意畫師識得否，忽疏忽密忽斷連忽整忽斜忽倒眠。一枝横穿入明月，萬枝亂插當青天。看如隨意作點綴，筆所未到神獨全，乾坤春氣在此手，羅浮擘出秋毫顛，畫成風吹滿屋香，拍手自叫梅花王。門外兵戈震天際，梅花別是人間世。北風刺刺吹倒人，一朵何曾吹落地。思肖蘭淵明菊，著此其間堪鼎足。歷五百年遇老竹，爲花造樓與花宿，此樓又一梅花屋。嘉慶三年十二月四日，長真外史孫原湘題于雙紅豆齋。（『長真外史孫原湘印』白文印，『乙卯江南第一人』朱文印）

山農畫梅不畫形，落筆先得梅性情。繁枝亂插不經意，奇趣直是天生成。一枝勁而老，空山雪深壓不到。一枝清而癯，頹然欲卧寒雲扶。忽然放筆化奇怪，直幹横生毋乃太。明月如槃欲下來，一枝托出青天外。十枝五枝争出奇，千枝萬枝尤迷離。中間不使一筆得重複，苦心惟有梅花知。至今但覺縱横嚮背不可測，宛然師雄夢入羅浮時。山農山農品超絶，其筆與心俱似鐵。偶然興到墨淋漓，五百年來人閣筆。韵芬席佩蘭。（『佩蘭之章』白文印，『韵芬』朱文印）

嘉慶戊午臘月四日，與子瀟同觀于長春閣玉梅花下，同時詩成，腕疾不能書，令舍弟稺仙代作隸而自記于此燈下，佩蘭的筆。（『韵芬』白文印）

壬戌花朝周光鏞同戴光熹觀于寫十三經之室。

己未臘月趙同鈺重觀。（『同鈺之印』白文印，『子梁』朱文印）（『連城璧』朱文

印）

百萬枝寒玉，同鈺。縱横匹練中，揮豪如雪落。秉筠。無筆肯雷同。明月身疑化，同鈺。羅浮夢可通。乾坤春氣在，秉筠。開卷便香風。同鈺。嘉慶戊午十又二月，竹橋太史以此卷賜觀，欣賞嘆絶，乞留藴玉樓中十宿，與子梁聯句題之，歲莫奉返，未及留稿，今經一載，乃請卷補書，蕪詞陋筆，不敢索梅花笑也。宛仙屈秉筠并識。（『屈』朱文印，『筠』白文印）

孫星衍觀。篆書（『梅花溪上人家』朱文印）

嘉慶十一年春正月觀于素修堂。泳。（『錢泳私印』白文印）（『悔十年』朱文印）

花光畫梅不可得，後來獨數梅花王。平生夢想未一見，越人枉負生同鄉。九里山前屢經過，千樹繞屋皆消亡。竹橋前年得此卷，作樓肇錫嘉名芳。今來吴苑携示我，展与晴日輝輝光。繁花亂插絶無一筆亂，孰借杜句爲評量。知言不過竹垞叟，逸民心迹誰表彰。今看此圖無乃是，其人跋扈還飛揚。高冠奇服檑具劍，軍門長揖明高皇。一官那肯就束縛，鴻鵠詎可籓筊張。當其神觀一飛越，胸有萬斛之冰霜。酒酣芒角欲四出，吐向紙上皆低昂。江南萬事一回首，題詩寄托深且長。想見蒼奇鬱律點，筆勢抑塞磊落哀歌斫地之。王朗斯人氣與秋天晶，何筆放出春風狂。烏乎，梅花萬樹尋常見，此人此筆非尋常，此人此筆非尋常，空使梅花獨擅場。嘉慶七年壬戌二月廿二日爲竹橋老友題。蘭上里人李堯棟書于吴門寫十三經之室。（『李堯棟印』朱文印，『松雲』朱文印）

題蘭雪所藏王元章畫梅。先生卜築九里山，蘭雪有《九里梅花村舍圖》。欲坐萬樹梅花間。惜無山農煮石者，木屐蓑衣相往還。江南自與梅花别，北風吹得頭如雪。長安市上肩聳山，唫興猶思剡溪月。閑中忽得山農畫，懸向空齋亟下拜。拜梅今已四十年，一把茅須何日蓋。蘭雪向有《拜梅圖》。拍手大叫梅花王，元章句。我與君同冰雪腸。花身倘是君所化，有酒酹君三百觴。豐臺唐花苦不香，點綴桃杏紛滿堂。豈惟無香亦無態，疏影横斜不如畫。寫生賴有先生詩，詩與此畫皆清奇。原本無名氏，審是曾賓谷所作。（上海古籍出版社續修四庫全書本）

《餐櫻廡隨筆》一則　况周頤

秦印多玉。多朱文。漢印多銅，多白文，其實非白文也。漢鈐印用紫泥，印入泥中，篆文凹入者凸出，則亦朱文矣。間有金印，王侯已上用之。元王元章用花蕊石刻印，而石印乃盛行。其先有用石者，不甚著，蓋亦廑矣。此外尚有銀印、鐵印、瓷印、水晶、瑪瑙、象牙、犀角、澄泥、燒料、黄楊、竹根等印。又有碧霞髓印，髓或作玜。至堅不受刀，雖晶玉非其比。在昔印人某能刻之，其姓名偶失記矣。歙縣汪氏飛鴻堂，啓淑，字訒葊，號綉峰，世業鹽，擁高貲。剖巨珠爲小印，侈麗極矣。（文海出版社有限公司印近代中國史料叢刊續編第六十四輯）

《虚齋名畫録》一則　龐元濟

馬扶羲梅花卷紙本，凡四段，皆水墨，每幅前詞扶羲自書，邵雪虬和句書于本身（節録）

寫生惟古梅爲難，故揚補之、王元章之名，以寫梅特聞。扶羲此卷高韵獨標，深得楊王兩公遺意，復有邵青門和柯敬仲題詞，詞書畫洵稱三絶云。津里昂之觀并識。

（卷六，清宣統烏程龐氏上海刻本）

《八千卷樓書目》二則　丁立中

《竹齋集》三卷，續集一卷，附録一卷　明王冕撰，其子周編，續集駱居敬編，抄本。

《竹齋集》四卷，明王冕撰，刊本。（卷十六，民國本）

《清稗類鈔》二則　徐珂

印章

秦印多玉，多朱文，漢印多銅，多白文。其實非白文也，漢鈐印，用紫泥印入泥中，篆文凹入者凸出，則亦朱文矣。間有金印，王侯以上用之。元王元章用花藥石刻印，而石印乃盛行。其先有用石者，不甚著。此外尚有銀印、鐵印、瓷印、水晶、瑪瑙、象牙、犀角、澄泥、燒料、黄楊、竹根等印。又有碧霞髓印，至堅不受刀，雖晶玉非其比。歙縣汪啓淑，字訒葊，號綉峰，世業鹽，擁高貲，嘗剖巨珠爲小印，侈麗極矣。（物品類）

花乳石

花乳石爲圖書石之一種，天台寶華山所産，色如瑇瑁，瑩潤堅潔，可作圖書。元

末，王冕始以花乳石刻印，是爲石印之始，至本朝而采者甚多。（礦物類，中華書局一九八四年）

《碑傳集補》一則　閔爾昌

楊季子傳（節録）　許宗衡

……季子名亮，故昭武將軍壯敏公之裔，文采門祚相輝映。嘗待試京兆，以送友人喪南行，不入試。歸，居昭武祠，有老桂二株，百餘年物，秋中花盛，晴香溢階，輒召諸君談飲終日，醉則出示所藏古今名畫，若燕肅山水、王元章梅花、吴仲圭竹，因有《古今名畫記》，與所著西域沿革古文詞凡十餘卷，嘗太息謂余曰：『僕無子，中郎遺書非友生莫屬。他日録付，知交，君其一也。』粤賊陷揚郡，死于難，書爲人篡去，而王元章梅花一幀，則蓋平姚君仲海購得之。（卷五十，民國十二年刊本）

《畫家知希録》一則　李放

胡大年，字亭山，號薌村，又號玉峰，嘉興人。楷行書法歐陽，寫叢蘭老梅修竹

奇石得王元章、揚補之勝趣。《竹里畫者詩》。（卷一，明文書局一九八五年清代傳記叢刊）

《鐵琴銅劍樓藏書題跋集録》一則　瞿良士

《竹齋詩集》三卷（舊鈔本）

余得此書于表弟葉枺，蓋枺父名潮，字半帆，工花鳥，余家有其畫，乃以是相易王先生稿。此爲舊鈔，間有訛字，暇日當校正之。先生詩多天成之句，可以想見其胸次，集中有一聯云：『山城雨重鐘聲短，海國風清劍氣高。』最喜誦之。顧秀野《元詩選》，不知曾遺此佳句否。又先生有子名周，字山樵，亦工畫。余前歲在友人家，有客執畫卷相問，余不能答，至今思之，愧且悔也。讀宋金華所作傳，每疑先生遭明祖爲不得其死，及觀《山樵行狀》，高隱不仕，似重有憂者，闕疑焉可矣。集。（卷四，上海古籍出版社二〇〇五年）

附録

型世言　（明）陸人龍 編纂

第十四回 千秋盟友誼 雙璧返他鄉

引

此道今人弃如土，寧復向淪落中問友人哉。然友不在淪落中見，于何處見？祇在酒杯麴附中歟？故論友者當以此爲法。即如周蓼洲以托孤得禍，蘇郎中以急友得死，亦是友誼宜然，不欲令王參軍獨有千古耳。彼勢在膠漆，勢去摶沙，既殺其身，尋覆其家，亦獨何心，亦獨何心。

翠娱閣主人題

屈指交情幾斷魂，波流雲影幻難論。
荒墳樹絶徐君劍，暮市蛛羅翟相門。
誰解綈袍憐范叔，空傳一飯贈王孫。

扶危自是英雄事，莫向庸流浪乞恩。

世態凉淡，俗語嘗道得好：只有錦上添花，没有雪中送炭。即如一個富人，是極吝嗇，半個錢不舍的，却道我盡意奉承他，或者也憐我，得他資給。一個做官的，是極薄情不認得人的，却道我盡心鑽拱他，或者也喜我，得他提携。一介窮人，還要東補西拆，把去送他。若是個處困時，把那小人圖報的心去度量他。年幼的道，這人小没長養。年老的道，人老没回殘。文士笑他窮酸，武夫笑他白木。謹慎的説道没作爲，豪爽的道他忒放縱。高不是，低不是，祇惹憎嫌，再没憐惜。就是錢過北斗，任他堆積；米爛成倉，任他爛却，怎肯扶危濟困。况這個人，又不是我至親至友，不知豪俠漢子，不以親疏起見，偏要在困窮中留意。昔日王文成陽明先生，他征江西桃源賊，問賊首如何聚得人攏。他道：『平生見好漢，不肯放過，有急周急，有危解危，故此人人知感。』陽明先生對各官道：『盗亦有道。』若是如今人，見危急而坐視，是强盗不如了。

國初曾有一個杜環，原籍江西廬陵，後來因父親一元游宦江南，就住居金陵。他父親在日，曾與一個兵部主事常允恭交好。不期允恭客死九江府，單單剩得一個六十歲母親張氏，要回家，回不得，日夕在九江城下哭。有人指引他道：『安慶知府譚教先，是你嘉興人，怎不去見他？』張氏想起，也是兒子同筆硯朋友，當日過安慶時，他曾送下程請酒，稱他做伯母，畢竟有情。誰料官情紙薄，去見時，門上見他衣衫襤褸，待從無人，不與報見。及至千難萬難得一見，却又不理，衹得到金陵來。其時一元已歿，這張氏問到杜家，説起情事，杜環就留他在家。其妻馬氏，就將自己衣服與他，將他通身襤褸的，盡皆换去。住了一日，張氏心不死，又尋别家，走了幾家，并没人理，衹得又轉杜家。他夫婦就是待父母般，絶無一毫怠慢。那張氏習久了，却忘記自己流寓人家，還放出舊日太奶奶躁急求全生性來，他夫妻全不介意，屢寫書叫他次子伯章，决不肯來。似此十年，杜環做了奉祀，差祭南鎮，與伯章相遇，道他母親記念。伯章全不在心，歇了三年方來。又值杜環生辰，母子抱頭而哭，一家驚駭，他恬然不動。不數月，伯章哄母親道：『去去來接母親。』誰知一去竟不復來。那杜環整整供他二十年，死了又爲殯殮。夫以愛子尚不能養母，而友人之子，反能周給，豈不是節義漢子？

不知還有一個，這人姓王名冕，字孟端，浙江紹興府諸暨人。他生在元末，也就不肯出來做官，夫耕婦織，度這歲月。却讀得一肚皮好書，便韜略星卜，無所不曉。做得一手好文字，至詩歌柬札，無所不工。有一個吉進，他見他有才學，道：『王兄，我看你肚裏來得，守着這把鋤頭柄？做不官來，便做個吏。你看如今來了這些韃官，一些民情不知，好似山牛，憑他牽鼻，告狀叫準便準，叫不準便不準。問事說充軍就充軍，說徒罪就徒罪，都是這開門接鈔、大秤分金，你怎麽守死善道？』王孟端仰天哈哈大笑道：『你看如今做官的甚樣人，我去與他作吏？你說吏好，不知他講公事談天說地，輪比較縮腦低頭，得幾貫枉法錢，嘗拚得徒、流、絞、斬，略惹著風流罪，也不免夾、打、敲、捶。挨挨擠擠，每與這些門子書手成群，擺擺摇摇，也同那起皂隸甲首爲伍，日日捧了案卷，似草木般立在丹墀，何如我或笑、或歌、或行、或住，都得自快。這便是燕雀不知鴻鵠志了。』

後邊喪了妻，也不復娶，把田產托了家奴管理，自客游錢塘。與一個錢塘盧太，字大來交好，一似兄弟一般。又聯着個詩酒朋友，青田劉伯温。他嘗與伯温、大來，每遇時和景明，便縱酒西湖六橋之上，或時周游兩峰三竺，登高陟險，步履如飛。大來嬌怯不能從，孟端笑他道：『衹好做個文弱書生。』一日席地醉湖堤，見西北异雲起，衆人道是景雲。正分了個『夏雲多奇峰』韵，要做詩。伯温道：『什麽景雲，這日王者氣，在金陵，數年後，吾當輔之。』驚得坐客面如土色，都走了去，連盧大來也道：『兄何狂易如此。』也嚇走了。只有王孟端陪着他，捏住酒鍾不放。伯温跳起身歌道：

雲堆五彩起龍紋，下有真人自軼群。
願借長風一相傍，定教麟閣勒奇勛。

王孟端也跳起來歌道：

胸濯清江現榴紋，壯心寧肯狎鷗群，
茫茫四宇誰堪與，且讓兒曹浪策勛。

兩個大醉而散。閑中兩人勸他出仕，道：『兄你看，如今在這邊做官的，不曉政事，一味要錢的，這是貪官。不惟要錢，又大殺戮，這是酷官。還又嫉賢妒能，妄作妄爲，這是蠢官，你道是行我的志麽。丈夫遇合有時，不可躁進。』更數年，盧大來因人薦入京，做了灤州學正，劉伯温也做了行省都事。只是伯温又爲與行省丞相議論台州反賊方國珍事，丞相要招，伯温主剿，丞相得了錢，怪伯温阻撓他，劾道『擅作威福』，因禁要殺他。王孟端便着家人不時過江看視，自己便往京師爲他申理。此時脱脱丞相當國，他間關到京，投書丞相道：

法戒無將，罪莫加于已著。惡深首事，威豈貸于創謀。枕戈横搠，宜伸忠義之心；卧鼓弢弓，適長奸頑之志。海賊方國珍，蜂虿餘蠕，瘡痏微毒。揭竿斥澹，疑如蟻鬭床頭，弄楫波濤，恰似漚漂海内。固宜剪兹朝食，何意愎彼老謀。假以職銜，是畔亂作縉紳階級；列之仕路，衣冠竟盗賊品流。欲彌亂而亂彌增，欲除賊而賊更起。況復誤入敵彀，堅拒良圖。都事劉基，白羽揮奇，欲盡舟中之敵；亦忱報國，巧運几前之籌。止慷慨而佐末談，豈守闔而妄誅戮。坐在擅作威福，干法不倫，竟爾横討羈因，有冤誰雪？楚弃范增，孤心膂將無似之；宋殺岳飛，快仇讎諒不异也。伏願相公，秤心評事，握髮下賢，謂畔賊猶賜之生全，寧幕寮混加之戮辱。不能責之勦捕，試一割于鉛刀，請得放之田里，使洗愆于守劍。敢敷塵議，乞賜海涵。

書上，脱脱丞相看畢，即行文江浙丞相，釋放劉伯温，又薦他做翰林承旨。王孟端道：『此處不久將生荊棘走狐兔，排賢嫉正，連脱公還恐不免，我緣何在此？』且往灤州探望盧大來。祇見盧大來兩邊相見。盧大來訴説：『此外都是一班韃子，不省得我漢人言語，又不認得漢人文字，那個曉尊師重傅？況且南人不服水土，一妻已是病亡，剩下兩個小女，無人撫養，我也不久圖南回，所苦又是盤費俱無，方悔仕路之難。』王孟端道：『兄你今日才得知麼？比如你是個窮教職，人雖不忌你的才，却輕你甘清受淡，把一個豪杰肚腸、英雄的胸次都磨壞了。你還有志氣，熬不過求歸。有那些熬不過，便去干求這些門生，或是需索這些門生，勒拜見，要節禮，瑣瑣碎碎，成何光景。又如劉伯温有志得展，人又忌他的才，本是爲國家陳大計，反説他多事，反説他貪功，這個髒肮之身，可堪得麼？我如今去便遨游五岳三山，做個放人，歸只飲酒做詩，做了廢士，甚要緊？五斗折腰，把這笑與陶淵明笑。兄且寧耐，我目下呵，遍走齊魯諸山，再還錢塘，探望伯温。』就別了盧大來，大來不勝凄愴。他走登州，看海市。登泰山，上南天門，過東西二天門，摩秦無字碑，踞日觀，觀日出，倚秦觀望陝西，越觀望會稽。上丈人蓮花諸峰，石經桃花諸峪，過黄峴雁飛眾嶺，入白雲水簾黄花各洞，盥漱玉女王母白龍各池，又憩五大夫松下，聽風聲。然後走闕里，拜孔廟。遨游廣陵、金陵、姑蘇，半載方到家。劉伯温已得他力，放歸青田隱居。不期盧大來在灤州，因喪偶悲思成了病，不數月，懨懨不起，想起有兩個女兒，一個馨蘭，一個傲菊，無所依托，祇得寫書寄與王孟端道：

弟際蹇運，遠官幽燕，復遘危疾，行將就木，計不得復奉色笑矣。弱女馨蘭、傲菊，倘因友誼，曲賜周旋，使縉紳之弱女，不落腥膻，則予目且瞑，唯君圖之。

孟端回杭，不過數日，正要往看伯温，忽接這書，大驚道：『這事我須爲了之。』便將所有田產，除可以資給老僕，餘盡折價與人，得銀五十餘兩，盡帶了往灤州進發。行至高郵，適值丞相脱脱，率大兵往討張士誠，爲邏兵所捉，捉見贊畫龔伯璲。孟端道：『我諸暨王冕也，豈肯從賊作奸細乎？』伯璲連忙下階相迎，道：『某久從丞相，知先生大名。今丞相統大兵至此，正缺參謀，是天賜先生助我丞相，願屈先生共事，同滅劇賊。』王孟端道：『先生，焉有權臣在内，大將能立功于外？今日功成，則有震主之威；不成，適起讒譖之口。方爲脱公進退無據。雖是這般説，小生辱脱公有一日之知，當爲效力。但是我友人殁在灤州，遺有二女，托我携歸杭。脱公此處尚有公等，二女灤州之托，更無依倚，去心甚急，不可頃刻淹滯。』龔伯璲道：『這等公急友誼，小生也不能淹留。』就在巡哨士卒裏邊，追出王孟端原挈行李，又贈銀三十兩。王孟端不肯收，龔伯璲道：『此公去灤州，也是客邊，怕資用不足，不妨收過。』還贈他鞍馬，上都公幹火牌一張，道：『得此，可一路無阻。』又差兵護送一程。果然王孟端得鞍馬火牌，一路直抵灤州。到州學探訪時，祇見道：『盧爺已歿，如今新學正孛羅忽木已到任了。』問他家眷時，道：『他有兩個小姐，一個小斷。一個大小姐，十三歲，因盧爺歿了，没有棺木，州裏各位老爺，一位是蒙古人，一位色目人，一位西域人，都與盧爺没往來，停了兩日，没有棺木，大小姐没極奈何，祇得賣身在本州萬户忽雷博家，得他棺木一口，銀一兩，米一石，看殯殮盧爺去了。還有一個小斷，一位十歲小姐，守着棺木。新爺到任，祇得移在城外，搭一個草舍安身，説道近日也没得吃用，那小斷出來求乞，不知真不真？』王孟端便出城外尋問，問到一個所在，但見：

茹茹梗編連作壁，盡未搪泥；蘆席片搭蓋成蓬，權時作瓦。繩樞欲斷，當不得刮地狂風；柴户偏疏，更逢着透空密雪。内停一口柳木材，香烟久冷；更安一個破沙罐，粒米全無。草衣木食，那裏似昔日嬌娥；鵠面鳩形，恰見個今時小斷。可是逢人便落他鄉泪，若個曾推故舊心。

王孟端一問，正是盧大來棺木、家眷，便撫棺大哭道：『仁兄，可惜你南方豪士，倒做了北土游魂。』那小姐與小斯也趕來嚶嚶的哭了一場，終是舊家規模，過來拜謝了。王孟端見她垢面篷頭，有衫無褌，甚是傷感。問他姐姐消息，道：『姐姐爲没有棺木，自賣在忽雷萬户家。前日小斯乞食到他家，衹見姐姐在那厢，把了他兩碗小米飯，説府中道他拿得多了，要打，不知仔麽。』王孟端便就近尋了一所房兒住下，自到忽雷府中來。

這忽雷是個蒙古人，祖蔭金牌萬户，鎮守灤州。他是個勝老虎的將軍，家中還有個賽獅子的奶奶。大凡北方人，生得身體長大，女人才到十二歲，便可破身。當日大小姐自家在街上號泣賣身，忽雷博見他好個身分兒，又憐他是孝女，討了他，不曾請教得奶奶。付銀殯葬後，領去參見奶奶，衹得叩了個頭，問他哪里人？小姐道：『錢塘人。』他也不懂，倒是側邊丫鬟道：『是南方人。』問道：『幾歲了？』答應：『十二歲。』只見那奶奶颜色一變，衹爲他雖然哭泣得憔悴了些，本來原是修眉媚臉，標緻的。又道是在時年紀，怎不妒忌？巧巧兒忽雷博回家來，問奶奶道：『新討的丫鬟來了麽？他也是個仕臣之女。』奶奶道：『可是門當户對的哩。』忽雷道：『咱没甚狗意，衹憐他是個孝心女兒。』奶奶道：『咱正怪你憐他哩。』吩咐新娶丫鬟叫做定奴，祇教他灶前使用。苦是南邊一個媚柔小姐，却做了北虜粗使丫鬟。南邊燒的是柴，北邊燒的煤，先是去弄不着。南邊食物精緻，北邊食物粗糲，整治又不對綹。要去求這些丫鬟教導。這邊説去，那邊不曉，那邊説來，這邊不明，整治的再不得中意。南邊妝扮是三柳梳頭，那奶奶道：『咱見不得這怪樣。』定要把來分做十來路，打細細辮兒披在頭上。韃扮都是赤脚，見了他一雙小小金蓮，他把自己脚伸出來，對小姐道：『咱這裏都這般走得路，你那纏得尖尖的，甚麼樣，快解去了。』小姐祇得披了頭，赤了脚，在厨下做些粗用。晚間着兩個丫頭伴着他宿，行坐處有兩個奶奶心腹丫頭貴哥、福兒跟定，又常常時搬嘴弄舌。去得半年，不知打過了幾次。若是忽略雷遇着，來討了個饒，更不好了，越要脱剥了衣裳，打個半死。虧得一個老丫頭都盧，凡事遮蓋他。也只是遮蓋的人少，搠舌頭的多。幾番要尋自盡，常常有伴着，又没個空隙，只是自怨罷了。一日在灶前，聽得外面一做小花子叫唤，聲音厮熟，便開後門一看，却是小厮琴兒，看了兩泪交流，可是：

相見無言慘且傷，青衣作使泪成行。
誰知更有堪憐者，灑泣長街懷故鄉。

忙把自己不曾吃的兩碗小米飯與他，湊巧福兒見了，道：『怪小浪淫婦，你是孤老來，怎大碗飯與他？』小姐道：『是我不吃的。』福兒道：『你不吃，家裏人吃不得？』又虧得都盧道：『罷，姐姐，他把與人，須餓了他，不餓我，與他遮蓋咱。』那琴兒見了光景，便飛跑，也不曾説得甚的，小姐也不曾問得。常想道：我父親臨殁，曾有話道：『我將你二人托王孟端來搬取回杭，定不流落。』不知王伯伯果肯來麼？就來，還恐路上兵戈阻隔，祗恐回南的話也是空，但是妹兒在外，畢竟也求乞，這事如何結果？

不料王孟端一到，第二日便拿一個名貼，來拜忽雷萬户。相見，孟端道：『學生有一甥女，是學正盧大來女，聞得他賣身在府中，學生特備原價取贖，望乞將軍慨從，這便生死感激的事。』忽雷道：『待問房下。』就留王孟端在書房吃茶，着人問奶奶。祗見貴哥道：『怕是爺使的見識，見奶奶難爲了他，待贖了出去，外邊快活。』奶奶道：『怕不敢麼？』福兒道：『爺料没這膽氣，奶奶既不喜他，不若等他贖去，也省得咱們照管，祗是多要他些罷了。』奶奶聽了道：『要八兩原價，八兩飯錢，許他贖去。』忽雷笑道：『那要得許多。』王孟端道：『不難。』先在袖中取出銀子八兩，交與忽雷，道：『停會學生再送四兩，取人便了。』隨即去時，那奶奶不容忽雷相見，着這兩個丫鬟傳話，直勒到十六兩，才發人出來。王孟端叫乘轎子，抬了到城下。小姐嚮材前大哭，又姊妹兩個哭了一場，然後拜謝王孟端，道：『若非恩伯，姊妹二人都嚮他鄉流落。』王孟端道：『這是朋友當爲之事，何必致謝。』就爲他姊妹小斯，做些孝服，雇了人夫車輛。車至張家灣雇船，由會通河回。此時脱脱丞相被讒譖謫死，贊畫龔伯璲弃職歸隱。前山東江淮一帶，賊盗仍舊蜂起，山東是田豐，高郵張士誠，其餘草竊，往往而是。也不知擔了多少干係，吃了多少驚恐，用了多少銀兩，得到杭州，把他材送到南高峰祖墳安葬了。先時盧大來長女，已許把一個許彩帛子，後邊聞他死在灤州，女兒料不得回來，正要改娶人家，得王孟端帶他二女來，也復尋初約。次女孟端也爲他擇一士人。自己就在杭州，替盧大來照管二女。

不覺五年，二女俱已出嫁，金華嚴州俱已歸我太祖。江南參知政事胡大海，訪有劉伯温、宋景濂、章溢，差人資送至建康。伯温曾對大海道：『吾友王孟端，年雖老，王佐才也，不在吾下，公可辟置帳下。』留書一封，胡參政悄悄着人來杭州請他。這日王孟端自湖上醉歸，恰遇一人送書，拆開看時，乃是劉伯温書，道：

弟以急于吐奇，誤投盲者，微兄幾不脱虎口。雖然躁進招尤，懷寶亦罪。以兄王佐之才，與草木同腐，豈所樂歟？幕府好賢下士，倘能出其底蘊，以佐蕩平，管樂之勛，當再見今日。時不可失，唯知者亟乘之耳。

王孟端得書，道：『我當日與劉伯温痛飲西湖，見西北天子氣，已知金陵有王者興。今金陵兵馬所嚮成功，伯温居内，我當居外，共興王業。』就弃家來到蘭溪。聞得金華府中變，苗將蔣英、劉震作亂，刺死胡參政。他便創議守城，自又到嚴州李文忠左丞處，借兵報仇，直抵城下，蔣英、劉震連夜降張士誠。李左丞便辟他在幕下，凡一應軍機進止，都與商議。此時張士誠聞得金、外兩府都殺了鎮守，大亂。他急差大將吕珍，領兵十萬攻打諸全。孟端與李左丞計議，先大張榜文，虚張聲勢，驚恐他軍心，又差人進城關，合守將謝再興，内外夾攻，殺得吕珍大敗而走。次年四月，諸全守將謝再興把城子畔降張士誠，攻打東陽。他又與李左丞來救東陽，創議要在五指岩立新城，可與謝再興相拒，李左丞就着他管理。他數日之間早已築成高城深池，是一個雄鎮。張士誠差李伯升領兵攻城，那邊百計攻打，他多方備禦，李左丞親來救應，李伯升又是大敗。後來李左丞奉命取杭州，張士誠平章潘原明，遣人乞降，孟端勸左丞推心納之，因與左丞輕騎入城受降。左丞就着孟端，協同原明鎮守杭州，時已六十餘。未幾，以勞卒于杭州。盧氏爲持三年喪，如父喪一般。識者猶以孟端有才未盡用，不得如劉伯温共成大業，是所深恨。然于朋友分誼，則已無少遺恨，豈不是今人之所當觀法。

（據中華書局一九九三年本《型世言》録入）

歡喜冤家　（明）西湖漁隱主人著

家住梅花第一村，徐遠夫。
誅茅縛屋傍梅根。關甫顔。
暗香掩映雪幾點，宋子虛。
疏影横斜月半痕。賈從舉。
正好巡檐須索笑，楊載。
不須檀板共金樽。林逋。
衆芳已許巢由輩，郎士元。
桃李紛紛未足論。王元章。

（《歡喜冤家》又名《貪歡報》，據人民中國出版社一九九三年本『第十六回費人龍避難逢豪惡』録入）

西湖二集 （明）周清原

第二十六卷 會稽道中義士（節録）

鑒湖天長觀一個道士，削髮爲僧，將觀獻于楊禿驢，寫張詞狀道：『賀知章倚托史彌遠聲勢，將寺改觀，乞復原日寺額。』這道士是故意呆那楊禿驢之意，楊禿一毫不知其意，竟從其請。人人笑倒，個個嘴歪。楊禿又將飛來峰玲瓏剔透奇异的石峰盡都鑿成佛像，醜頭怪腦，甚是可惡，山靈有知，無不叫屈。王元章有詩道：『白石皆成佛，蒼頭半是僧。』又將自己身形鑿于其上，直到皇明嘉靖年間，二十二年二月，杭州知府福清陳仕賢訪知其事，將這禿驢的形像鑿斷了這顆驢頭，以示梟斬之意，人人稱快。這是後話。

（據上海古籍出版社一九九二年古本小説集成影印本録入）

儒林外史（清）吴敬梓 著 天目山樵、平步青 評

第一回 說楔子敷陳大義 借名流隱括全文

人生南北多歧路，將相神仙，也要凡人做。百代興亡朝復暮，江風吹倒前朝樹。功名富貴無憑據，費盡心情，總把流光誤。濁酒三杯沉醉去，水流花謝知何處。

這一首詞，也是個老生常談，不過說人生富貴功名是身外之物，但世人一見了功名，便捨着性命去求他，及至到手之後，味同嚼蠟。無論到手不到手，口裏說說也香。到味同嚼蠟時，已是醒過來了，能有幾人？否則恐甘蔗渣兒尚要嚼了又嚼也。自古及今，那一個是看得破的。

雖然如此說，元朝末年，也曾出了一個嶔崎磊落的人。這人姓王名冕，在諸暨縣鄉村裏住。七歲上死了父親，據《曝書亭集·王冕傳》：『父命牧牛隴上，潛入塾聽村童誦讀，暮亡其牛，父怒撻之。』不云早孤。此處不可以誣先賢。豈傳聞异耶？《明史》傳與朱集略同。平步青評：如本傳則敘次不能一綫，故云父歿，非誣先賢，亦非傳聞异也。他母親做些針指，供給他到村學堂裏去讀書。看看三個年頭，王冕已是十歲了。母親喚他到面前來說道：『兒啊，不是我有心要耽誤你，只因你父親亡後，我一個寡婦人家，衹有出去的，没有進來的；年歲不好，

柴米又貴，這幾件舊衣服和些舊傢伙，當的當了，賣的賣了，祇靠著我替人家做些針指生活尋來的錢，如何供得你讀書？如今没奈何，把你雇在間壁人家放牛，每月可以得他幾錢銀子，你又有現成飯吃，祇在明日就要去了。』王冕道：『娘説的是。我在學堂裏坐著，心裏也悶，不如往他家放牛，倒快活些。假如我要讀書，依舊可以帶幾本去讀。』善體親心，是謂孝子。情願放牛的也多，祇無底下兩句。當夜商議定了。

第二日，母親同他到隔壁秦老家，秦老留着他母子兩個吃了早飯，牽出一條水牛來交與王冕，指着門外道：『就在我這大門過去兩箭之地，便是七泖湖，湖邊一帶绿草，各家的牛都在那裏打睡。又有幾十棵合抱的垂楊樹，十分陰凉。牛要渴了，就在湖邊上飲水。小哥，你祇在這一帶玩耍，不必遠去。好所在，我亦欲從王先生游。我老漢每日兩餐小菜飯是不少的，每日早上，還折兩個錢與你買點心吃。祇是百事勤謹些，休嫌怠慢。』他母親謝了擾要回家去，王冕送出門來。母親替他理理衣服，口裏説道：『你在此須要小心，休惹人説不是，早出晚歸，免我懸望。』簡净。王冕應諾，母親含着兩眼眼泪去了。讀至此不知何以墮泪。

王冕自此祇在秦家放牛，每到黄昏，回家跟着母親歇宿。或遇秦家煮些醃魚、臘肉給他吃，他便拿塊荷葉包了來家，遞與母親。讀至此不知何以卜泪。每日點心錢，他也不買了吃，聚到一兩個月，便偷個空，走到村學堂裏，見那闖學堂的書客，就買幾本舊書，日逐把牛拴了，坐在柳蔭樹下看。我見掃室延師而學生與書爲仇，其材乃不及王先生所放者不知凡幾。噫嘻！

彈指又過了三四年。王冕看書，心下也着實明白了。『着實』兩字見不是當口頭説話。那日正是黄梅時候，天氣煩躁。王冕放牛倦了，在绿草地上坐著。須臾，濃雲密布，一陣大雨過了。那黑雲邊上鑲着白雲，漸漸散去，透出一派日光來，照耀得滿湖通紅。湖邊上山，青一塊，紫一塊，绿一塊。樹枝上都像水洗過一番的，尤其绿得可愛。湖裏有十來枝荷花，苞子上清水滴滴，荷葉上水珠滚來滚去。畫所不到。此文人之筆畢竟高于畫家。王冕看了一回，心裏想道：『古人説「人在圖畫中」，其實不錯。可惜我這裏没有一個畫工，把這荷花畫他幾枝，也覺有趣。』又心裏想道：『天下那有個學不會的事，此句宜正告天下後世没志氣的人。我何不自畫他幾枝。』

正存想間，衹見遠遠的一個夯漢，挑了一擔食盒來，手裏提着一瓶酒，食盒上挂着一塊氈條，來到柳樹下，將氈鋪了，食盒打開。那裏仿來這些雅興。那邊走過三個人來，頭帶方巾，一個穿寶藍夾紗直裰，兩人穿玄色直裰，都是四五十歲光景，手搖白紙扇，緩步而來。那穿寶藍直裰的是個胖子，來到樹下，尊那穿玄色的一個鬍子坐在上面，那一個瘦子坐在對席，他想是主人了，坐在下面把酒來斟。吃了一回，那胖子開口道：『危老先生回來了。開口就是一尊大神佛。新買了住宅，比京裏鐘樓街的房子還大些，據《傳》：冕北至燕京，翰林學士危素居鐘樓街，一日騎過冕，冕揖之，不問名姓，忽曰：『公非住鐘樓街者耶？』此即借其事影射。值得二千兩銀子，因老先生要買，房主人讓了幾十兩銀賣了，圖個名望體面。前月初十搬家，太尊、縣父母都親自到門來賀，留着吃酒到二三更天。街上的人那一個不敬！』已伏後文。那瘦子道：『縣尊是壬午舉人，乃危老先生門生，這是該來賀的。』那胖子道：『敝親家也是危老先生門生，而今在河南做知縣。前日小婿來家，帶二斤乾鹿肉來見惠，這一盤就是了。鹿肉爲證河南知縣是實。這一回小婿再去，托敝親家寫一封字來，去晋謁晋謁危老先生。他若肯下鄉回拜，也免得這些鄉户人家放了驢和豬在你我田裏吃糧食。』危老是鄉户驢猪都總甲。那瘦子道：『危老先生要算一個學者了。』那鬍子説道：『聽見前日出京時，皇上親自送出城外，携著手走了十幾步，危老先生再三打躬辭了，方才上轎回去。看這光景，莫不是就要做官？』鬍子半日不開口，果然一開口又高出胖、瘦二人之上。三人你一句，我一句，説個不了。

王冕見天色晚了，牽了牛回去。『牽了牛回去』，冷極。蓋王先生不曾聽也，只是牽牛回去自此，聚的錢不買書了，托人向城裏買些胭脂鉛粉之類，學畫荷花。初時畫得不好，畫到三個月之後，那荷花精神顔色無一不像，衹多著一張紙，就像是湖裏長的，又像才從湖裏摘下來貼在紙上的。鄉間人見畫得好，也有拿錢來買的。王冕得了錢，買些好東好西孝敬母親。一傳兩，兩傳三，諸暨一縣都曉得是一個畫没骨花卉的名筆，争着來買。到了十七八歲，不在秦家了，每日畫幾筆劃，讀古人的詩文，漸漸不愁衣食，母親心裏歡喜。

這王冕天性聰明，年紀不滿二十歲，就把那天文、地理、經史上的大學問，無一不貫通。全書諸名士開山祖師，却又非虞、莊、杜諸人所及。但他性情不同，既不求官爵，又不交納朋友，終日閉户讀書。又在《楚辭圖》上看見畫的屈原衣冠，他便自造一頂極高的帽子，一件極闊的衣服，遇着花明柳媚的時節，把一乘牛車載了母親，他便戴了高帽，穿了闊衣，執着鞭子，口裏唱着歌曲，在鄉村鎮上，以及湖邊，到處玩耍。此元章實事，見本傳。固是目空千古，然安知無借此邀名者？不足爲訓。惹的鄉下孩子們三五成群跟着他笑，他也不放在意下。祇有隔壁秦老，雖然務農，却是個有意思的人，因自小看見他長大，如此不俗，所以敬他愛他，時時和他親熱，邀在草堂裏坐着説話兒。

一日，正和秦老坐著，祇見外邊走進一個人來，頭帶瓦楞帽，身穿青布衣服。秦老迎接，叙禮坐下。這人姓翟，是諸暨縣一個頭役，又是買辦。因秦老的兒子秦大漢拜在他名下，叫他乾爺，所以常時下鄉來看親家。秦老祇身分是如此，若説亦是高人則成俗筆矣。秦老慌忙叫兒子烹茶，殺雞、煮肉款留他，就要王冕相陪。彼此道過姓名，那翟買辦道：『這位王相公，可就是會畫没骨花的麽？』秦老道：『便是了。親家，你怎得知道？』翟買辦道：『縣裏人那個不曉得。因前日本縣老爺吩咐，要畫二十四幅花卉册頁送上司，此事交在我身上。我聞有王相公的大名，故此一徑來尋親家。今日有緣，遇着王相公，是必費心大筆畫一畫。親家面上賣一個大人情。在下半個月後下鄉來取，老爺少不得還有幾兩潤筆的銀子，一并送來。』秦老在旁，着實攛掇。王冕屈不過秦老的情，祇得應諾了。本不願畫也。回家用心用意畫了二十四幅花卉，都題了詩在上面。翟頭役禀過了本官，那知縣時仁發出二十四兩銀子來，翟買辦扣克了十二兩，祇拿十二兩銀子送與王冕，將册頁取去。時知縣又辦了幾樣禮物，送與危素，作候問之禮。

危素受了禮物，祇把這本册頁看了又看，愛玩不忍釋手。次日備了一席酒，請時知縣來家致謝。當下寒暄已畢，酒過數巡，危素道：『前日承老父台所惠册頁花卉，還是古人的呢，還是現在人畫的？』新舊不識，眼色平常。時知縣不敢隱瞞，便道：『這就是門生治下一個鄉下農民，叫做王冕，年紀也不甚大，想是才學畫幾筆，難入老師的法眼。』危素嘆道：『我學生出門久了，故鄉有如此賢士，竟坐不知，可爲慚愧。此兄不但才高，胸中見識大是不同，將來名位不在你我之下，不信危老能作此語。然但以名位相許，是此兄胸中見識，未蒙明鑒。不知老父台可以約他來此相會一會麽？』時知縣道：『這個何難？門生出去，即遣人相約。他聽見老師相愛，自然喜出望外了。』説罷，辭了危素，回到衙門，差翟買辦持個侍生帖子去約王冕。

翟買辦飛奔下鄉，到秦老家，邀王冕過來，一五一十向他説了。王冕笑道：『却是起動頭翁，上覆縣主老爺，説王冕乃一介農夫，不敢求見，這尊帖也不敢領。』翟買辦變了臉道：『老爺將帖請人，誰敢不去。况這件事原是我照顧你的，不然老爺如何得知你會畫花？論理，見過老爺，還該重重的謝我一謝才是，看他理直氣壯。如何走到這裏，茶也不見你一杯，却是推三阻四不肯去見，是何道理。叫我如何去回覆老爺？難道老爺一縣之主，叫不動一個百姓麼？』王冕道：『頭翁，你有所不知。假如我爲了事，老爺拿票子傳我，我怎敢不去？如今將帖來請，原是不逼迫我的意思了，我不願去，老爺也可以相諒。』此等説話，危若先生、時知縣尚不懂，無怪翟買辦發急。翟買辦道：『你這説的都是甚麼話。票子傳著倒要去，帖子請著倒不去，這不是不識抬舉了？』君召之役，則往役；君欲見之，則不往見之。秦老勸道：『王相公，也罷，老爺拿帖子請你，自然是好意，你同親家去走一回罷。自古道：「滅門的知縣。」你和他拗些什麼？』王冕道：『秦老爹，頭翁不知，你是聽見我説過的，不見那段干木、泄柳的故事麼？我是不願去的。』翟買辦道：『你這是難題目與我做，叫我拿甚麼話去回老爺？』秦老道：『這個果然也是兩難。若要去時，王相公又不肯；若要不去，親家又難回話。我如今倒有一法，親家回縣裏，不要説王相公不肯，只説他抱病在家，不能就來，一兩日間好了就到。』翟買辦道：『害病，就要取四鄰的甘結。』頭翁聲口。彼此争論了一番。秦老整治晚飯與他吃了，又暗叫了王冕出去問母親要了三錢二分銀子，送與翟買辦做差錢，方才應諾去了，回覆知縣。知縣心裏想道：『這小厮那裏害什麼病，想是翟家這奴才，走下鄉狐假虎威，着實恐嚇了他一場。他從來不曾見過官府的人，害怕不敢來了。知縣可謂盡心焉爾矣。老師既把這個人托我，我若不把他就叫了來見老師，也惹得老師笑我做事疲軟。我不如竟自己下鄉去拜他，他看見賞他臉面，斷不是難爲他的意思，自然大着膽見我，我就便帶了他來見老師，却不是辦事勤敏？』又想道：『堂堂一個縣令，屈尊去拜一個鄉民，惹得衙役們笑話。』又想道：『老師前日口氣，甚是敬他；老師敬他十分，我就該敬他一百分。况且屈尊敬賢，將來志書上少不得稱贊一篇，這是萬古千年不朽的勾當，有甚麽做不得。』有此三折，見得下鄉非易。就一個鄉民身上博取能員名宦，其志量不小。當下定了主意。

次早傳齊轎夫，也不用全副執事，祇帶八個紅黑帽夜役軍牢，翟買辦扶着轎子，一直下鄉來。鄉里人聽見鑼響，一個個扶老携幼，挨擠了看。轎子來到王冕門首，祇見七八間草屋，一扇白板門緊緊關着。翟買辦搶上幾步，忙去敲門。敲了一會，裏面一個婆婆，拄着拐杖出來說道：『不在家了。從清早晨牽牛出去飲水，尚未回來。』翟買辦道：『老爺親自在這裏傳你家兒子說話，案《傳》云：高郵申屠駉任紹興好在不問何人。理官，遣吏自通，謝不見，乃造其廬，執禮甚恭。歲餘投書謝駉東游。是豈即其人歟？平步青評：諸暨縣令，據

《傳》乃紹興司理高郵申屠駉。怎的慢條斯理，快快説在那裏，我好去傳。』那婆婆道：『其實不在家了，不知在那裏。』説畢，關着門進去了。與乃郎之『牽了牛回去』同。説話之間，知縣轎子已到。翟買辦跪在轎前稟道：『小的傳王冕，不在家裏，請老爺龍駕到公館裏略坐一坐，小的再去傳。』扶着轎子，過王冕屋後來。屋後横七豎八幾稜窄田埂，遠遠的一面大塘，塘邊都栽滿了榆樹、桑樹。塘邊那一望無際的幾頃田地，又有一座山，雖不甚大，却青葱，樹木堆滿山上。約有一里多路，彼此叫呼，還聽得見。令我宛然身到王先生所居。知縣正走着，遠遠的有個牧童，倒騎水牯牛，從山嘴邊轉了過來。翟買辦趕將上去問道：『秦小二漢，你看見你隔壁的王老大牽了牛在那裏飲水哩？』小二道：『王大叔麽？他在二十里路外王家集親家家吃酒去了。這牛就是他的，央及我替他趕了來家。』翟買辦如此這般稟了知縣。知縣變着臉，與翟買辦變臉相對。道：『既然如此，不必進公館了，即回衙門去罷。』時知縣此時心中十分惱怒，本要立即差人拿了王冕來責懲一番，又想恐怕危老師説他暴躁，且忍口氣回去，慢慢向老師説明此人不中抬舉，再處治他也不遲。知縣去了。

王冕并不曾遠行，即時走了來家。秦老過來抱怨他道：『你方才也太執意了。他是一縣之主，你怎的這樣怠慢他？』王冕道：『老爹請坐，我告訴你。時知縣倚着危素的勢，要在這裏酷虐小民，無所不爲。這樣的人，我爲甚麼要相與他？』說出本懷，見非浪學泄柳、段干。但他這一番回去，必定向危素說；危素老羞變怒，恐要和我計較起來。我如今辭別老爹，收拾行李，到別處去躲避幾時。祇是母親在家，放心不下。』母親道：『我兒，你歷年賣詩賣畫，我也積聚下三五十兩銀子，柴米不愁没有。我雖年老，又無疾病，你自放心出去躲避些時不妨。你又不曾犯罪，難道官府來拿你的母親去不成？』人子聽者，若犯了罪，便自己躲避也要累母親。秦老道：『這也說得有理。况你埋没在這鄉村鎮上，雖有才學，誰人是識得你的？此番到大邦去處，或者走出些遇合來也不可知，你尊堂家下大小事故，一切都在我老漢身上替你扶持便了。』秦老却難得。鄉農中有此義人。王冕拜謝了秦老。秦老又走回家去，取了些酒肴來替王冕送行，吃了半夜酒回去。次日五更，王冕起來收拾行李，吃了早飯，恰好秦老也到。王冕拜辭了母親，又拜了秦老兩拜，母子灑泪分手。王冕穿上麻鞋，背上行李，秦老手提一個小白燈籠，直送出村口，灑泪而别。秦老手拿燈籠，站着看着他走，走得望不着了，方才回去。秦老真情，非泛泛應酬。

王冕一路風餐露宿，九十里大站，七十里小站，一徑來到山東濟南府地方。這山東雖是近北省分，這會城却也人物富庶，房舍稠密。王冕到了此處，盤費用盡了，衹得租個小庵門面屋，賣卜測字，也畫兩張没骨的花卉貼在那裏，賣與過往的人。每日問卜賣畫，倒也擠個不開。

彈指間過了半年光景。濟南府裏有幾個俗財主，也愛王冕的畫，時常要買，又自己不來，遣幾個粗夯小廝，動不動大呼小叫，閙的王冕不得安穩。王冕心不耐煩，就畫了一條大牛貼在那裏，大牛乎，此王先生之總角交，不爲辱没富翁。又題幾句詩在上，含着譏刺。《傳》云：『燕京貴人争求畫，乃以一幅張壁間，題詩其上，語含諷刺。』此亦影射其事。也怕從此有口舌，正思量搬移一個地方。那日清早，才坐在那裏，衹見許多男女啼啼哭哭，在街上過。也有挑着鍋的，也有籮擔内挑着孩子的，一個個面黄飢瘦，衣裳襤褸。過去一陣，又是一陣，把街上都塞滿了。也有坐在地上求化錢的，問其所以，都是黄河沿上的州縣，被河水决了，田廬房舍盡行漂没。這是些逃荒的百姓，官府又不管，衹得四散覓食。王冕見此光景，過意不去，嘆了一口氣道：『河水北流，天下自此將大亂了，此亦見本傳。禹河本是北流，後世南流者皆非故道，天下治亂豈關于此。我還在這裏做甚麽。』

將些散碎銀子收拾好了，栓束行李，仍舊回家。入了浙江境，才打聽得危素已還朝了。時知縣也升任去了。因此放心回家，拜見母親。看見母親康健如常，心中歡喜。母親又向他說秦老許多好處，他慌忙打開行李，取出一匹繭綢，一包柿餅，山東人事。拿過去拜謝了秦老。秦老又備酒與他洗塵。自此，王冕依舊吟詩作畫，奉養母親。

又過了六年，母親老病卧床，王冕百方延醫調治，總不見效。一日，母親吩咐王冕道：『我眼見不濟事了。但這幾年來，人都在我耳根前說你的學問有了，該勸你出去做官。做官不消學問，學問又何必做官。做官怕不是榮宗耀祖的事，我看見這些做官的都不得有甚好收場。況你的性情高傲，倘若弄出禍來，反爲不美。知子莫若母。我兒可聽我的遺言，將來娶妻生子，守着我的墳墓，不要出去做官。我死了口眼也閉。』非此母不生此子。王冕哭着應諾。他母親奄奄一息，歸天去了。王冕擗踴哀號，哭得那鄰舍之人無不落泪。又虧了秦老一力幫襯，製備衣衾棺槨。王冕負土成墳，三年苦塊，不必細説。

到了服闋之後，不過一年有餘，天下就大亂了。方國珍據了浙江，張士誠據了蘇州，陳友諒據了湖廣，都是些草竊的英雄。祇有太祖皇帝起兵滁陽，得了金陵，立爲吴王，乃是王者之師。提兵破了方國珍，號令全浙，鄉村都市并無騷擾。

一日，日中時分，王冕正從母親墳上拜掃回來，衹見十幾騎馬竟投他村裏來。爲頭一人，頭戴武巾，身穿團花戰袍，白净面皮，三綹髭須，真有龍鳳之表。那人到門首下了馬，向王冕施禮道：『動問一聲，那裏是王冕先生家？』王冕道：『小人王冕，這裏便是寒舍。』那人喜道：『如此甚妙，特來晋謁。』吩咐從人都下了馬，屯在外邊，把馬都繫在湖邊柳樹上，本以繫牛，今忽繫馬，牛若曰：不虞君之涉我地。那人獨和王冕携手進到屋裏，分賓主施禮坐下。王冕道：『不敢拜問尊官尊姓大名？因甚降臨這鄉僻所在？』那人道：『我姓朱，先在江南起兵，號滁陽王，而今據有金陵，稱爲吴王的便是。數語亦落落大方。因平方國珍到此，特來拜訪先生。』王冕道：『鄉民肉眼不識，原來就是王爺。但鄉民一介愚人，怎敢勞王爺貴步？』吴王道：『孤是一個粗鹵漢子，今得見先生儒者氣象，不覺功利之見頓消。漢高、光武未必能作是語。孤在江南，即慕大名，今來拜訪，要先生指示：浙人久反之後，何以能服其心？』王冕道：『大王是高明遠見的，不消鄉民多説。若以仁義服人，何人不服，豈但浙江。若以兵力服人，浙人雖弱，恐亦義不受辱。案《傳》：冕隱九里山爲胡大海所執，大海問策，冕答云云，此借爲答太祖語。

不見方國珍麼？』吴王嘆息，點頭稱善。兩人促膝談到日暮。那些從者都帶有乾糧，王冕自到廚下，烙了一斤麵餅，炒了一盤韭菜，自捧出來陪着。吴王吃了，雖蔬食菜羹，未必不飽。稱謝教誨，上馬去了。這日秦老進城回來，問及此事，王冕也不曾說就是吴王，祇說是軍中一個將官，嚮年在山東相識的，故此來看我一看。非瞞秦老也，蓋有難言者。說着就罷了。

不數年間，吴王削平禍亂，定鼎應天，天下一統，建國號大明，年號洪武。鄉村人個個安居樂業。到了洪武四年，秦老又進城裏，回來向王冕道：『危老爺已自問了罪，發在和州去了，案余忠宣墓，在安慶西門外，不當云和州。平步青評：按雲林子偃，官和州學正，後人因有謫和州守余墓之訛。我帶了一本邸鈔來與你看。』王冕接過來看，才曉得危素歸降之後，妄自尊大，在太祖面前自稱老臣。太祖大怒，發往和州守余闕墓去了。此一條之後，便是禮部議定取士之法：三年一科，用五經、四書、八股文。王冕指與秦老看道：『這個法却定的不好。將來讀書人既有此一條榮身之路，把那文行出處都看得輕了。』借危素事搭入八股取士，便捷。據《傳》，冕在胡大海軍中，太祖授以咨議參軍而冕死。危素之謫與八股之行皆在其後，此特藉以了前案及映起全書許多時文鬼耳。然古來榮禄開而文行薄，豈特八股爲然。說着，天色晚了下來。此時正是初夏，天時乍熱，秦老在打麥場上放下一張桌子，兩人小飲。須臾，東方月上，照耀得如同萬頃玻璃一般，欲寫怪風却先寫明月，此文家烘染法。那些眠鷗宿鷺闃然無聲。王冕左手持杯，右手指着天上的星，向秦老道：『你看，貫索犯文昌，一代文人有厄。』話猶未了，忽然起一陣怪風，刮得樹木都颼颼的響，水面上的禽鳥格格驚起了許多。王冕同秦老嚇的將衣袖蒙了臉。少頃，風聲略定，睁眼看時，祇見天上紛紛有百十個小星，都墜向東南角上去了。文曲星耶？若是其小乎？接上文『有厄』而來。王冕道：『天可憐見，降下這一夥星君去維持文運，我們是不及見了！』當夜收拾傢伙，各自歇息。

自此以後，時常有人傳說，朝廷行文到浙江布政司，要徵聘王冕出來作官。初時不在意裏，後來漸漸説的多了，王冕并不通知秦老，私自收拾，連夜逃往會稽山中。省筆。半年之後，朝廷果然遣一員官，捧着詔書，帶領許多人，將着彩緞表裏，來到秦老門首。見秦老八十多歲，須鬢皓然，手扶拄杖。那官與他施禮，秦老讓到草堂坐下。那官問道：『王冕先生就在這莊上麽？而今皇恩授他咨議參軍之職，下官特地捧詔而來。』真情。秦老道他雖是這裏人，祇是久矣不知去嚮了。秦老獻過了茶，領那官員走到王冕家，推開了門，見蠨蛸滿室，蓬蒿蔽徑，知是果然去得久了。那官咨嗟嘆息了一回，仍舊捧詔回旨去了。

王冕隱居在會稽山中，并不自言姓名，故秦老不知。後來得病去世，山鄰斂些錢財，葬于會稽山下。是年秦老亦壽終于家。可笑近來文人學士説着王冕，都稱他做王參軍，究竟王冕何曾做過一日官，此亦竹垞翁贊中語。所以表白一番，這不過是個楔子，下面還有正文。

天目山樵評：

據無名氏《保越録》，王冕在胡大海軍中曾獻策攻越城。豈傳聞异辭耶？《廣輿記》：『王冕字元章，諸暨人。一試進士舉，不第，焚所爲文。讀古兵法，着高檐帽，被绿蓑衣，履長齒木屐，繫木劍。或騎黄牛持《漢書》以讀。人咸目爲狂士。晚隱九里山，結廬三間，題曰梅花屋。生平工畫梅，人争求之。』此與《曝書亭集》大同小异，然據其所爲，亦開名士之習，故《外史》述之以弁首。

《明史》傳云：『屢應舉不中。』又云：『嘗爲泰不花所薦。』朱集同。

據《明史》傳，嘗仿《周官》著書一卷，曰：『吾未即死，持此遇明主，伊、吕事業不難致也。』則非果于忘世者。黄南雷作《明夷待訪録》，亦其意也。

（據上海古籍出版社一九九九年彙校彙評本《儒林外史》録入）

後記

一

我在年輕的時候，曾發願寫一本書，書名叫《二十歲的王冕》，想通過寫王冕來反映元朝江南士人的現狀與出路。

在元朝，一改宋朝對士人的優渥待遇，其進身之道大致有四：第一根脚，第二承蔭，第三吏進，第四科舉。所謂『根脚』，指社會出身，中樞省府臺部的高級官員和地方路府州縣長官，皆由皇帝任命勛臣、名門等出身品資相當的人擔任，對于南人又兼農家子的王冕來説，第一、第二項根本不可能。王冕二十歲時，約在一三〇六年，科舉還遥遥無期，所以對王冕來説，要進入仕途唯一的選擇就是爲吏。李孝光、王艮等勸他先做府史（古時管理財貨文書出納的小吏），看似在諷刺他，實在是非常切實有效的建議。

當然王冕拒絶也有其理由。據《元史·選舉志》：『路吏請俸九十月方得吏目，一考升都目，都目一考升提控案牘，兩考正九品，通理二百一十月入流。』從路吏、都目、提控案牘，然後入流爲正九品小官，如果順利，要苦熬二百一十個月。對于熟悉『春風得意馬蹄疾，一日看遍長安花』的士子們來説，真是漫長而又黯淡。

唐、宋以來，在漢族傳統的政治體制中，官員與吏目之間就有着幾乎不可逾越的界限，官員是决策者，役人者，而吏是供驅使，役于人者。《西游記》中天官們對不入流的弼馬温的鄙夷態度，正是古代中國對吏的態度的真實反映。嚮來士子們的奮鬥目標，也都是求官，不是爲求吏。

二

王冕參加過科舉考試是無争議的，有争議的是考過幾次，考的是鄉試還是會試。元朝的正式科舉始于一三一三年，是年朝廷下詔恢復科舉。一三一四年舉行首場鄉試，次年在大都會試，之後每三年一個輪回。元朝的鄉試極爲獨特，每逢大比之年，由『本貫官司于路府州縣學及諸色户内推選年及二十五歲以上，鄉黨稱其孝悌，朋友服其信義，經明行修之士』（《通制條格》卷三）參加鄉試。鄉試在全國遴選出三百人參加次年的會試。這三百人的名額按蒙古、色目、漢人、南人四等，各録取七十五名。鄉試是一次性的，鄉試中舉，次年參加三百人選一百人的會試，如果會試不中，下一個大比之年，又要重新考鄉試，鄉試又中，才能再次參加會試，所以墓志及《三場文選》中屢屢看到一人考中過二次鄉試的。

王冕所在的江浙行省鄉試，每三年祇録取南人二十八人，而考試的人數多時達三千，録取率僅爲百分之一，絶大多數舉子都會名落孫山。因録取率實在太低，正榜之外還設有副榜（或曰『備榜』『次榜』），正榜題名稱『鄉貢進士』，副榜稱『備榜進士』，正榜題名者發給憑據，參加次年春季在大都的會試，備榜進士則『留省以備學官之任』。如江浙行省的吴善卿中備榜進士，『榜出未兼旬，省檄調徽之黟縣文學』。（元邵亨貞《野處集》卷二）

『嘗一試進士舉』（張辰《王元章傳》、徐顯《稗史集傳》），『初先生期取進士第在必得，及屢試有司，不合』（張辰《王先生小傳》），『屢應進士舉』（宋濂《王冕傳》），考的次數雖不一，但記載的都是『進士舉』。如上所説，在元朝，鄉試中式者同樣叫『鄉貢進士』『備榜進士』，所以進士舉也并不一定指會試。而且不要説鄉試正榜題名，即使是副榜題名，也可直接任命爲學官。如果王冕考的是會試，肯定是鄉試正榜題名的，但從種種迹象來看似乎得不出這樣的結論。王冕的《自感》詩：

願秉忠義心，致君尚唐虞。
欲使天下民，還淳洗囂虛。
聲施勒金石，以顯父母譽。
此志竟蕭條，衣冠混泥塗。
蹭蹬三十秋，靡靡如蠹魚。

念念不忘『致君尚唐虞』『以顯父母譽』，但事與願違，『蹭蹬三十秋』，仍一事無成，不正像第二次鄉試（一三一七年）落榜後所發的感慨嗎。申屠駉任紹興理官，受王艮推薦，與大尹宋子章同請王冕入黌舍講授，他衹做了一年就匆匆辭職，難道僅是僚佐失理之故，假使他中過鄉試的正榜，乃至副榜，他會不會心安理得得多。

元朝所取進士總共一千一百三十九人，其名録已考證出一千零五人，而江浙行省鄉試正榜録取的全部人數才四百餘，如果這個名録也能考證出來，那王冕鄉試有没有中過舉，就一目了然了。

整個元朝十六科，祇録取進士千餘人，這與宋朝一科就録取千人的情形真有天壤之别，所以由科舉而入仕純是鳳毛麟角，『當時由進士入官者僅百之一，由吏致位顯要者常十之九。』（《元史·韓鏞傳》）王冕發憤讀書，晚上看書缺燈油，就去佛寺長明燈下看。他這樣孜孜以求，但傳統士子由讀書進入仕途，經世以致用的道路已行不通，他的怪誕、疏狂、狷介以及以畫爲生，也許正緣于此。

三

史料中實際見過王冕的没有幾個人，寫到他容貌的當然更少：

『長七尺餘，儀觀甚偉。』（張辰《王元章傳》、徐顯《稗史集傳》）

『狀貌魁梧，美髭髯。』（張辰《王先生小傳》）

『會稽王冕雙頰顴。』（來復《胡侍郎所藏會稽王冕梅花圖》）

『狀貌魁偉，美須髯。』（宋濂《王冕傳》）

狀貌魁偉，美須髯，應該是壯年的形象，而『雙頰顴』則較多是晚年形象，如果青年時也如此，應是高瘦型的，但跟『狀貌魁梧』似有點出入。近年有人根據元代對各級官印尺寸的規定，推算出元一尺長三十四厘米。『長七尺餘』，換算過來，比姚明都高。《七修類稿》上説：『元尺傳聞至大，志無考焉。』説明到明朝時，元尺的長度已不甚了了。但不管怎麽説，二十歲的王冕，身材高大肯定不會錯。同時以『雙頰顴』的標準來看張岱《三不朽圖贊》中王冕的畫像，頗有寫實成分。

四

張辰寫王冕的傳現存有二篇，在《王元章傳》的結尾説：

歲己亥，君方晝卧，適寇入，君大呼：『我王元章也。』寇大驚，素重其名，舁至天章寺，大帥置君上坐，再拜請事，君曰：『今四海鼎沸，爾不能進安生民，而恣行虜掠，亡無日矣。果能爲義，誰敢不服。如爲不義，誰則非敵。我越秉義之國，不可以犯。吾寧教汝與吾父兄子弟相賊殺乎。如不聽我，速殺我，更不與若言也。』大帥再拜，願受教。君終不言，明日疾，遂不起，數日而卒，帥具棺殮，葬于山陰蘭亭之側，署曰：『王先生之墓』。

這段與《稗史集傳》中的《王冕傳》結尾幾乎相同，後來也收録到朱彝尊的《王冕傳》中。我認爲前面肯定還有鋪墊，正常程式應該是王冕先認識如宋濂、劉基等人，即有人向朱元璋推薦王冕這個人，然後王冕去金華見朱元璋。朱元璋見過後，給胡大海送信，有這麽個人，攻紹興時可資利用云云。之後才會有張辰傳中所寫的，胡大海請王冕上座，再拜請事之類的戲。突兀地來這麽一段，任胡大海再禮賢下士也不可能做到這個程度。朱彝尊的傳中，在王冕義正辭嚴地指責胡大海後，又補了一句：『太祖聞其名，授以咨議參軍，而冕死矣。』我認爲是次序先後顛倒了。不過這僅是我的猜測之辭，如果有《朱元璋書信選集》之類的書留存于世，當可找到相應依據。

五

《二十歲的王冕》，這本想象中的好書，至今仍未出世，但是看到王冕的史料，感覺就像我的本職工作，總設法保存下來，以資日後可用。這樣錙銖積纍，而有了此書。王冕在詩、畫、印三界都有很出色的表現，使得史料的内容具有多樣性，本書共收集到元明清三朝三百本古籍對其的記載，也足證其人之魅力，再加上《儒林外史》的宣傳，更使其家喻户曉。

周偉鋒庚子年閏四月于留香齋

圖書在版編目（CIP）數據

王冕史料集 / 周偉鋒編. -- 杭州 : 西泠印社出版社, 2020.12
ISBN 978-7-5508-3233-6

Ⅰ. ①王… Ⅱ. ①周… Ⅲ. ①王冕（1287-1358）—人物研究 Ⅳ. ①K825.72

中國版本圖書館CIP數據核字(2020)第257984號

王冕史料集

周偉鋒 編

出品人 江吟
責任編輯 侯輝
責任出版 李兵
責任校對 徐岫
裝幀設計 王欣
出版發行 西泠印社出版社
（杭州市西湖文化廣場三十二號五樓）
經銷 全國新華書店
製版 杭州如一圖文製作有限公司
印刷 浙江海虹彩色印務有限公司
開本 三十二開
印張 十二點三七五
印數 〇〇〇一—一〇〇〇
書號 ISBN 978-7-5508-3233-6
版次 二〇二〇年十二月第一版 第一次印刷
定價 壹佰捌拾圓

西泠印社出版社發行部聯繫方式：
（〇五七一）八七二四三〇七九